劳动用工管理

法律问题解读

彭小坤 —— 著

INTERPRETATION OF
LEGAL ISSUES
IN LABOR EMPLOYMENT MANAGEMENT

法律出版社 | LAW PRESS
北京

图书在版编目（CIP）数据

劳动用工管理法律问题解读 / 彭小坤著. -- 北京：法律出版社，2025. -- ISBN 978-7-5197-9970-0

I. D922.504

中国国家版本馆 CIP 数据核字第 2025TR5026 号

劳动用工管理法律问题解读
LAODONG YONGGONG GUANLI FALÜ WENTI JIEDU

彭小坤 著

策划编辑 赵明霞 魏艳丽
责任编辑 赵明霞 魏艳丽
装帧设计 鲍龙卉

出版发行 法律出版社	开本 710 毫米×1000 毫米 1/16
编辑统筹 法商出版分社	印张 18.75　字数 278 千
责任校对 郭艳萍	版本 2025 年 5 月第 1 版
责任印制 胡晓雅	印次 2025 年 5 月第 1 次印刷
经　　销 新华书店	印刷 三河市龙大印装有限公司

地址：北京市丰台区莲花池西里 7 号（100073）
网址：www.lawpress.com.cn 销售电话：010-83938349
投稿邮箱：info@lawpress.com.cn 客服电话：010-83938350
举报盗版邮箱：jbwq@lawpress.com.cn 咨询电话：010-63939796
版权所有·侵权必究

书号：ISBN 978-7-5197-9970-0 定价：78.00 元

凡购买本社图书，如有印装错误，我社负责退换。电话：010-83938349

立法思考

中国最严禁止性别歧视的通知　　003
深圳养老保险负担不减反增　　005
国家终于出手规范大学生实习了　　008
深圳独生子女护理假该如何设计？　　011
天津最新工伤规定要点点评　　013
农民工欠薪问题的法律保障治理　　016
深圳修例调整年终奖发放规则　　019
深圳密集立法涉及的劳动用工管理　　022
广东将严查骗保等违法行为　　025
探亲假问题的突破　　027
深圳养老保险政策再解读　　030
《民事诉讼法》修改对劳动争议案件审理的影响　　035
深圳终于调整了年终奖发放规则　　038
女职工"三期保护"将调整为"二期保护"　　056
广东育儿假和护理假政策评析　　059
外资企业用工管理中应当注意的中国信息和数据管控立法　　064
深圳职工非因工死亡家属待遇的变迁　　068

实践探索

浙江省《关于审理劳动争议案件若干问题的解答（五）》要点点评	075
天津最新劳动争议处理规则要点点评	081
《安徽省劳动人事争议仲裁案例研讨会纪要》要点点评	084
长三角区域的用工福音	087
劳动者的保密义务	093
最高人民法院配套《民法典》劳动争议司法解释综述	095
《最高人民法院关于审理劳动争议案件适用法律问题的解释（一）》要点问题系统梳理点评	102
《关于劳动人事争议仲裁与诉讼衔接有关问题的意见（一）》要点解读评析	156
河南省高院《关于劳动争议案件审理中疑难问题的解答》要点点评	162
《天津市贯彻落实劳动合同法若干问题实施细则》创新规定点评	171
《最高人民法院关于审理劳动争议案件适用法律问题的解释（二）（征求意见稿）》修改意见及具体理由	179
自动离职与用工管理	191
离职证明上的博弈：到底该如何开具？	193
离职删微信	196
二次劳动合同期满的几个重要法律问题	198
新形势下经济补偿基数如何封顶？	202
女职工退休年龄法律实务问题	204
外资企业如何合法地规模减员？	212
用人单位处罚规则法律实务问题研究	215
人社部与最高院加班案例解读与建议	230

热点解读

社保费率下调促进营商环境优化	249
"996工作制"中的法律问题	251
海尔"午休开除门"中的休息权	254
海尔能打赢"午休开除门"官司吗？	256
网易"暴力裁员"中的利益博弈	258
椰树集团招聘启事的劳动法律问题	261
美团骑手骑向何方？	263
复旦大学王某某事件中的劳动法律问题	267
浦发银行信用卡中心"劳资纠纷"中的薪酬管理及用工模式问题	271
税务部门征收社保的利益博弈	275
深圳"40年礼包"特殊工时法律问题探究	277
深圳"40年礼包"特殊工时及其他劳动法律问题	280
电子劳动合同时代的到来	283
劳动用工中个人信息处理相关法律问题	286

◎立法思考

中国最严禁止性别歧视的通知

2019年2月18日，人力资源社会保障部、教育部等九部门下发了《关于进一步规范招聘行为促进妇女就业的通知》（以下简称《通知》），该《通知》堪称中国史上最严禁止性别歧视通知。

《通知》要求："各类用人单位、人力资源服务机构在拟定招聘计划、发布招聘信息、招用人员过程中，不得限定性别（国家规定的女职工禁忌劳动范围等情况除外）或性别优先，不得以性别为由限制妇女求职就业、拒绝录用妇女，不得询问妇女婚育情况，不得将妊娠测试作为入职体检项目，不得将限制生育作为录用条件，不得差别化地提高对妇女的录用标准。"其中最严厉的规定是"不得询问妇女婚育情况"。也就是说，问都不能问，更不用说让女职工填写相关信息了。用人单位不只是不能问女职工婚否，也不能问其育否，否则会构成歧视。

《通知》的目的非常明显，就是促进妇女平等就业。为何这时下发通知，个中原因耐人寻味，表面上是"招聘中就业性别歧视现象屡禁不止"；笔者认为实际上是因为计划生育政策调整后女职工就业率相应下降，《通知》称"加强就业服务，以女大学生为重点"就是明证。

虽然国家只是放开了二胎生育①，但地方陆续修改计生条例时大幅上调了女职工的产假时间。与此同时，只有北京、上海、天津等为数不多的省市

---

① 2021年修正后的《人口与计划生育法》规定"一对夫妻可以生育三个子女"。

的生育津贴发放时间与产假时间一致（128 天），更多省市的生育津贴只发 98 天；但产假时间远远不止 98 天，比如广东是 178 天，西藏高达 365 天！98 天之外的产假工资全部都要用人单位承担，让用人单位尤其是企业如何选择？笔者去年参加了广东省高级人民法院与广东省人力资源和社会保障厅（以下简称广东省人社厅）的协调会，广东省人社厅回应参会人员关注的上述问题时明确表示由于财力原因暂时无法解决；如此一来，用人单位也只能暂时降低招用女职工的意愿了，矛盾因此而起。

　　《通知》的用意当然是好的，也一定能够促进女职工就业。但是，作为一方当事人，国家怎么能只发布通知要求用人单位做这做那？为何不规定所有产假的生育津贴都由政府承担？如果不在根本上解决问题，用人单位同样会想办法继续规避，比如实施亲属回避制度就是一个现成的办法，既合法合规，也合情合理，国家有关部门甚至还有相关规定可以作为依据。一些难以承受成本的小微企业，一般也不会有什么亲属回避制度，可能就直接无视《通知》的存在了，大不了责令整改嘛，拒不改正的才罚 1 万元~5 万元，被查到了再改不就得了。毕竟企业的第一要务是生存，不能生存谈何提供就业机会？法律规定企业的性质就是以营利为目的的机构，不是慈善组织。

　　当年的《劳动法》曾被无视，所以国家颁布了更严厉的《劳动合同法》，结果如何？10 年下来劳动争议更多了。原因很简单，国家把自己应该承担的责任推给了用人单位（主要是企业），同时也把矛盾推给了用人单位和员工，在这样的情况下怎么可能把案件量降下去！劳务派遣也一样，国家只规定企业要遵守《劳务派遣暂行规定》，而给政府机关和事业单位留了"后门"，所以执行起来雷声大雨点小；《通知》算是进步了一些，强调"国有企事业单位、公共就业人才服务机构及各部门所属人力资源服务机构要带头遵法守法，坚决禁止就业性别歧视行为"，被强调的单位会如何执行，大家拭目以待。

2019 - 02 - 25

深圳养老保险负担不减反增

五一前夕，广东省人社厅等部门下发了《广东省城镇职工基本养老保险单位缴费比例过渡方案》（以下简称《过渡方案》）。笔者发现：深圳养老保险负担不减反增！缴费比例要从13%上调到16%！

前段时间刚刚表扬过政府，因为李克强同志在2019年3月15日回答记者提问时明确表态：5月1日就要降社保费率，全面推开！当时还透露基本养老保险单位缴费率可以降至16%，让群众欢呼雀跃，激动不已。深圳的缴费率是13%，笔者在《社保费率下调促进营商环境优化》一文中还表示遗憾，深圳享受不到政策"福利"。但是，笔者万万没想到的是，深圳不仅沾不到光，还成了"见光死"！

《过渡方案》规定："单位缴费比例为13%的市，2020年底前将单位缴费比例调整为14%，具体的过渡计划由各市人力资源和社会保障、财政、税务部门制定。今后再根据国家统一部署，将单位缴费比例逐步过渡到全国统一标准。"具体的过渡计划笔者不得而知，但据《南方都市报》记者披露："自2021年1月1日起，每年将单位缴费比例提高0.5%个百分点，直至2024年1月1日，全省单位缴费比例统一为16%。"

再倒回去学习中央文件，才发现自己对政策的理解严重不到位！

2019年4月1日，国务院办公厅下发的《降低社会保险费率综合方案》（以下简称《综合方案》）中规定，"自2019年5月1日起，降低城镇职工基本养老保险（包括企业和机关事业单位基本养老保险，以下简称养老保险）

单位缴费比例。各省、自治区、直辖市及新疆生产建设兵团（以下统称省）养老保险单位缴费比例高于16%的，可降至16%"；同时加了一句："目前低于16%的，要研究提出过渡办法。各省具体调整或过渡方案于2019年4月15日前报人力资源社会保障部、财政部备案。"当时笔者看着就有点儿纳闷，深圳等城市低于16%不是更符合中央的减负精神吗？怎么个过渡办法？难道还有下调空间吗？可是全国流转比例是12%，不可能低于这个标准了！现在看来当时确实想简单了，没意识到中央并非全部地区减负，而且还有"区域均贫富"的想法，所谓"过渡办法"就是上调的意思。《过渡方案》也只是《综合方案》的具体化而已。

不过话说回来，《综合方案》和《过渡方案》岂不是和"进一步减轻企业税费负担，降低企业生产经营成本"的中央精神不符？笔者非常困惑：深圳有条件也有能力只按13%征缴用人单位的养老保险，为何要提高比例？深圳可以在现行标准下将结余养老保险金上解国家用于调剂，为何还要再提高比例？这不是加重深圳企业负担吗？这不是降低深圳企业竞争力吗？不只深圳，广东其他养老保险缴纳比例低于16%标准的城市也将面临同样的命运！

养老保险事关基本民生，确实非常重要。政府为了降低企业负担，强调"政府要过紧日子，压缩一般公共预算的支出，增加特定金融机构和央企上缴利润"，这一思路是对的。但是，"区域均贫富"并不可取。深圳作为经济特区，结合本地实际情况，通过特区立法确定了合理的养老保险用人单位缴纳比例，也可以响应号召上解结余养老保险金，为何一定要按16%的标准征缴？全国统一标准并非理由，李克强表示可以降至16%，也并非所有地区能够降至16%。现在标准就不统一，新政策实施过程中的标准也不会统一，将来更不可能强行统一，否则养老保险金不足的省市更会等着中央调剂，还会进一步要求提高其他地区的养老保险用人单位缴纳标准，形成恶性循环！说白了，深圳等城市提高标准至16%，就是可以更多地被"割稻子"！凭什么其他地区都在减负，深圳等地区反而要加重负担？！这也是改善营商环境吗？

据闻深圳市政府还在研究，是否执行《过渡方案》暂时没有定论，或许还有机会，建议用人单位通过适当途径和渠道反馈意见，争取避免加重养老保险负担。否则，不仅深圳的用人单位不得不面对逐年增加的成本，而且深圳整个城市将来的竞争力也可能因此受到影响。①

此外，《过渡方案》还有些规定令人不解。《过渡方案》规定："自2019年5月1日起，将全省机关事业单位养老保险单位缴费比例由20%统一下调为16%。"那么，企业等用人单位是否统一下调呢？没说！估计是不想过度刺激"单位缴费比例为13%的市"，所以就不提了，企业直接引用《综合方案》的相关规定即可。此外，《过渡方案》还规定："自2019年5月1日起，机关事业单位养老保险和企业职工养老保险缴费基数上限调整为上年度全省全口径城镇单位就业人员平均工资的300%；机关事业单位养老保险缴费基数下限调整为上年度全省全口径城镇单位就业人员平均工资的60%。"上限统一口径应该没问题，但深圳目前的下限是最低工资，不是常见的社平工资的60%，是否还给深圳留了空间？同样令人困扰。当年深圳立法时将用人单位缴纳养老保险下限下调至最低工资是有特定原因的，如果也强行统一为新标准，深圳制造业估计会搬离得更快。至于5年有效期的规定，恐怕也不是好消息，言下之意5年后还要看养老保险运作情况，如果不够，还得上调用人单位的缴纳比例！如果这次深圳接受了，下次就更不用说了。

2019-05-04

---

① 根据国家税务总局广东省税务局、国家税务总局深圳市税务局、广东省人力资源和社会保障厅《关于2025年企业职工基本养老保险费申报缴纳通知》，自2025年1月起，广东省参保用人单位（含有雇工的个体工商户）按缴费比例16%申报缴纳企业职工基本养老保险费。

国家终于出手规范大学生实习了

教育部近日下发了《关于加强和规范普通本科高校实习管理工作的意见》(教高函〔2019〕12号,以下简称《意见》),对普通本科高校的实习进行了规范,用人单位应当重视其中的相关规定。

2016年教育部、财政部、人力资源社会保障部、国家安全监管总局、原中国保监会联合制定的《职业学校学生实习管理规定》(以下简称《规定》)是针对职业学校学生实习的规定,《意见》则是针对普通本科高校实习管理的规定,后者虽然吸纳了前者的一些成果,但因规范对象和侧重点不一样,相关规定也有所区别。

《规定》对认识实习、跟岗实习和顶岗实习进行了相应的界定;《意见》则没有提及认识实习,但增加了毕业实习的概念。《规定》要求"未满18周岁的学生参加跟岗实习、顶岗实习,应取得学生监护人签字的知情同意书",《意见》则没有此要求,毕竟本科学生入校时基本上已经成年。

虽然《意见》和《规定》都要求各类实习原则上由学校统一组织或会同实习单位共同组织实施,并签订实习协议或合作协议,不然"不得安排学生实习";但《意见》允许毕业实习、顶岗实习可以由学生自行选择单位分散实习,《规定》也留了一条路:学生经本人申请,职业学校同意,可以自行选择顶岗实习单位。

针对目前劳动力市场出现的一些中介机构组织学生实习或代为管理学生实习的情况,《意见》和《规定》都强调了学校的主体管理责任:《意见》

规定严禁委托中介机构或者个人代为组织和管理学生实习工作；《规定》要求不得通过中介机构或有偿代理组织、安排和管理学生实习工作。《规定》明确顶岗实习的实习时间一般为 6 个月，但《意见》并没有规定任何一类实习时间的上限，这样给本科学生的实习时间打开了空间。需要注意的是，2001 年的《深圳经济特区居民就业促进条例》（以下简称《就业条例》）规定"同一批实习生的实习期限不得超过六个月"，深圳的用人单位还得遵守这一规定。

实习待遇是一个比较重要的问题。2010 年《广东省高等学校学生实习与毕业生就业见习条例》（以下简称《实习条例》）只是规定学生顶岗实习期间，实习单位应当按照同岗位职工工资的一定比例向学生支付实习报酬，具体比例由地级以上市人民政府根据本地实际情况予以确定。《意见》遵循《规定》的精神，同样规定顶岗实习学生有获得合理报酬的权利，劳动报酬原则上不低于相同岗位试用期工资标准的 80%；所以广东各地政府也应当遵守这一要求，低于这一标准的待遇均为无效。不过非顶岗实习的待遇则由各方自行约定即可。

实习人员比例也是一个需要注意的问题。尽管《意见》没有作任何限制，但《规定》要求"顶岗实习学生的人数不超过实习单位在岗职工总数的 10%，在具体岗位顶岗实习的学生人数不高于同类岗位在岗职工总人数的 20%"。《就业条例》规定"用人单位接纳市外在校实习生的，人数不得超过本单位员工总数的百分之三十"。《实习条例》规定："实习单位接收学生顶岗实习的，当期接收实习学生的人数不得超过本单位在职职工总人数的百分之三十。"因此，职校学生实习需要遵守《规定》的要求，各地也得遵守各地的特别要求。

此外，为了保障学生的身心健康，《意见》要求不得安排学生到娱乐性场所实习，不得违规向学生收取费用，不得扣押学生的财物和证件；除临床医学等相关专业及实习岗位有特殊要求外，每天的工作时间不得超过 8 小时、每周的工作时间不得超过 44 小时，不得安排加班和夜班；不得安排未满 16 周岁的学生顶岗实习。这些要求与《规定》及《实习条例》基本相同，也是应有之义。

比较遗憾的是,《意见》只是一般规范性文件,并非部颁规章;所以无法规定罚则,对违反规定的用人单位或学校,无法直接据此予以处理。此外,对于大量学生自己找到的实习也没有进行规范,最多只能参照《意见》的相关规定处理。而争议最大的"在校学生是否可以与用人单位建立劳动关系"问题只字未提,毕竟原劳动部《关于贯彻执行〈中华人民共和国劳动法〉若干问题的意见》规定得很清楚:"在校生利用业余时间勤工助学,不视为就业,未建立劳动关系,可以不签订劳动合同。"教育部也不可能直接否定这一规定。不过2007年教育部的《高等学校学生勤工助学管理办法》曾经规定:"勤工助学活动由学校统一组织和管理。任何单位或个人未经学校学生资助管理机构同意,不得聘用在校学生打工。学生私自在校外打工的行为,不在本办法规定之列。"而《2017年度深圳市劳动争议仲裁立案工作会议纪要》则直接做了突破:"达到法定就业年龄的在校生,可以作为劳动争议的当事人。"用人单位不妨对比一下相关规定,再结合自己的实际情况检视一下,看看实习生管理是否存在法律风险。

2019 - 08 - 03

深圳独生子女护理假该如何设计？

2019年9月17日，深圳市人大常委会办公厅发布了《关于构建高水平养老服务体系的决定（征求意见稿）》（以下简称《决定意见稿》），征求社会各方意见，其中独生子女护理假的构思尤其引人注目。

独生子女护理假，是指独生子女父母患病住院期间独生子女为护理、照看父母所享受的特别假期。《决定意见稿》第五点"重点发展社区居家养老服务"中提及"推动设立独生子女护理假，减轻家庭照护压力"。虽然只是征求意见，但深圳的独生子女护理假开始走到立法层面了，引发了社会各界的热烈讨论。《南方都市报》就此展开了调查；调查数据显示，96.6%的受访者支持设立独生子女护理假。但是，也有声音表示非独生子女也应该享受此类假期，毕竟赡养父母是每个子女的法定责任，照顾父母也是每个子女应尽的道德义务。

其实已有不少省市对独生子女护理假进行了立法，只是规定不完全相同而已。比如2017年的《福建省老年人权益保障条例》就规定："独生子女的父母年满六十周岁，患病住院治疗期间，用人单位应当支持其子女进行护理照料，并给予每年累计不超过十天的护理时间，护理期间工资福利待遇不变。"同年，广东省人大修订了《广东省老年人权益保障条例》（以下简称《条例》），其中规定："独生子女父母六十周岁以上的，患病住院期间，独生子女所在单位应当对其护理照料父母给予必要照顾。"2018年的《广州市人口与计划生育服务和管理规定》（以下简称《规定》）则进一步规定，"独生子女的父母年满60周岁以上，患病住院治疗期间，其子女可以享受护理假，每年累计不超过15天"；护理期间，"职工所在单位应当保障职工工资照发，并且不影响职工的福利待遇和全勤评奖"。应该说《规定》比《条例》更明确具体，更具有操作性。

但是，上述地方立法都存在同样的问题：立法部门要求用人单位给予假期，但相关待遇却都由用人单位承担，有如前几年各省陆续增加的产假一样，基本上是政府甩包，单位买单！如果深圳立法还是沿用这一思路的话，就算是立了法，也很难落到实处。

无论是独生子女假还是非独生子女假，都有其合理性，毕竟正常情况下每个家庭都会有老人，都需要看护或照顾，尤其是患病期间，更是需要家人陪伴，所以无论是从法理上还是伦理上都应该考虑设立此类假期。但是，立法时一定要平衡用人单位的利益，不能再像现有的产假一样人为地加剧用人单位与劳动者的冲突，影响劳动关系的和谐。现有产假制度一方面是大幅增加了假期天数，另一方面政府对超过基本产假之外的其他法定假期并不支付任何生育津贴，全部由用人单位承担，显然非常不合理。

为了解决这一矛盾，笔者建议将深圳独生子女护理假设计成"有薪事假"，既规定为用人单位的法定义务，也给用人单位保留一定的空间。与此同时，还需要通过政府补贴的方式鼓励用人单位实施这一制度。补贴的标准，建议参照生育津贴标准设计，这样操作比较简便。至于补贴的出处，可以考虑由社保部门在养老保险里安排，毕竟这与养老有关，而且社保部门也容易核实职工父母是否患病住院。

深圳作为中国特色社会主义先行示范区，独生子女护理假在立法时除了关注正当性外，还应当同时关注公平性与合理性，尤其是要让政府承担应有责任，只有这样，才能让用人单位发自内心地理解并接受，深圳独生子女护理假才能成为真正的惠民立法，而不会成为"纸上假"。

2019-10-22

天津最新工伤规定要点点评

2019年11月1日，新的《天津市工伤保险若干规定》（以下简称《规定》）开始施行，现就《规定》中的要点点评如下。

第8条第5款　职工（包括非全日制从业人员）在两个或者两个以上用人单位同时建立劳动（人事）关系的，用人单位应当分别为其缴纳工伤保险费；职工发生工伤的，由职工受到伤害时工作的用人单位依法承担工伤保险责任。

点评：非全日制劳动者可以同时建立数个劳动关系，每个用人单位都应当为其缴纳工伤保险是应有之义。《规定》把范围进一步扩大了：一方面承认了双重及以上劳动关系的合法性，另一方面允许多个用人单位同时为非全日制劳动者缴纳工伤保险。这对劳动者保护非常有利，也能够化解各个用人单位的风险，确实利国利民。不过笔者担心社保主管部门不肯配合，毕竟他们习惯了五险一起扣缴，如果按《规定》的要求操作，需要重新设置系统，这一规定可能难以执行到位。

第18条　工伤认定过程中，属于下列情形的，分别作如下处理：

（一）职工以上下班为目的、在合理时间内往返于工作单位和住所地、经常居住地、单位宿舍以及配偶、父母、子女居住地之间的合理路线，视为上下班途中。

（二）职工在工作时间、工作岗位突发疾病，径直送至医疗机构经抢救无效在48小时内死亡的,视同工伤。48小时的起算时间为医疗机构初次抢救时间。

(三)职工因工作原因驻外,有固定的住所、有明确的作息时间,工伤认定时按照在驻在地当地正常工作的情形处理。

(四)职工乘坐上下班通勤班车发生事故伤害的,按照《工伤保险条例》第十四条第六项的有关规定处理。

点评:2014年《最高人民法院关于审理工伤保险行政案件若干问题的规定》实施后,各地法院乃至劳动部门都适当放宽了工伤认定的尺度,极大地促进了社会和谐,善莫大焉。《规定》正是在这一精神下进一步进行了细化,其中以"医疗机构初次抢救时间"作为48小时的起算时间更是人性化的体现,应该点赞!

第29条第5款 工伤职工解除劳动(聘用)合同或者终止劳动(人事)关系时,距法定退休年龄不足五年的,一次性工伤医疗补助金和一次性伤残就业补助金按金额的80%支付,不足四年的按60%支付,不足三年的按40%支付,不足二年的按20%支付,不足一年的按10%支付。工伤职工解除劳动(聘用)合同或者终止劳动(人事)关系时,已达到法定退休年龄并符合按月领取养老金条件的,不支付一次性工伤医疗补助金和一次性伤残就业补助金,但属于《中华人民共和国劳动合同法》第三十八条规定的情形除外。

点评:一次性工伤医疗补助金和一次性伤残就业补助金的支付主体分别是劳动部门和用人单位,享受的前提是"解除或者终止劳动关系"。这在实务中产生了一些纠纷:有些工伤职工为了兑现这一待遇,在退休前主动解除劳动合同,毕竟退休时是否享受,法律没有规定清楚。《规定》按距退休年限对应比例支付是个创新,不过退休还是不享受,等于变相鼓励工伤职工退休前提前离职,没有从根本上解决问题。广东省也是这样的思路,2018年《广东省高级人民法院、广东省劳动人事争议仲裁委员会关于劳动人事争议仲裁与诉讼衔接若干意见》规定:"劳动者达到法定退休年龄或者已经享受基本养老保险待遇的,劳动关系终止。劳动者所受伤害如被社会保险行政部门认定为工伤,劳动者要求用工单位参照《广东省工伤保险条例》规定的工伤保险待遇支付有关费用的，应予支持，但不包括一次性就业补助金。"但是深圳2013年《劳动人事争议疑难问题研讨会纪要》中规定工伤职工可以享受："已达到法定退休年龄的工伤职工，用人单位以达到法定退休年龄为由终止劳动合同，劳动者主张一次性伤残就业补助金的，应予支持。"或许各地应该参考深圳这一规定，劳动者正常退休也可以享受相关待遇，这样就不会有矛盾。

第35条 由于第三人的原因造成工伤，第三人应当承担的人身损害赔偿（不含精神损害赔偿）总额低于工伤保险待遇的，由工伤保险基金补足差额部分。

点评：《社会保险法》规定："由于第三人的原因造成工伤，第三人不支付工伤医疗费用或者无法确定第三人的，由工伤保险基金先行支付。工伤保险基金先行支付后，有权向第三人追偿。"国家一方面规定了在特定情况下对劳动者的保护，另一方面赋予了劳动部门的代位求偿权，也就意味着劳动者医疗费用不可双重享受，而且还需要先由第三人承担，但没说清楚是否可以双重享受其他待遇。《规定》则对人身损害和工伤保险待遇规定了就高原则，对劳动者会更有利。不过2015年《深圳市中级人民法院关于审理工伤保险待遇案件的裁判指引》则明确："劳动者的工伤系第三人侵权所致，劳动者先获得侵权赔偿的，不影响其享受工伤保险待遇，但对于医疗费、丧葬费和辅助器具更换费等不得重复享有。"这样操作既没有突破《社会保险法》，又最大限度地保护了劳动者，应该是更好的方案。

2019-12-22

农民工欠薪问题的法律保障治理

2019年12月23日,时任国务院总理李克强视察四川时为农民工代言,指出拖欠农民工的工资是昧良心行为,必须坚决根治。一周之后,2019年12月30日,总理签署了国务院令,发布了《保障农民工工资支付条例》(以下简称《条例》),为治理农民工欠薪提供了强有力的法律保障。

这是国家第一部属于农民工的行政法规,也是第一部农民工工资立法,不仅意义重大,而且法律位阶甚高。虽然之前的《劳动法》和《劳动合同法》等法律涉及工资报酬的条款适用于农民工,但毕竟不是专门立法;而原劳动部的《工资支付暂行规定》也只是部颁规章,并不具有针对性。在地方立法中,1993年的《深圳经济特区劳务工条例》有点针对"农民工"立法的味道,但适用范围更为广泛,针对所有在深圳工作的非深圳户籍员工,现已废止。因此,从多个维度来看,《条例》的地位很突出,特色也很鲜明。

《条例》不乏创新,不仅规定了"用工实名制""首问负责制""书面工资支付台账""清偿制度""媒体曝光""失信惩戒"等制度,还针对工程建设领域特别设置了"工程款支付担保""农民工工资专用账户""用工实名登记"规则和"施工总承包单位代发"等制度。这一系列规则和制度都非常有创意,也非常有针对性。

《条例》具有很强的操作性,直面拖欠农民工工资中的痛点问题,作了大量具体规定。比如,针对工程项目中常见的承包、分包和转包过程中的问题,直接规定"施工总承包单位应当在工程项目部配备劳资专管员""施工总承包单位、分包单位应当建立用工管理台账，并保存至工程完工且工资全部结清后至少3年""分包单位对所招用农民工的实名制管理和工资支付负直接责任""分包单位拖欠农民工工资的，由施工总承包单位先行清偿，再依法进行追偿""工程建设项目转包，拖欠农民工工资的，由施工总承包单位先行清偿，再依法进行追偿""施工总承包单位也不得因争议不按照规定代发工资""工程建设项目违反国土空间规划、工程建设等法律法规，导致拖欠农民工工资的，由建设单位清偿"等。这些规定可以有效地避免相关单位踢皮球，确保农民工工资按时足额支付到位。

为了有效解决拖欠农民工工资问题，《条例》不仅吸收了一些地方的司法实务经验，还突破了一些现行法律制度。比如，规定"用人单位允许个人、不具备合法经营资格或者未取得相应资质的单位以用人单位的名义对外经营，导致拖欠所招用农民工工资的，由用人单位清偿"，明确了特殊情况下的清偿责任。《条例》还规定："农民工与用人单位就拖欠工资存在争议，用人单位应当提供依法由其保存的劳动合同、职工名册、工资支付台账和清单等材料；不提供的，依法承担不利后果。"这一规定实现了举证责任倒置，对司法审判具有非常重要的作用。另外，针对劳务派遣日益增加的现象，《条例》规定："用工单位使用个人、不具备合法经营资格的单位或者未依法取得劳务派遣许可证的单位派遣的农民工，拖欠农民工工资的，由用工单位清偿，并可以依法进行追偿。"《劳动合同法》只规定了派遣单位对用工单位的连带责任，这一规定补充了用工单位对派遣单位的连带责任，突破了现有规则，所以用人单位对派遣需要更加慎重，万一派遣单位拖欠农民工工资，用工单位还得再出一份！

《条例》不仅要求多部门联动，还明确了具体分工。《条例》规定："人力资源社会保障行政部门在查处拖欠农民工工资案件时，发生用人单位拒不配合调查、清偿责任主体及相关当事人无法联系等情形的，可以请求公安机关和其他有关部门协助处理。"这一规定对拖欠农民工工资的用人单位具有极大的威慑作用！就算不够入刑，公安机关都有义务协助处理；而公安机关一旦介入，大家应该能够想象后果。《条例》规定："人力资源社会保障行政部门作出责令支付被拖欠的农民工工资的决定，相关单位不支付的，可以依法申请人民法院强制执行。"这一规定给农民工群体追索拖欠工资提供了便利，可以直接由行政部门在调查的基础上作出行政决定并由法院强制执行，避免了劳动仲裁的漫长程序，可以以最快的速度解决农民工欠薪事件。《条例》还规定"县级以上地方人民政府可以动用应急周转金，先行垫付用人单位拖欠的农民工部分工资或者基本生活费。对已经垫付的应急周转金，应当依法向拖欠农民工工资的用人单位进行追偿"。没有欠薪保障基金的区域可以直接引用这一条款动用"应急周转金"，将农民工的讨薪任务转换为政府追偿。《条例》甚至连金融机构都规定了相应的法律责任："不依法配合人力资源社会保障行政部门查询相关单位金融账户的，由金融监管部门责令改正；拒不改正的，处2万元以上5万元以下的罚款。"

《条例》代表了国家的立场，希望能够根治拖欠农民工工资的问题！

2020-01-16

深圳修例调整年终奖发放规则

日前,深圳发布了一则重磅修例消息:拟修订《深圳市员工工资支付条例》(以下简称《条例》)并公开了修正征求意见稿,其中最重要的修订就是调整年终奖发放规则。

2004年生效的《条例》第14条第2款规定:"劳动关系解除或者终止时,员工月度奖、季度奖、年终奖等支付周期未满的工资,按照员工实际工作时间折算计发。"这一规定过于简单,存在明显漏洞:既没有明确适用范围,也没有区分离职原因,更与绩效考核结果脱钩,因此引发了诸多纠纷和案件。

奖金通常都是浮动待遇,但也有外资企业习惯约定每年年底发放固定的奖金,如"十三薪"或"年底双薪"。"十三薪"和"年底双薪"按工作时间比例折算支付具有相应的合理性,毕竟是固定标准的待遇;但是与绩效挂钩的浮动奖金则不应当按工作时间比例折算支付,应当根据考核结果和企业规则确定。如果浮动奖金以工作时间按比例折算发放,不仅不能体现"按劳分配"的原则,反而是对该原则的破坏。

《2005年度深圳市劳动仲裁机构与法院系统业务沟通暨疑难问题研讨会会议纪要》并没有深入研究上述条款存在的问题,只是简单地重复了《条例》的规定:"劳动合同约定工作满一年才有年终奖,《深圳市员工工资支付条例》规定工作未满一年的应按实际工作时间折算支付年终奖,现劳动者工作未满一年离职并诉求年终奖,应适用《深圳市员工工资支付条例》的规定，按劳动者实际工作时间折算支付年终奖。"尽管2015年《深圳市中级人民法院关于审理劳动争议案件的裁判指引》没再如此规定，但司法实践中不少裁判人员仍然运用简单化的思维审理年终奖纠纷，没有深入思考《条例》存在的缺陷。即便用人单位有明确的制度规定或通过劳动合同与员工约定了年终奖的具体适用范围、享受年终奖的资格条件，相关制度也往往被认定为免除用人单位义务、剥夺劳动者权利，与现行法规相悖，进而被认定为无效，不可作为日常管理的依据，令用人单位无所适从：难道工作时间是唯一的标准？难道不需要考量劳动者的绩效产出与劳动态度？难道因严重违纪被解除劳动合同的劳动者还可以享受年终奖？

用人单位的管理和业务均有相应的专业度，囿于对相关问题不熟悉，也因为审裁存在时限要求，无论是仲裁部门还是法院系统，都难以深入研究或探讨用人单位具体的专业问题，无法准确判断或认定其中的细节。所以往往一方面简单地以民主程序不完善为由否定用人单位的考核制度和考核结果，另一方面却又参照劳动者往年实际发放奖金并按工作时间比例裁判用人单位支付劳动者各类奖金，导致用人单位出现管理困境：在职劳动者可能没有年终奖，而辞职劳动者却可以按往年标准享受年终奖，这也在一定程度上鼓励了劳动者通过法律途径获取"辞职奖金"。深圳这类纠纷近年日益增加，成为一项非常普遍的劳动争议，既影响了劳动关系的和谐，也给司法系统带来了更大的挑战。

经过广泛调研，有关部门终于开始正视上述问题，准备调整《条例》中上述年终奖发放规则，拟将第14条第2款调整为："劳动关系解除或者终止时，员工月度奖、季度奖、年终奖等支付周期未满的工资，按照劳动合同约定或者用人单位规章制度规定发放。"这一转变不仅对用人单位具有积极作用，而且对消除年终奖纠纷也将有重大影响。为了清晰显示立场，《关于〈深圳市员工工资支付条例（修正征求意见稿）〉的起草说明》特别解释称："员工月度奖、季度奖、年终奖等是用人单位为激发员工积极性、提升企业竞争力而发放的特殊工资，其特点是非常规的、额外的、灵活的。发放这类工资应尊重用人单位的自主权，根据劳动合同明确约定或者用人单位规章制度规定发放，不宜简单按照员工实际工作时间折算计发，以体现奖金激励作用,避免不良社会导向。"这一说明作为修例的注脚,可以作为司法部门审判的指导方针。

作为用人单位,需要适应新的规定:一方面要考虑通过劳动合同约定具体的待遇或相关规则;另一方面得强化考核,并设计合理的享受年终奖的条件。考核和奖金制度除了履行、完善民主程序外,最好能够让劳动者签名确认,以避免造成程序瑕疵。无论劳动合同中途解除还是期满终止,用人单位都得结合实际情况构思具体方案,明确规定不参与考核的标准,设计相应的考核办法并通过一定的程序固化考核结果,以便对照劳动合同约定或规章制度的规定判断劳动者是否可以享受年终奖以及享受哪个等级或档次的年终奖。当然,如果用人单位简化管理,不设立相关制度,或许也是一个办法,但这一办法仍然存在司法部门以双方存在交易习惯为由认定用人单位需要支付年终奖的风险。

《条例》对年终奖发放规则的修订,是一个重大的调整,也是一个重要的信号,希望社会各界都能够深入思考并认真体会。但是,这一修订并不能解决所有的矛盾,实践中仍然可能会有分歧,比如用人单位规定年终奖发放时不在册的劳动者不享受年终奖等。这些问题既要根据用人单位规章制度,也要结合个案实际情况综合判断,具体也有待司法部门在《条例》修订后再统一裁判尺度。[1]

2020 - 07 - 14

---

[1] 2022 年 7 月 28 日,广东省第十三届人民代表大会常务委员会第四十五次会议批准的《关于修改〈深圳市员工工资支付条例〉的决定》将《条例》第 14 条第 2 款修改为:"劳动关系解除或者终止时,支付周期未满的员工月度奖、季度奖、年终奖,按照劳动合同的约定计发;劳动合同没有约定的,按照集体合同的约定计发;劳动合同、集体合同均没有约定的,按照依法制定的企业规章制度的规定计发;没有约定或者规定的,按照员工实际工作时间折算计发。"

深圳密集立法涉及的劳动用工管理

2020年10月29日，深圳市人大一口气通过了7项特区法规。虽然其中没有专门的劳动用工立法，但《深圳经济特区养老服务条例》（以下简称《养老条例》）、《深圳经济特区优化营商环境条例》（以下简称《营商条例》）、《深圳经济特区健康条例》（以下简称《健康条例》）均有与劳动用工相关的内容，用人单位需要注意并进行相应研究。

《深圳经济特区养老服务条例（草案）》向社会征求意见时，一度激起热议，最主要的原因就是草案中规定了独生子女护理假。拟立法的独生子女护理假是独生子女年满60周岁的父母住院治疗期间，用人单位应当给予独生子女每年累计不超过20日的特殊护理假期，此假期视为正常出勤，照发工资，不影响福利待遇和全勤评奖。但不少用人单位对此并不赞同，提出了不同的意见，认为独生子女假既加重了企业负担，也可能妨碍独生子女就业。结合当前的经济形势，为落实中央保就业、保市场主体精神，深圳市人大最终删除了独生子女护理假的相关内容。

令人颇为吃惊的是，《养老条例》突然规定了长期护理保险制度，强制要求用人单位及职工必须缴纳长期护理保险。虽然该保险有一定的需求，但毕竟与国家减轻企业负担的大方向不符。再者，深圳相对而言还比较年轻，此方面需求并不迫切，而且长期护理也可以通过制度安排在医疗保险范畴里，何必新设一项保险呢？不过还好，长期护理保险缴费比例不高，只是本市上年度在岗职工月平均工资的0.1%。深圳市人大在专门解读《养老条例》时以2019年度在岗人员月平均工资10646元测算，每人全年缴费约为128元，由用人单位和职工个人各按50%的比例缴费，即各承担约5.3元/月。《养老条例》将于2021年3月1日生效，长期护理保险费自2021年10月1日起征缴。虽然相关部门近日发布与《养老条例》配套的《深圳市长期护理保险办法（征求意见稿）》，表示为了减轻企业缴费负担，在《深圳市医疗保险办法》修订实施前，拟规定用人单位的长期护理医疗保险费暂从地方补充医疗保险基金中按月划转；但长远看，用人单位还是需要做好预算，毕竟《养老条例》已经通过了立法，而深圳市近期同时发布了社保入税的操作要求，用人单位无论如何是无法回避这一新设保险的。

《营商条例》除了规定有需求的市场主体可以通过用工余缺调剂开展共享用工、提高人力资源配置效率外，还创造性地规定特殊工时审批可以实施告知承诺制，同时将草案所规定的集体协商条件作了适当调整，只规定"经协商实行不定时或者综合计算工时工作制度的，可以实行告知承诺制"。这一规定来得正是时候，也是响应中央号召进行的特殊工时管理制度探索。虽然协商主体没有明确，但在实务操作中，可以与各个劳动者进行协商，最简单的办法就是通过沟通，在劳动合同中将实行特殊工时工作制的相关内容以一定的条款固定下来。承诺制的好处就是变事先审批为事后监督；不过需要提醒的是，承诺制不代表只需要有约定就可以了，行政部门仍可依法督查，如果发现用人单位并不符合实质条件，可以责令整改，也可以依法处罚。《营商条例》还特别规定"申请人未履行承诺的，按照相关规定依法撤销行政许可或者相关决定，并实施相应的信用惩戒措施"。因此，用人单位实行特殊工时工作制前仍然需要实事求是地研究分析是否符合相关法律要求，以避免相关法律风险。

《健康条例》与劳动用工相关的内容多为原则性的规定，比如"推进用人单位实行工间健身制度，在工作场所设置适当的健身活动场地、设施，为员工健身提供场地设施条件和时间便利""用人单位应当合理配置人力资源、安排员工作息时间，对脑力或者体力劳动负荷较重的员工实行轮休制度，避免对员工健康造成人体机能过度损耗或者身心健康伤害""鼓励用人单位采取远程办公、灵活安排工作时间、减少工作时长等措施，为员工照护婴幼儿创造便利条件"等。《健康条例》关于安全卫生也有一些规定，但基本上是国家已有的规定要求。不过《健康条例》特别强调对心理健康的保护，提出了多项对用人单位的要求，比如"用人单位应当采取多种形式开展员工心理健康促进工作""用人单位应当及时组织专业人员对处于特定时期、特定岗位、经历突发事件的员工提供心理援助""鼓励用人单位设立心理咨询室或者通过购买服务，为员工提供心理健康服务。用人单位可以在组织员工健康体检时增加心理测试项目"。

除《养老条例》《营商条例》《健康条例》外，2020年深圳市人大还通过了《关于修改〈深圳经济特区知识产权保护条例〉的决定》《深圳经济特区科技创新条例》等特区条例，也在一定程度上影响用人单位尤其是科技企业的劳动用工管理；相关用人单位同样也需要及时学习研究并检视相应的管理措施，以跟进法律的变化并满足合规管理要求。

2020 - 11 - 19

广东将严查骗保等违法行为

2020年11月26日，广东省人力资源和社会保障厅与广东省公安厅联合发布了《广东省查处侵害社会保险基金行为办法》（以下简称《办法》），严厉打击侵害社会保险基金的行为，明确规定了人力资源和社会保障行政部门、公安机关、社保经办机构预防和查处侵害社会保险基金的工作职责、案件处理程序、办案移交协助、案件预防管理等内容。

《办法》规定的侵害社会保险基金的行为，是指单位或者个人骗取社会保险待遇或者基金支出，社会保险经办机构多发社会保险待遇或者多支出社会保险基金，国家工作人员贪污、侵占、挪用社会保险基金等行为。可以简单归纳为：一是骗保行为，二是多发行为，三是贪污等行为。

骗保行为不仅包括通过虚构劳动关系，提供虚假证明材料、鉴定意见等方式虚构社会保险参保条件骗取社会保险待遇情形，还包括伪造工资台账导致申报的缴费基数、人数与实际不符等情形。前者意味着挂靠缴纳社会保险都属于违法行为，因此人力资源机构的"代缴社保"服务会被认定为非法，人力资源机构将被严厉查处，甚至可能被追究刑事责任；后者则对用人单位多缴社会保险也予以否认，用人单位缴纳社会保险既不能少，也不能多，否则都构成违法。不过笔者认为对历史原因导致的用人单位与原员工达成协议约定"代缴"等特殊情形应当网开一面，毕竟该"代缴"行为是为了解决双方纠纷，同时也缓和了社会矛盾。深圳人社部门某主管领导也认为社会保险应当最大限度地鼓励参保，没有就业的待岗人员都还需要开放个人窗口方便其缴纳社会保险，所以一些特定的挂靠"代缴"，只要不具有商业性质，就不应该查处。笔者对此深表赞同，希望基层工作人员在执行《办法》时能够理解领会精神。

骗保行为还包括通过伪造变造年龄、特殊工种资料、劳动能力鉴定结论、职工档案，或者冒用他人身份办理资格确认或者申领待遇等，违规增加视同缴费年限、获取养老保险待遇资格条件骗取养老保险待遇等情形。其中"冒用他人身份申领待遇"情形也同样存在一定的分歧。此次人口普查，查出来不少双重身份或虚假身份的人员，他们有些由用人单位长期缴纳养老保险，有些在个人窗口缴纳，如果不允许他们通过公安部门确认真实身份后变更参保信息的话，会产生很大的社会问题，等于把人都推向了社会，成为不稳定因素；所以这类情形也应当适当放宽，不宜认定为骗保行为。

《办法》还规定"通过谎报工伤事故，伪造或者变造证明材料等进行工伤认定或者劳动能力鉴定，或者提供虚假工伤认定、劳动能力鉴定结论，骗取工伤保险待遇的"，也属于骗保行为。在用工实践中，有些未到就业年龄的失学孩子为了能够找到工作，冒用哥哥姐姐的身份证入职，此后工作中却不幸发生工伤，如果按这一规定，似乎也无法享受工伤待遇了。笔者认为，这些员工没有骗保的动机，不应认定为骗保。员工发生工伤已是不幸，怎么还能忍心不照顾他们呢？对于这一类案件，只要能够查证实际情况，也应当允许变更参保信息并依法赔付工伤待遇。

《办法》列举了一系列骗取养老保险、工伤保险的违法行为，却不见任何骗取医疗保险待遇的规定，笔者非常困惑。近年来，媒体经常披露"医患"内外勾结，通过虚假治疗骗取医保报销的情形。因为医保个人账户部分的金额较低，符合法定条件的往往通过共济账户部分予以报销，因此有了"大锅饭"的空间，才给不法之徒铤而走险的可乘之机。《办法》对此应同样进行规制！

2020-12-17

探亲假问题的突破

探亲假的问题由来已久，一直没有彻底解决。2021年6月10日，全国人大常委会颁布了《军人地位和权益保障法》（2021年8月1日生效，以下简称《军人保障法》），将这一问题再次带入公众视线。

《军人保障法》第38条第1款规定："军人享有年休假、探亲假等休息休假的权利。对确因工作需要未休假或者未休满假的，给予经济补偿。"这一条款与此前的《国务院关于职工探亲待遇的规定》（以下简称《规定》）和《职工带薪年休假条例》（以下简称《条例》）基本衔接，明确了确因工作需要未休假或未休满假的给予经济补偿，既与《条例》已有规定相互呼应，也体现了对军人的特别照顾。

突破点在于《军人保障法》第38条第2款："军人配偶、子女与军人两地分居的，可以前往军人所在部队探亲。军人配偶前往部队探亲的，其所在单位应当按照规定安排假期并保障相应的薪酬待遇，不得因其享受探亲假期而辞退、解聘或者解除劳动关系……"军人配偶探亲的，单位应当"按照规定"安排假期，并"保障相应的薪酬待遇"。问题由此而来：一是按照什么规定？二是薪酬待遇标准为何？这一规定涉及探亲假的老问题：在国家已经施行年休假的情况下，哪些主体和人员属于探亲假的适用范围？

要讨论这一问题，需要先对探亲假的法律渊源进行梳理。

《规定》是国务院1981年颁布的行政法规，这是探亲假的最初依据。《规定》第2条规定："凡在国家机关、人民团体和全民所有制企业、事业单位工作满一年的固定职工,与配偶不住在一起,又不能在公休假日团聚的,可以享受本规定探望配偶的待遇;与父亲、母亲都不住在一起,又不能在公休假日团聚的,可以享受本规定探望父母的待遇。但是,职工与父亲或与母亲一方能够在公休假日团聚的,不能享受本规定探望父母的待遇。"随着时代的发展,这一规定确实与时代有所脱钩。一是当年是每周只休息一天,后来改为单双周轮休两天,再调整为现在的每周休息两天;二是现在交通完善了,高速公路四通八达,高铁也非常便利,何况还有飞机,不住一起的完全可以利用公休假日团聚,居住一夜和休息半个白天(后来可为一个白天)。更主要的是,由于人员流动频繁,用人单位无法掌握双方信息,出现了很多人虽然离开家乡但实际在同一城市工作生活的现象,所以《规定》不能再满足现实需求了。

为了解决上述问题,国家1994年在制定《劳动法》时就准备用带薪年休假取代探亲假,该法第45条规定:"国家实行带薪年休假制度。劳动者连续工作一年以上的,享受带薪年休假。具体办法由国务院规定。"但这一拖就是12年,国务院直到2007年才颁布了《条例》。《条例》统一了全国各地的带薪年休假的地方性操作,也提供了相应的法律依据。但在探亲假与带薪年休假的关系上,或许是顾及体制内的利益,最终没敢明文取消探亲假,也没有明确以带薪年休假取代探亲假。可以说《条例》没有从根本上解决问题,反而《企业职工带薪年休假实施办法》(以下简称《办法》)在第6条规定:"职工依法享受的探亲假、婚丧假、产假等国家规定的假期以及因工伤停工留薪期间不计入年休假假期。"这间接认可了体制内职工可以享受双重待遇。

目前实务操作中体制内的用人单位(国家机关,人民团体,全民所有制企业、事业单位,集体所有制企业、事业单位等)通常实行"双轨制",既享受探亲假也享受年休假(享受探亲假当年不享受当年度的年休假),外资企业、非国有企业等体制外的用人单位依《条例》安排员工享受年休假即可,员工不享受探亲假,毕竟《规定》第2条明确了相应的适用范围。

《军人保障法》的出台可能把体制外的用人单位也带回了"双轨制":军人配偶前往部队探亲的,其所在单位应当按照规定安排假期并保障相应的薪酬待遇。尽管规定中的"按照规定"仍有一定的解释余地,可以主张为国家规定(《办法》)只适用于体制内的单位,"安排假期"也还可以理解为"安排年休假";但《军人保障法》属于国家法律,而且立法本意明显是优待军人军属,如果真的发生争议,风险还是比较大的。待遇上似乎也还有一定空间,相关规定没有强调全额发放待遇;但估计司法部门仍然会按全额发放待遇来理解,毕竟这样更符合立法本意。希望国务院将来就此能够出台相应的实施细则,明确具体规则,以便各类用人单位能够更好地遵照实施相关规定;不然可能又会因此产生纷争,不利于社会和谐。

2021-07-05

深圳养老保险政策再解读

《深圳经济特区社会养老保险条例》（以下简称《养老条例》）经市人大常委会修订，将于2021年8月1日起施行。此次《养老条例》修订调整的内容比较重要，笔者就其中重点问题进行梳理解读，希望能够引起各方关注。

一、基数问题

《养老条例》第10条规定："职工每月缴纳基本养老保险费的缴费基数为其上月工资总额""用人单位每月缴纳基本养老保险费的缴费基数为本单位职工缴费基数的总和"。第43条（原为第48条）同时规定："本条例所称工资总额为用人单位按月发放的劳动报酬。"这是深圳特色，是为了降低用人单位和职工的成本，毕竟深圳社保基金不缺钱，所以没有以上年度平均工资作为缴费基数。2015年深圳市人大常委会办公厅给深圳市人力资源和社会保障局专门作出过《关于适用〈深圳经济特区社会养老保险条例〉第四十八条有关问题的工作答复》，明确确认："为了平衡养老保险缴费与企业负担之间的关系，减轻企业和职工的负担，《深圳经济特区社会养老保险条例》第四十八条规定作为养老保险缴费基数的'工资总额'应当理解为用人单位按月发放的劳动报酬，非按月发放的津贴、项目奖金、年终奖、季度奖等劳动报酬不计入缴费基数。"这一复函为用人单位结合薪酬结构合理规划养老保险缴纳基数奠定了基础。

有人或许会有疑问：《养老条例》的相关规定与上位法相符吗？作为上

位法，《社会保险法》第 12 条第 1 款规定："用人单位应当按照国家规定的本单位职工工资总额的比例缴纳基本养老保险费，记入基本养老保险统筹基金。"但如何理解职工工资总额是有空间的，毕竟深圳是将上月工资作为缴费基数的，而不是将上年平均工资作为缴费基数。而且这一条例是特区条例，属于全国人大授权立法，在法理上也没问题。

深圳这次修订《养老条例》实际上在一定程度上提高了缴费基数。《养老条例》一方面按此前的模式规定"缴费基数不得低于市人民政府公布的最低工资标准"，但另一方面又规定"市人民政府可以根据国家、广东省养老保险相关规定，将基本养老保险缴费基数下限和缴费比例调整过渡至国家和广东省规定的标准"。国家和广东的标准是上年度全省全口径城镇单位就业人员平均工资的 60%。以 2020 年为例，深圳市最低工资标准为 2200 元，广东省缴费基数的下限为 3803 元。国家规定 2024 年要统一标准，所以深圳这两年会逐年提升养老保险最低缴纳基数，这对制造业是非常大的压力，毕竟调整幅度非常大，甚至可能会出现空缴现象，收入达不到省均工资 60% 的职工需要缴纳比实际收入更高的养老保险费用，这会极大地影响这类员工的缴费意愿。这一政策既不合理，效果也差，笔者认为深圳原来的立法更为恰当。所幸的是，广东省同时也规定 2024 年之前要将养老保险缴费基数上限由"在岗职工月平均工资的 300%"调整为"全省全口径城镇单位就业人员平均工资的 300%"，对于深圳来讲，后者比前者低不少，也算是一个平衡。

二、比例问题

深圳缴费比例也同样面临上述调整问题。此前深圳市基本养老保险用人单位缴费比例加上地方补充养老保险在内也只有 14%，低于国家要求的 16%。

国务院办公厅 2019 年 4 月 1 日下发的《降低社会保险费率综合方案》要求："自 2019 年 5 月 1 日起，降低城镇职工基本养老保险（包括企业和机关事业单位基本养老保险，以下简称养老保险）单位缴费比例。各省、自治区、直辖市及新疆生产建设兵团（以下统称省）养老保险单位缴费比例高于 16% 的，可降至 16%；目前低于 16% 的，要研究提出过渡办法。各省具体调整或过渡方案于 2019 年 4 月 15 日前报人力资源社会保障部、财政部备案。"

广东省的过渡方案规定："单位缴费比例为 13% 的市，2020 年底前将单位缴费比例调整为 14%，具体的过渡计划由各市人力资源社会保障、财政、税务部门制定。今后再根据国家统一部署，将单位缴费比例逐步过渡到全国统一标准。"所以新修订的《养老条例》先把用人单位养老保险缴费比例从 13% 上调到了 14%，连同地方补充养老保险就达到 15% 了，同时立法也明确了将把"缴费比例调整过渡至国家和广东省规定的标准"。估计再过 2 年会再加一个点，到 2024 年 1 月 1 日，全省单位缴费比例将统一为 16%。

这对深圳来讲又是一个负面信息，深圳的用人单位不得不面对持续增加的成本，营商环境肯定也会受影响。但是国家要面对全国的社保平衡问题，所以深圳只能服从大局，牺牲小我。

据学者研究，降低社保比例，有助于提高就业率；相反，如果提高社保比例，则会降低用人单位的招聘意愿。当年的深圳真是条件优渥，养老保险用人单位缴费比例才 10% 啊！国家规定各地养老保险流转归集统一为 12% 才不得不提到 13%。深圳市人大为了平衡用人单位的利益，还特别下调了下限，将社平工资 60% 下调为最低工资；同时也规定按月工资缴纳养老保险，可以将"非按月发放的津贴、项目奖金、年终奖、季度奖等"不作为缴费基数。这样的安排既减轻了企业负担，还极大地提高了低收入职工的参保积极性。

三、延缴问题

《养老条例》第 26 条规定："符合按月领取基本养老金条件的参保人，未申请领取基本养老金且继续缴纳养老保险费的，继续缴纳养老保险费的年限计算为缴费年限。"这一规定打开了延缴养老保险的方便之门，与国家延迟退休政策契合。此前的操作是无论男职工还是女职工，到点了社保部门系统就会关闭；现在成了只要不申请退休，无论与缴纳单位构成何种关系，均可以继续运作，将相关年限计为缴费年限。当然，这是以自愿为原则的规定，尊重当事人的意思自治；在国家没有出台新的退休政策前，职工可以选择到点退休，享受相关待遇。

《养老条例》第28条还规定："达到法定退休年龄时，具有本市户籍的参保人或者按照国家和广东省有关规定确定本市为养老保险待遇领取地的非本市户籍参保人，养老保险累计缴费年限不满十五年的，可以按照有关规定继续缴纳养老保险费至累计缴费年限满十五年后，申请按月领取基本养老金。"此前《社会保险法》第16条第2款规定"参加基本养老保险的个人，达到法定退休年龄时累计缴费不足十五年的，可以缴费至满十五年，按月领取基本养老金"，这一规定没有区分具体情形，涉及地方利益，所以户籍地与基本养老保险关系所在地不一致时，经常会扯皮。原人社部与财政部2010年联合下发的《城镇企业职工基本养老保险关系转移接续暂行办法》确定了最后一个参保10年的基本养老保险关系所在地作为退休地点；只有员工没有任何一个基本养老保险关系所在地参保年限达到10年时，才归集到户籍地办理退休。而各地的退休待遇并不一致，所以一直争论不休。此次《养老条例》对此明确作出规定，算是解决了相关问题，也与2013年人社部给北京市的复函精神相符（人社厅函〔2013〕250号）。

四、补缴问题

《养老条例》第37条规定："职工认为用人单位未按照规定为其缴纳养老保险费的，应当在知道或者应当知道权利被侵害之日起两年内按照国家和本市有关规定向市社保机构、市社会保险费征收机构投诉、举报；超过两年的，市社保机构、市社会保险费征收机构不予受理。"这一规定源于国家《劳动保障监察条例》第20条第1款的规定，内容为："违反劳动保障法律、法规或者规章的行为在2年内未被劳动保障行政部门发现，也未被举报、投诉的，劳动保障行政部门不再查处。"这是深圳行政部门现在只受理2年养老保险投诉的法律依据，也是通常大家所理解的养老保险只追溯2年的基础。不过这一规定只限于深圳适用，在其他城市并不是这样理解和操作的；各个城市虽然规则不一，但养老保险欠费通常不会只追溯2年。

深圳相关立法曾一度讨论放开补缴养老保险的时间，但争议非常大，所以一直进行模糊处理，并以上述规定作为"挡箭牌"。不过需要提醒的是，深圳的立法也留了空间：如果是双方共同申请补缴，则不会以2年为限。《养老条例》第 46 条规定："本条例施行前，用人单位及其职工未按照规定缴纳养老保险费，超过法定强制追缴时效的，可以申请补缴养老保险费。"但是用人单位要承担自欠缴之日起按日加收的 5‰的滞纳金，所以用人单位通常情况下是不可能主动申请的。

五、计算问题

《养老条例》第 44 条规定："用人单位及参保人在缴纳养老保险费时，所涉及的上年度广东省全口径城镇单位就业人员月平均工资，上半年缴费的，按照上上年度广东省全口径城镇单位就业人员月平均工资计算；下半年缴费的，按照上年度广东省全口径城镇单位就业人员月平均工资计算。"这一规定解决了长期以来困扰用人单位和职工的缴纳计算问题，因为相关统计数据通常是在次年五六月才发布，只能引用上上年的数据；但是一直没有法律依据，因此也引发了不少争议，这一新增条款填补了立法空缺。

不过在劳动法范围内的其他领域，相关问题仍然存在。原人社部《关于执行〈工伤保险条例〉若干问题的意见》规定的思路就与《养老条例》不一样："核定工伤职工工伤保险待遇时，若上一年度相关数据尚未公布，可暂按前一年度的全国城镇居民人均可支配收入、统筹地区职工月平均工资核定和计发，待相关数据公布后再重新核定，社会保险经办机构或者用人单位予以补发差额部分。"这一规定固然对职工会更有利，但是要增加不少社会成本，也会因此引发不少官司，不如《养老条例》的上述规定简明。此外，经济补偿金和赔偿金的计算基数也面临同样的问题，难道每次都补发？相关问题仍有待解决。

2021-07-27

《民事诉讼法》修改对劳动争议案件审理的影响

2021年12月24日,第十三届全国人民代表大会常务委员会第三十二次会议审议通过了《关于修改〈中华人民共和国民事诉讼法〉的决定》;修正后的《民事诉讼法》不仅对传统民商事案件的审理意义深远,而且对劳动争议案件的审理也有重大影响。现就相关要点简述如下:

《民事诉讼法》增加了一条,作为第16条:"经当事人同意,民事诉讼活动可以通过信息网络平台在线进行。民事诉讼活动通过信息网络平台在线进行的,与线下诉讼活动具有同等法律效力。"[1] 这一条确认了在线审理的法律效力:一方面提高了效率、节约了时间;另一方面也尊重当事人意愿,以当事人同意为前提。有人担心在线审理无法核对证据原件,因此更愿意线下审理,但是,劳动争议实行一裁两审制,在法院阶段之前已经经过了仲裁程序,通常证据基本已经固定且经过了一轮质证,所以基本都已具备在线审理的条件,可以预见将来进入法院程序的劳动争议案件会大量在线审理。

《民事诉讼法》将第87条改为第90条,修改为:"经受送达人同意,人民法院可以采用能够确认其收悉的电子方式送达诉讼文书。通过电子方式送达的判决书、裁定书、调解书,受送达人提出需要纸质文书的,人民法院应当提供。采用前款方式送达的,以送达信息到达受送达人特定系统的日期为送达日期。"电子送达也是发展的趋势,同样是运用科技力量提高效率。不

---

[1] 《民事诉讼法》于2023年9月再次进行了修改,本文所引用的条款均未发生变化。

过电子送达仍然要以受送达人同意为条件，所以可能会出现双方当事人选择不同送达方式的情形。电子送达固然方便，但也有一个弊端，就是当事人可能由于种种原因未能及时查看，以至于没有注意到送达时间，甚至可能影响到上诉权等相关权利的行使；所以无论对于劳动者还是用人单位而言，都需要特别注意随时查看相关文书是否送达，以免遗漏。作为律师，笔者更愿意采用传统送达模式，以降低相关风险。

《民事诉讼法》将第162条改为第165条，修改为："基层人民法院和它派出的法庭审理事实清楚、权利义务关系明确、争议不大的简单金钱给付民事案件，标的额为各省、自治区、直辖市上年度就业人员年平均工资百分之五十以下的，适用小额诉讼的程序审理，实行一审终审。基层人民法院和它派出的法庭审理前款规定的民事案件，标的额超过各省、自治区、直辖市上年度就业人员年平均工资百分之五十但在二倍以下的，当事人双方也可以约定适用小额诉讼的程序。"相关修正将一审终审的标的额提高到了上年度就业人员年平均工资50%，而且超过50%但在2倍以下的也可以约定适用小额诉讼程序，将来会有更多劳动争议案件一审终审。此前2012年修正《民事诉讼法》时，专门增加了第162条："基层人民法院和它派出的法庭审理符合本法第一百五十七条第一款规定的简单的民事案件，标的额为各省、自治区、直辖市上年度就业人员年平均工资百分之三十以下的，实行一审终审。"这一规定虽然只是针对标的额较小的民事案件，但打破了"二审终审"的传统，也是为了节约司法资源，提高司法效率，与《劳动争议调解仲裁法》一裁终局的规定有异曲同工之处。但是，这两大国家层面的程序法如何衔接没有明确规定，所以劳动争议进入一审程序后如何适用"一审终审制"可能存在理解分歧，而且标准也不一样。《劳动争议调解仲裁法》规定以当地月最低工资标准12个月金额为限，而《民事诉讼法》"一审终审制"适用于标的额为各省、自治区、直辖市上年度就业人员年平均工资50%以下的民事案件；《劳动争议调解仲裁法》需要逐项分解请求以判断相关请求项是否适用"一裁终局"，《民事诉讼法》则无此规定。

《民事诉讼法》增加了一条，作为第166条："人民法院审理下列民事案件，不适用小额诉讼的程序："（一）人身关系、财产确权案件；（二）涉外案件；（三）需要评估、鉴定或者对诉前评估、鉴定结果有异议的案件；（四）一方当事人下落不明的案件；（五）当事人提出反诉的案件；（六）其他不宜适用小额诉讼的程序审理的案件。"不适用小额诉讼的程序即意味着不是一审终审。对于劳动争议而言，是否构成劳动关系一类的案件属于人身关系的案件，不能一审终审。笔者曾经代理过一宗劳动争议案件，因标的额较小，一审法院通知一审终审，但相关问题涉及劳动关系认定，经过沟通并提交相关情况说明后法院认识到该案情况特殊，遂调整原通知，改为通过正常程序进行审理，最后案件进入了二审程序，并未一审终审。此外，劳动争议因为仲裁前置，反申请需要在仲裁阶段提出，所以不存在法院阶段反诉的问题，如果当事人的反申请被仲裁机构驳回且不属于终局裁决，当事人就该反申请起诉到法院时，应当视为当事人提出了反诉，也不能一审终审。从诉讼策略上看，这也是一个值得研究的新问题。

《民事诉讼法》增加了一条，作为第167条："人民法院适用小额诉讼的程序审理案件，可以一次开庭审结并且当庭宣判。"这一条对劳动争议来讲不仅会加快审理速度，而且会加大维持仲裁结果的可能性；所以，劳动争议在仲裁阶段败诉后到法院改判的概率将进一步下降。

《民事诉讼法》增加了一条，作为第168条："人民法院适用小额诉讼的程序审理案件，应当在立案之日起两个月内审结。有特殊情况需要延长的，经本院院长批准，可以延长一个月。"劳动争议案件量多年以来持续上涨，两个月内审结的新规定让法院压力更大了，对案件审理质量多少会有些影响，照抄仲裁结果的可能性也因此而增加。所以劳动争议仲裁程序的重要性更加突出，用人单位应当更加重视劳动争议在仲裁阶段的应对。

《民事诉讼法》将第169条改为第176条，第1款修改为："第二审人民法院对上诉案件应当开庭审理。经过阅卷、调查和询问当事人，对没有提出新的事实、证据或者理由，人民法院认为不需要开庭审理的，可以不开庭审理。"现在很多法院对劳动争议二审案件都采用变通的"调查""询问"等形式避免正式的开庭审理，以节约时间。根据这一规定，要是上诉案件没有新的事实证据或者理由，基本上就不会开庭审理了。

2021-12-27

深圳终于调整了年终奖发放规则

《深圳市员工工资支付条例》（以下简称《条例》）在2004年制定时对年终奖设计了按工作时间折算发放的规则，《条例》第14条第2款规定："劳动关系解除或者终止时，员工月度奖、季度奖、年终奖等支付周期未满的工资，按照员工实际工作时间折算计发。"这一规定一开始并没有引起太多关注，因此几次修例都没有涉及。

情况在近几年发生了很大的变化：一是用人单位出于管理需要，放大了浮动待遇——尤其是年终奖的比例；二是劳动者的法律意识明显增强，注意到了这一特别规定，利用这一有利规则主张相关权利，劳资双方因此产生了激烈的博弈，出现了大量的年终奖纠纷。标的额小的几万元，大的数千万元，甚至还有过亿元的奖金案件，这类案件迅速成为劳动争议新的焦点。

奖金属于工资是没有争议的，国家对此有明文规定。但是，奖金的类型五花八门，既有固定的"年底双薪"和"十三薪"，也有按月发放的固定奖金；既有月度、季度浮动绩效，也有年度目标浮动奖金；既有与业绩挂钩的提成奖金，也有与考核结果匹配的年终奖，甚至还有金融行业独特的递延奖金。这些不同类型的奖金，尤其是年终奖，功能不一，条件有别，确实可能产生理解分歧。正常在职员工，由于劳动关系持续存在，双方即便对于相关奖金待遇存在理解分歧，也还有机会通过沟通或协商等方式在内部解决矛盾，至少用人单位也会综合考量持续服务等因素适当分配年终奖。但是，中途离职员工对于用人单位而言，价值不复存在，因此用人单位常常不予发放年终奖。为了避免用人单位滥用用工自主权，保障劳动者的劳动报酬权，《条例》特别作了上述规定。通过这一规定，立法者否定了用人单位经常适用的年终奖发放时劳动者需要"在岗在册"的习惯操作，不仅要求用人单位对工作满全年的劳动者进行考核并根据考核结果确定是否享受年终奖及其具体金额，还要求用人单位对中途离职（包括但不限于各种解除、终止劳动合同等情形）未服务满全年的劳动者进行考核并根据考核结果确定是否享受年终奖及其具体金额。非常遗憾的是，极少用人单位有完善的中途离职员工考核管理制度，甚至很多用人单位仍简单地以发放时不在岗、不在册作为抗辩理由，因此放大了风险。

客观上讲，《条例》原有规定过于简单，存在明显的漏洞：既没有明确适用范围，也没有区分离职原因，更与绩效考核结果脱钩。这一规定一方面保护了劳动者，另一方面也引发了诸多纠纷，甚至给用人单位和司法机构都带来了困扰：难道"奖勤罚懒"的奖金都被固化了吗？难道要回到"大锅饭"时代？

司法实践中，用人单位往往以用工自主权进行抗辩，在初期获得了司法部门较高的支持度；但后来慢慢风向变了，司法部门经常引用《条例》的上述规定并参照往年的年终奖金额或同部门当年平均年终奖支持劳动者，用人单位的败诉率明显上升，最近几年甚至引发了一些重大案件，严重影响了劳动关系的和谐建设。检视《条例》上述规定的呼声日益高涨，因此有了《条例》的再次修订。

此次修正历时两年有余，而且一波三折。经过反复酝酿，2020年7月2日，深圳市司法局公布了《深圳市员工工资支付条例（修正征求意见稿）》，拟将原第14条第2款修改为"劳动关系解除或者终止时，员工月度奖、季度奖、年终奖等支付周期未满的工资，按照劳动合同约定或者用人单位规章制度规定发放"，并在相关起草说明里解释称："发放这类工资应尊重用人单位的自主权，根据劳动合同明确约定或者用人单位规章制度规定发放，不宜简单按照员工实际工作时间折算计发，以体现奖金激励作用，避免不良社会导向"。后来披露，具体条款做了平衡，调整为："员工离职时，月度奖、季度奖、年终奖等支付周期未满的工资，首先应当按照劳动合同约定发放，劳动合同未约定的,按照员工实际工作时间折算计发。"但是,这一稿仍然受到了强烈抵制,以至于拖了一年都未能在立法机构通过,《深圳市员工工资支付条例修正案(草案)》于 2021 年 5 月 27 日提请深圳市人大常委会会议审议未果。相反,2021 年 7 月 19 日,深圳市人大常委会法工委将《深圳市员工工资支付条例修正案(草案修改征求意见稿)》全文公布,再次向社会广泛征求意见。这一稿却只字未提上述拟修正的原第 14 条第 2 款,结合此前修法进程来看,奖金计发规则将不再调整,仍按《条例》原规定的第 14 条第 2 款执行。笔者为此大声疾呼,一夜草就"万言书",分析利弊,并上呈立法机构,力主修例。

万幸的是,2022 年 8 月 4 日,深圳市人民代表大会常务委员会发布公告,宣称:"《深圳市人民代表大会常务委员会关于修改〈深圳市员工工资支付条例〉的决定》经深圳市第七届人民代表大会常务委员会第八次会议于 2022 年 3 月 28 日表决通过,经广东省第十三届人民代表大会常务委员会第四十五次会议于 2022 年 7 月 28 日批准,现予公布。"新《条例》第十四条第二款修改为:"劳动关系解除或者终止时,支付周期未满的员工月度奖、季度奖、年终奖,按照劳动合同的约定计发;劳动合同没有约定的,按照集体合同的约定计发;劳动合同、集体合同均没有约定的,按照依法制定的企业规章制度的规定计发;没有约定或者规定的,按照员工实际工作时间折算计发。"这一规定确定了深圳年终奖发放的新规则:有约定从约定,没约定从制度,但制度需依法制定;没有约定或规定的,再按实际工作时间折算。这一规则是新的平衡,给了用人单位更大的空间,同时也督促用人单位检视年终奖及其他奖金发放模式和管理体系,需要通过合同、制度(须履行民主公示程序)等方式明确具体的规则和条件。

结合最高院近期发布的第 182 号指导案例和第 183 号指导案例,笔者认为用人单位不应再以"发放前不在岗不享受"作为奖金发放规则,既需要有明确且合理的奖金方案,也应尽量通过劳动合同等书面方式让劳动者进行确认,以避免规章制度民主程序的压力;与此同时,用人单位也需要遵守相关约定与制度,不可随意变更,一旦调整,务必重新让劳动者书面确认,以降低风险。建议用人单位在制定奖金方案时需特别注意结合管理需要,设定合理的奖金发放条件，提升管理水平并在日常管理中留存相关证据，以便需要时可充分举证证明劳动者不符合奖金发放条件；这样对员工来说更公平，对用人单位也能更好地避免纠纷并降低风险。

延伸阅读

一、最高人民法院2022年7月4日发布的第182号指导案例

【简评】第182号指导案例确认了奖金并非固定待遇，是否发放及发放标准一般认为属于用人单位用工自主权范畴，可以结合外部市场变化、内部经营需要及员工个人具体表现等综合评估并决定是否发放及其具体金额，但是，该指导案例同时认定奖金方案确定后对用人单位也具有约束力，不能简单以用人单位自主决策权作为抗辩理由，也不得以程序未完成为由拒不发放，用人单位有义务进行合理审查并履行相关程序。

彭某翔诉南京市城市建设开发（集团）有限责任公司追索劳动报酬纠纷案

（最高人民法院审判委员会讨论通过 2022年7月4日发布）

关键词 民事/追索劳动报酬/奖金/审批义务

裁判要点

用人单位规定劳动者在完成一定绩效后可以获得奖金；其无正当理由拒绝履行审批义务，符合奖励条件的劳动者主张获奖条件成就，用人单位应当按照规定发放奖金的，人民法院应予支持。

相关法条

《中华人民共和国劳动法》第4条、《中华人民共和国劳动合同法》第3条

基本案情

南京市城市建设开发（集团）有限责任公司（以下简称城开公司）于 2016 年 8 月制定《南京城开集团关于引进投资项目的奖励暂行办法》（以下简称《奖励办法》），规定成功引进商品房项目的，城开公司将综合考虑项目规模、年化平均利润值合并表等综合因素，以项目审定的预期利润或收益为奖励基数，按照 0.1%～0.5% 确定奖励总额。该奖励由投资开发部拟定各部门或其他人员的具体奖励构成后提出申请，经集团领导审议、审批后发放。2017 年 2 月，彭某翔入职城开公司担任投资开发部经理。2017 年 6 月，投资开发部形成《会议纪要》，确定部门内部的奖励分配方案为总经理占部门奖金的 75%、其余项目参与人员占部门奖金的 25%。

彭某翔履职期间，其所主导的投资开发部成功引进无锡红梅新天地、扬州 GZ051 地块、如皋约克小镇、徐州焦庄、高邮鸿基万和城、徐州彭城机械六项目，后针对上述六项目投资开发部先后向城开公司提交了六份奖励申请。

直至彭某翔自城开公司离职，城开公司未发放上述奖励。彭某翔经劳动仲裁程序后，于法定期限内诉至法院，要求城开公司支付奖励 1689083 元。

案件审理过程中，城开公司认可案涉六项目初步符合《奖励办法》规定的受奖条件，但以无锡等三项目的奖励总额虽经审批但具体的奖金分配明细未经审批以及徐州等三项目的奖励申请未经审批为由，主张彭某翔要求其支付奖金的请求不能成立。对于法院"如彭某翔现阶段就上述项目继续提出奖励申请，城开公司是否启动审核程序"的询问，城开公司明确表示拒绝，并表示此后也不会再启动六项目的审批程序。此外，城开公司还主张，彭某翔在无锡红梅新天地项目、如皋约克小镇项目中存在严重失职行为，二项目存在严重亏损，城开公司已就拿地业绩突出向彭某翔发放过奖励，但均未提交充分的证据予以证明。

裁判结果

南京市秦淮区人民法院于 2018 年 9 月 11 日作出（2018）苏 0104 民初 6032 号民事判决：驳回彭某翔的诉讼请求。彭某翔不服，提起上诉。江苏省南京市中级人民法院于 2020 年 1 月 3 日作出（2018）苏 01 民终 10066 号民事判决：（1）撤销南京市秦淮区人民法院（2018）苏 0104 民初 6032 号民事判决；

(2) 城开公司于本判决生效之日起十五日内支付彭某翔奖励1259564.4元。

裁判理由

法院生效裁判认为：本案争议焦点为城开公司应否依据《奖励办法》向彭某翔所在的投资开发部发放无锡红梅新天地等六项目奖励。

首先，从《奖励办法》设置的奖励对象来看，投资开发部以引进项目为主要职责，且在城开公司引进各类项目中起主导作用，故其系该文适格的被奖主体；从《奖励办法》设置的奖励条件来看，投资开发部已成功为城开公司引进符合城开公司战略发展目标的无锡红梅新天地、扬州GZ051地块、如皋约克小镇、徐州焦庄、高邮鸿基万和城、徐州彭城机械六项目，符合该文规定的受奖条件。故就案涉六项目而言，彭某翔所在的投资开发部形式上已满足用人单位规定的奖励申领条件。城开公司不同意发放相应的奖励，应当说明理由并对此举证证明。但本案中城开公司无法证明无锡红梅新天地项目、如皋约克小镇项目存在亏损，也不能证明彭某翔在二项目中确实存在失职行为，其关于彭某翔不应重复获奖的主张亦因欠缺相应依据而无法成立。故而，城开公司主张彭某翔所在的投资开发部实质不符合依据《奖励办法》获得奖励的理由法院不予采纳。

其次，案涉六项目奖励申请未经审核或审批程序尚未完成，不能成为城开公司拒绝支付彭某翔项目奖金的理由。城开公司作为奖金的设立者，有权设定相应的考核标准、考核或审批流程。其中，考核标准系员工能否获奖的实质性评价因素，考核流程则属于城开公司为实现其考核权所设置的程序性流程。在无特殊规定的前提下，因流程本身并不涉及奖励评判标准，故而是否经过审批流程不能成为员工能否获得奖金的实质评价要素。城开公司也不应以六项目的审批流程未启动或未完成为由，试图阻却彭某翔获取奖金的实体权利的实现。此外，对劳动者的奖励申请进行实体审批，不仅是用人单位的权利，也是用人单位的义务。本案中，《奖励办法》所设立的奖励系城开公司为鼓励员工进行创造性劳动所承诺给员工的超额劳动报酬，其性质上属于《国家统计局关于工资总额组成的规定》第7条规定中的"其他奖金"。此时《奖励办法》不仅应视为城开公司基于用工自主权而对员工行使的单方激励行为，还应视为城开公司与包括彭某翔在内的不特定员工就该项奖励的获取形成的约定。现彭某翔通过努力达到《奖励办法》所设奖励的获取条件，其向城开公司提出申请要求兑现该超额劳动报酬，无论是基于诚实信用原则，还是基于按劳取酬原则，城开公司皆有义务启动审核程序对该奖励申请进行核查，以确定彭某翔关于奖金的权利能否实现。如城开公司拒绝审核，应说明合理理由。本案中，城开公司关于彭某翔存在失职行为及案涉项目存在亏损的主张因欠缺事实依据不能成立，该公司也不能对不予审核的行为作出合理解释，其拒绝履行审批义务的行为已损害彭某翔的合法权益，对此应承担相应的不利后果。

综上，法院认定案涉六项目奖励的条件成就，城开公司应当依据《奖励办法》向彭某翔所在的投资开发部发放奖励。

二、最高人民法院2022年7月4日发布的第183号指导案例

【简评】第183号指导案例虽然认可年终奖非强制性发放待遇，用人单位有权根据本单位的经营状况、员工的业绩表现等，自主确定奖金发放与否、发放条件及发放标准；但是，该案例同时要求用人单位制定奖金规则应遵循公平合理原则，对于在奖金发放之前已经离职的员工应当结合离职的原因、时间、工作表现和对单位的贡献程度等多方面因素综合考量能否获得奖金，实际上是对奖金发放前离职的员工不享受奖金的观点持否定态度，对用人单位的奖金管理提出了更高的要求。

房某诉中美联泰大都会人寿保险有限公司劳动合同纠纷案

（最高人民法院审判委员会讨论通过　2022年7月4日发布）

关键词　民事/劳动合同/离职/年终奖

裁判要点

年终奖发放前离职的劳动者主张用人单位支付年终奖的，人民法院应当结合劳动者的离职原因、离职时间、工作表现以及对单位的贡献程度等因素进行综合考量。用人单位的规章制度规定年终奖发放前离职的劳动者不能享

有年终奖,但劳动合同的解除非因劳动者单方过失或主动辞职所导致,且劳动者已经完成年度工作任务,用人单位不能证明劳动者的工作业绩及表现不符合年终奖发放标准,年终奖发放前离职的劳动者主张用人单位支付年终奖的,人民法院应予支持。

相关法条

《中华人民共和国劳动合同法》第 40 条

基本案情

房某于 2011 年 1 月至中美联泰大都会人寿保险有限公司(以下简称大都会公司)工作,双方之间签订的最后一份劳动合同履行日期为 2015 年 7 月 1 日至 2017 年 6 月 30 日,约定房某担任战略部高级经理一职。2017 年 10 月,大都会公司对其组织架构进行调整,决定撤销战略部,房某所任职的岗位因此被取消。双方就变更劳动合同等事宜展开了近两个月的协商,未果。12 月 29 日,大都会公司以客观情况发生重大变化、双方未能就变更劳动合同协商达成一致,向房某发出《解除劳动合同通知书》。房某对解除决定不服,经劳动仲裁程序后起诉要求恢复与大都会公司之间的劳动关系并诉求 2017 年 8~12 月未签劳动合同 2 倍工资差额、2017 年度奖金等。大都会公司《员工手册》规定:年终奖金根据公司政策,按公司业绩、员工表现计发,前提是该员工在当年度 10 月 1 日前已入职,若员工在奖金发放月或之前离职,则不能享有。据查,大都会公司每年度年终奖会在次年 3 月前后发放。

裁判结果

上海市黄浦区人民法院于 2018 年 10 月 29 日作出(2018)沪 0101 民初 10726 号民事判决:(1)大都会公司于判决生效之日起 7 日内向原告房某支付 2017 年 8~12 月期间未签劳动合同双倍工资差额人民币 192500 元;(2)房某的其他诉讼请求均不予支持。房某不服,上诉至上海市第二中级人民法院。上海市第二中级人民法院于 2019 年 3 月 4 日作出(2018)沪 02 民终 11292 号民事判决:(1)维持上海市黄浦区人民法院(2018)沪 0101 民初 10726 号民事判决第一项;(2)撤销上海市黄浦区人民法院(2018)沪 0101 民初 10726 号民事判决第二项;(3)大都会公司于判决生效之日起 7 日内支付上诉人房某 2017 年度年终奖税前人民币 138600 元;(4)房某的其他请求不予支持。

裁判理由

法院生效裁判认为：本案的争议焦点系用人单位以客观情况发生重大变化为依据解除劳动合同，导致劳动者不符合员工手册规定的年终奖发放条件时，劳动者是否可以获得相应的年终奖。对此，一审法院认为，大都会公司的《员工手册》明确规定了奖金发放情形，房某在大都会公司发放2017年度奖金之前已经离职，不符合奖金发放情形，故对房某要求2017年度奖金之请求不予支持。二审法院经过审理后认为，现行法律法规并没有强制规定年终奖应如何发放，用人单位有权根据本单位的经营状况、员工的业绩表现等，自主确定奖金发放与否、发放条件及发放标准，但是用人单位制定的发放规则仍应遵循公平合理原则，对于在年终奖发放之前已经离职的劳动者可否获得年终奖，应当结合劳动者离职的原因、时间、工作表现和对单位的贡献程度等多方面因素综合考量。本案中，大都会公司对其组织架构进行调整，双方未能就劳动合同的变更达成一致，导致劳动合同被解除。房某在大都会公司工作至2017年12月29日，此后两日系双休日，表明房某在2017年度已在大都会公司工作满一年；在大都会公司未举证房某的2017年度工作业绩、表现等方面不符合规定的情况下，可以认定房某在该年度为大都会公司付出了一整年的劳动且正常履行了职责，为大都会公司做出了应有的贡献。基于上述理由，大都会公司关于房某在年终奖发放月之前已离职而不能享有该笔奖金的主张缺乏合理性。故对房某诉求大都会公司支付2017年度年终奖，应予支持。

三、笔者关于修正《深圳市员工工资支付条例》的建议

关于修正《深圳市员工工资支付条例》的建议

尊敬的深圳市人大相关领导：

《深圳市员工工资支付条例》（以下简称《工资条例》）自2004年颁布以来，对保障员工合法权益、规范企业用工管理和建设和谐劳动关系发挥了重要的作用。

随着时代的发展，劳动关系及用工管理日益复杂，《工资条例》一些条款不够细化难以落实，还有一些条款在执行中引发了较大的理解分歧，亟须进一步规范，此次修正正当及时。

笔者作为劳动法专业律师，一直密切关注《工资条例》的修正，现结合相关实务经验，响应号召，就《工资条例》及《深圳市员工工资支付条例修正案（草案修改征求意见稿）》（以下简称《征求意见稿》）要点问题建议如下：

一、《征求意见稿》第四条增加的第三款欠妥，建议取消

《征求意见稿》拟参照《广东省工资支付条例》在第四条增加一款规定："未约定正常工作时间工资或者约定不明的，以本市上年度职工月平均工资作为正常工作时间工资；实际支付的工资高于本市上年度职工月平均工资的，实际支付的工资视为与劳动者约定的正常工作时间工资。"该规定目的在于"完善正常工作时间工资的认定规则"，主要应用于加班工资的计算，但实践中可能因此引发更多纠纷。原因在于，深圳还有不少行业及小微企业普通员工的工资远远没达到"本市上年度职工月平均工资"的水平（近期公布的2020年度深圳市城镇非私营单位在岗职工月平均工资为11620元），而这些行业及小微企业由于经营水平等原因，用工管理往往不太规范，法律意识也不到位，很多都没有约定正常工作时间工资；同时这些行业及企业大部分又存在较多加班的情况，该新增条款可能诱发员工主张与正常工作时间工资相关的加班工资待遇差额，增加社会诉累。

完善正常工作时间工资的认定规则进而规范加班工资的计算基数确实具有重要意义。目前深圳司法部门对于没有约定正常工作时间工资的基本上认定员工每月应发工资作为加班工资计算基数，实践中也容易操作并被接受。但新增条款可能让工资水平较低的员工借此获得不当利益，对企业并不公平，也不利于建设良好的营商环境，因此建议取消拟新增的上述条款。

此外，上海的立法例或许更为合理，亦可供参考。《上海市企业工资支付办法》第九条第二款规定："加班工资和假期工资的计算基数为劳动者所在岗位相对应的正常出勤月工资，不包括年终奖、上下班交通补贴、工作餐补贴、住房补贴、中夜班津贴、夏季高温津贴、加班工资等特殊情况下支付的工资。"第三款规定："加班工资和假期工资的计算基数按以下原则确定：（一）劳动合同对劳动者月工资有明确约定的，按劳动合同约定的劳动者所在岗位相对应的月工资确定；实际履行与劳动合同约定不一致的，按实际履行的劳动者所在岗位相对应的月工资确定。（二）劳动合同对劳动者月工资未明确约定，集体合同（工资专项集体合同）对岗位相对应的月工资有约定的，按集体合同（工资专项集体合同）约定的与劳动者岗位相对应的月工资确定。（三）劳动合同、集体合同（工资专项集体合同）对劳动者月工资均无约定的，按劳动者正常出勤月依照本办法第二条规定的工资（不包括加班工资）的70%确定。"

二、建议合理规范工资发放时间

《工资条例》第十一条规定，"工资支付周期不超过一个月的，约定的工资支付日不得超过支付周期期满后第七日""工资支付日遇法定休假节日或者休息日的，应当在之前的工作日支付"。此规定固然对规范企业发放工资、保障员工实现报酬权益有帮助，但是缺乏操作细节方面的考量。一般情况下，企业发放劳动报酬都需要统计上月的考勤、业绩绩效、加班情况等，需要一定的时间收集、核实数据并进行核算，每逢"十一"国庆，企业深以为苦，亦无计可施。国家出于各种考虑，国庆期间基本上统一调整假期，通常都是连续休假7天甚至8天，支付周期为自然月的企业依法应当在不超过周期期满后第7日支付，此时已经放假，如何支付？更有甚者，还有员工要求在"之前的工作日"支付，这也是《工资条例》的规定，而此时9月最后一个工作日的考勤情况和加班时间可能尚未统计出来，又如何支付？尤其是在三班倒的情形下，更是不可能按此规定执行。

实践中很多企业不得不在周期期满第7日之后才支付相关待遇，绝大部分员工也能理解并包容。但是，也有个别员工以此为由主张企业未依法发放工资，甚至以此为由主张被迫解除劳动合同，进而要求企业支付经济补偿金！尽管这是极个别情形，但近期有相关判例在网上广泛流传，带来非常负面的影响。

法律应该是合理的，这样才更具有生命力。建议将"约定的工资支付日不得超过支付周期期满后第七日"修改为"约定的工资支付日不得超过支付周期期满后第七个工作日"即可。这样调整，同样能够保护员工的合法权益，也能够给用人单位一点时间余地，避免前述风险，减少各方分歧。

三、建议合理规范奖金发放规则

《工资条例》第十四条第二款规定："劳动关系解除或者终止时，员工月度奖、季度奖、年终奖等支付周期未满的工资，按照员工实际工作时间折算计发。"这一规定将奖金固化为固定待遇，既无法理基础，也不符合社会主义按劳分配原则，甚至在深圳引发了大量年终奖劳动争议。客观上讲，这一规定明显存在瑕疵：既没有明确的适用范围，也没有区分离职原因，更与绩效考核结果脱钩，因此建议对此条款进行修改或取消。具体理由如下：

（一）奖金制度是深圳改革的标志和动力源

1980年，改革先驱袁庚指出，搞平均主义、吃"大锅饭"不能调动广大建设者的积极性，已成为深圳建设的障碍。为了调动建设工人的积极性，袁庚向中央要政策：施工方实行"4分钱奖金"的新制度方案，即完成每天55车定额，每车奖2分钱，超额每车奖4分钱。该方案得到总书记的亲笔批示，实施后极大地调动了劳动者积极性。此后，奖金制度成为深圳改革的标志和动力源。

时至今日，奖金制度仍然是企业发展的重要法宝。发放年终奖并非企业的法定义务，与绩效考核结果挂钩的年终奖是否发放、如何发放应由企业结合管理需要和经营实际情况自主决策。

（二）企业考核与年终奖分配属于企业用工自主权的范畴

2020年1月1日起施行的国务院行政法规《优化营商环境条例》第十一条明确规定："市场主体依法享有经营自主权。对依法应当由市场主体自主决策的各类事项，任何单位和个人不得干预。"企业的用工自主权，不仅包括机构设置权、人员编制权，还包括绩效考核权和薪酬分配权。法律所保障的是法定待遇以及双方协商的固定待遇，但与绩效考核结果挂钩的年终奖是企业为了激励员工而设置的单向性福利，体现的是多劳多得、奖勤罚懒，也是企业鼓励优秀员工长期服务的措施之一，属于企业用工自主和分配自主的范畴。企业基本上会将与绩效考核结果挂钩的年终奖设计成浮动待遇；否则无法起到奖金应有的激励作用，既不符合奖金本身的属性，也失去了奖金的意义。

（三）企业有权设计与绩效考核结果挂钩的奖金分配制度

每个企业都有自己的特殊性，也有自己的管理需求，通常都是要通过考核这个环节评价员工。通过合理的制度设计，企业才能够充分调动员工积极性；所以，奖金分配与绩效考核结果挂钩是天然的选择，企业有权设计与绩效考核结果挂钩的奖金分配制度。但是，员工每年的考核结果可能不同，而且无论个人绩效考核结果如何，奖金也并非必然享受，还需要根据企业、部门绩效以及管理需要逐年决策。比如在疫情期间，有些企业连生存都困难，做满全年的在职员工都可能完全没有年终奖，中途离职员工难道还必须参照往年年终奖水平或依照当年设置的目标奖金标准按比例享受年终奖吗？

（四）《工资条例》第十四条第二款在深圳的司法实践中被误读

法律存在瑕疵，则适用时更需要法官进行合理解释。遗憾的是，深圳司法系统对上述条款或多或少存在误读情形。

《2005年度深圳市劳动仲裁机构与法院系统业务沟通暨疑难问题研讨会会议纪要》并没有深入研究上述条款存在的问题，也只是简单重复了《工资条例》的规定："劳动合同约定工作满一年才有年终奖，《深圳市员工工资支付条例》规定工作未满一年的应按实际工作时间折算支付年终奖，现劳动者工作未满一年离职并诉求年终奖，应适用《深圳市员工工资支付条例》的规定，按劳动者实际工作时间折算支付年终奖。"尽管2015年的《深圳市中级人民法院关于审理劳动争议案件的裁判指引》没再这样强调，但司法实践中不少裁判人员仍然运用简单化的思维审理年终奖纠纷，没有深入思考《工资条例》存在的缺陷。即便企业有明确的制度规定或通过劳动合同与员工约定了年终奖的具体适用范围、享受年终奖的资格条件，也往往被认定为剥夺劳动者权利，进而认定为无效，令企业无所适从：难道工作时间是唯一的标准？难道不需要考量员工的绩效产出与劳动态度？难道时至今日企业反而不能有"4分钱"的奖金分配自主权了？

（五）中途离职员工不应享受平均年终奖

近年来，深圳司法部门为了简单处理年终奖纠纷，往往以《工资条例》第十四条第二款为由支持员工年终奖的请求，并以同部门或本人此前2~3年的应发或实发年终奖作为标准裁判企业支付员工相应待遇，却忽略员工绩效考核结果、忽略员工的离职原因，甚至忽略离职员工没有参加考核的事实。这种"和稀泥"的案例鼓励了不劳而获，也导致近年出现了大量此类纠纷，不仅严重影响了企业的用工管理，还严重浪费了司法资源。

有些企业为了提升激励效果，通过一定的方式设计"奖金目标"或约定"目标奖金"，但无论是"奖金目标"还是"目标奖金"，并非固定待遇，实际能否发放具有或然性。司法部门按"奖金目标"、"目标奖金"、员工同部门平均年终奖或本人此前数年平均年终奖作为裁判标准，实际上是否定了企业自主考核员工的权力，既不合理也不合法。这样的平均主义要不得，否则会回到"大锅饭"时代，深圳的改革也将止步不前，深圳的用工活力也将不复存在。

（六）企业有权对《工资条例》第十四条第二款进行合理细化

奖金通常都是浮动待遇，但也有外资企业习惯约定每年年底发放固定的奖金"十三薪"或"年底双薪"。"十三薪"和"年底双薪"按工作时间比例折算支付具有相应的合理性，毕竟是固定标准的待遇；但是与绩效挂钩的浮动奖金则不应当按工作时间比例折算支付，而应当根据绩效考核结果和企业规则确定。如果都以工作时间按比例折算，不仅不能体现

"按劳分配"的原则,反而是对该原则的破坏。

正是因为《工资条例》第十四条第二款的规定没有明确适用范围和发放条件,因此企业不得不通过规章制度或在考核管理的实践中对此进行细化。不问离职原因而简单以工作时间按比例折算年终奖显然不合理,企业规定按照绩效考核结果发放奖金的内容并不违反法律规定,并非排除劳动者权利。相反,只有浮动的奖金制度和与之匹配的绩效考核制度,才能发挥奖金制度应有的作用,才能鼓励先进,鞭策后进。

(七)企业的绩效考核规则和奖金分配制度应当得到尊重

否定企业的绩效考核规则和奖金分配制度,不仅否定了企业用工自主权,更是忽视了市场经济的内在规律和竞争机制。长此以往,将严重损害企业用工管理和社会经济秩序。绩效考核体系属于企业用工自主范围,相关评价办法就是具体的考核制度和分配制度。企业设计绩效考核标准并设计与其挂钩的奖金分配办法都是企业行使用工自主权的体现,应该获得尊重。企业作为市场经营主体,自有其管理理念和用工办法,没有任何人会比企业更关心自己的生存与发展,其设计的相关制度不可能以流失人才、损害企业自身长远利益为目标;所以相关制度只要不具有歧视性、不显失公平,均应当得到尊重。

有人把企业放在员工的对立面,这是错误的认识。国家在疫情期间提出了"六保",既要保就业,也要保企业,说明两者是有机统一的。有人认为企业会利用优势地位分割薪酬结构,放大奖金比例,或者利用规章制度剥夺员工的奖金,这也是片面的认识。市场会有规律,员工也会用脚投票,如果企业薪酬设计不合理,如果企业不兑现应发的奖金,则既不能招聘到人才,也留不住人才,何来发展?尽管可能存在管理不规范的企业,但也不能因噎废食,不能因此而固化薪酬标准和奖金标准,应当尊重企业的用工自主权。

(八)员工因个人原因离职或因个人过错而被解除劳动合同的情形均不应获得年终奖

有些企业规定工作不满三个月的员工不参与考核,有的企业规定工作不满全年的员工考核应适当降低考核等级，有的企业规定因个人原因辞职或因个人过错被解除劳动合同的员工不具有享受年终奖资格，还有的企业进一步细化了中途离职和合同期满离职员工的考核等级，这些规定都是针对不同离职原因而对考核制度和奖金分配制度作出的细化，都有其合理性。

即便企业存在发放年终奖的惯例，即便企业事先设立了"目标奖金"，也都不影响年终奖只是一种预期利益的性质。员工在明知正常履行劳动合同且工作满全年即有机会获得年终奖待遇的情况下，仍选择在考核周期未满时主动辞职，即可表明其以实际行为放弃了相关预期利益。在这种情况下，如果还支持员工按工作时间折算年终奖的诉求，尤其是按工作时间比例直接参照往年待遇折算发放，甚至可能导致工作全年的在职员工的年度待遇低于中途离职人员。而因个人原因辞职的员工，不能完成预期工作，甚至可能影响企业的正常运营，却可以享受更高待遇，这既不公平，也不合理，甚至变相鼓励了员工中途离职以规避绩效考核制度，企业的管理措施将成为一纸空文，必将严重损害企业及其他在职员工的利益，更不利于构建和谐的劳动关系。

因不能胜任工作而被解除劳动合同的员工，通常也是绩效欠佳的员工，同样可以归结为因个人原因被解除劳动合同而不应当享受与绩效考核结果挂钩的年终奖；除非企业自愿予以照顾，否则支持此类员工按工作时间比例折算年终奖明显自相矛盾，不具有逻辑上的自洽性。

至于因为严重违反劳动纪律/规章制度等明显属于个人过错等原因而被解除劳动合同的员工，更不应当获得年终奖，应当认定其不具有享受年终奖的资格。即便企业没有明确的制度规定，但从弘扬公序良俗的角度出发，司法部门也应当通过法律解释的方法支持企业，而不是反其道而行之，否则公众所期待的法律裁决的正面社会价值导向功能将会异化。

(九) 应当从多个维度审视年终奖问题，应当允许企业通过合同约定或规章制度合理设置享受年终奖的资格和条件

有关机构不仅应当中立而公平地审视年终奖这一重大问题，同时应当考虑个人利益、企业利益和社会整体利益的平衡。劳动法作为社会法，不

仅应当关注员工获得保护，而且应当具有社会思维和社会视角，充分考虑相关立法的社会效果。立法在保护劳动者法定待遇的同时，也应当遵循"不干预企业用工自主权"的原则，以指导全社会遵守相关规则并统一司法裁判尺度。

如果无法在立法中进一步明确具体的奖金发放规则，则应当允许企业通过合同约定或规章制度合理设置享受年终奖的资格和条件。这些规则不仅仅是为了解决个案纠纷，更是为了解决社会利益冲突，传递给全社会有益的力量。

对于规范管理企业的绩效考核制度和奖金分配制度，经过程序性审查和歧视性排查后没有法律冲突的，应当认可企业据此进行的绩效考核结果和奖金分配待遇。而企业管理是否规范，也可以通过制度是否健全、程序是否合理、形象是否良好等层面进行分析和判断。企业的考核制度和奖金分配是否合理，是否获得认可，市场会给出自己的答案，法官也会有审查空间，同样可以保护劳动者应有的合法权益。

企业的业务需求和经营情况瞬息万变，尤其是高科技企业，随时受市场波动、环境变化影响。因此，既要尊重企业制订管理制度的权力，同时也要尊重企业管理制度的调整权。绩效考核标准、等级及其考核办法和奖金分配方案不可能一成不变，应当允许企业结合实际需要进行合理调整。

企业的管理是复杂的：不仅有业务外勤部门的管理，也还有后台服务部门的管理。需要进行绩效评价的内容也具有多样性：既可能是直观的业务数据，也可能是难以量化的日常管理。因此无论立法还是司法，都应当慎重把握尺度，尊重企业的自主权，否则难以取得理想的社会效果。

在笔者所知范围内，《工资条例》第十四条第二款是全国唯一如此规定的地方立法。深圳的立法通常是国内其他城市立法的学习典范，甚至是国家立法的重要参考，但这一规定17年来并没有获得其他地区立法机构的认可并跟进，个中原因值得深思。

建议对《工资条例》第十四条第二款进行调整。方案一为将该款修正为："劳动关系解除或者终止时，员工月度奖、季度奖、年终奖等支付周期未满的工资，按照劳动合同约定或者用人单位规章制度规定发放，但显失公平的除外。"这样既可以兼顾双方约定情形和企业用工自主权，也同时保留法官审查的权力。方案二为删除现有条款，以平息纷争，暂由劳动人事争议仲裁委员会和法院根据个案实际情况酌情处理，待条件成熟时再行立法。

以上建议供参考。

广东瀚诚律师事务所
彭小坤律师
二〇二一年七月二十三日

2022-08-10

女职工"三期保护"将调整为"二期保护"

2022年10月30日第十三届全国人民代表大会常务委员会第三十七次会议修订了《妇女权益保障法》（2023年1月1日生效），其中与用工管理密切相关的重点内容是"三期保护"将调整为"二期保护"。

"三期"是妇女孕期、产期、哺乳期的习惯性统称。原《妇女权益保障法》第27条只有两款，规定用人单位不得因三期而降低女职工的工资、单方解除劳动合同，不得歧视妇女，并未规定劳动合同期满适逢"三期"时如何处理。这一问题规定于《劳动合同法》，该法第45条规定，劳动合同期满时"女职工在孕期、产期、哺乳期的"，劳动合同应当续延至相应的情形消失时终止。这是通常所说的"三期保护"。在此期间，用人单位不得以劳动合同期满为由终止劳动合同，必须依法续延至相应情形消失，即续延至哺乳期结束，也就是小孩满一周岁之日。

新《妇女权益保障法》在第48条中依旧规定了用人单位不得因"三期"而降低女职工的工资、单方解除劳动合同，不得歧视妇女等内容，但增加了特别规定："女职工在怀孕以及依法享受产假期间，劳动（聘用）合同或者服务协议期满的，劳动（聘用）合同或者服务协议期限自动延续至产假结束。"这一规定明显与《劳动合同法》的要求不一致，劳动合同期满的不再要求续延至哺乳期结束，而只自动延续至产假结束，原来的"三期保护"成了"二期保护"。

可以看出国家政策导向做了重大调整，毕竟《妇女权益保障法》是全国人大常委会制定的法律,这就意味着现有规定"三期保护"的《劳动合同法》在不远的将来必定会修订,要改成"二期保护",不然两部同样是全国人大常委会制订的法律就存在冲突了。

国家这样安排有其深意。一方面是为了鼓励生育,近年来放开了二胎、三胎,各地产假都已延长,而且奖励假也增加了不少;但另一方面生育津贴一直只覆盖基本产假,其他奖励假成本全部都由用人单位承担,负担颇重,严重影响了用人单位对女职工的招聘意愿,反而损害了妇女就业权。为了解决这一窘境,才调整"三期保护"为"二期保护",这样用人单位的压力止于产假期满即可,无须延至哺乳期满,在一定程度上对于提升女职工就业率同时兼顾生育率具有促进作用。从这一角度出发,就可以理解相关规定了:表面上对女职工的权益有所减损,但实质上能够促进对妇女整体的保护,仍符合立法本意。只是这一措施对用人单位未必有足够的吸引力,毕竟产假期间全额发放工资的成本更大;国家最好还是将生育津贴覆盖奖励假,这样会更有效果,也更合理。

新法虽然将要生效,但法不溯及既往,所以2023年1月1日之前的"三期"女职工(包括怀孕、生育以及哺乳情形)仍应适用旧法,也就是可以享受"三期保护",而不只是"二期保护"。此外,即使女职工2023年1月1日之后怀孕,只要《劳动合同法》仍未修订,就仍可享受"三期保护",毕竟现行有效的《劳动合同法》规定的还是劳动合同续延至哺乳结束,而不是产假结束。

法条链接

2018年《妇女权益保障法》

第二十七条 任何单位不得因结婚、怀孕、产假、哺乳等情形,降低女职工的工资,辞退女职工,单方解除劳动(聘用)合同或者服务协议。但是,女职工要求终止劳动(聘用)合同或者服务协议的除外。

各单位在执行国家退休制度时,不得以性别为由歧视妇女。

2022年《妇女权益保障法》

第四十八条 用人单位不得因结婚、怀孕、产假、哺乳等情形,降低女职工的工资和福利待遇，限制女职工晋职、晋级、评聘专业技术职称和职务，辞退女职工，单方解除劳动（聘用）合同或者服务协议。

女职工在怀孕以及依法享受产假期间，劳动（聘用）合同或者服务协议期满的，劳动（聘用）合同或者服务协议期限自动延续至产假结束。但是，用人单位依法解除、终止劳动（聘用）合同、服务协议，或者女职工依法要求解除、终止劳动（聘用）合同、服务协议的除外。

用人单位在执行国家退休制度时，不得以性别为由歧视妇女。

《劳动合同法》

第四十二条 劳动者有下列情形之一的，用人单位不得依照本法第四十条、第四十一条的规定解除劳动合同：

（一）从事接触职业病危害作业的劳动者未进行离岗前职业健康检查，或者疑似职业病病人在诊断或者医学观察期间的；

（二）在本单位患职业病或者因工负伤并被确认丧失或者部分丧失劳动能力的；

（三）患病或者非因工负伤，在规定的医疗期内的；

（四）女职工在孕期、产期、哺乳期的；

（五）在本单位连续工作满十五年，且距法定退休年龄不足五年的；

（六）法律、行政法规规定的其他情形。

第四十五条 劳动合同期满，有本法第四十二条规定情形之一的，劳动合同应当续延至相应的情形消失时终止。但是，本法第四十二条第二项规定丧失或者部分丧失劳动能力劳动者的劳动合同的终止，按照国家有关工伤保险的规定执行。

2022-11-03

广东育儿假和护理假政策评析

2021年12月1日修正的《广东省人口与计划生育条例》(以下简称《计生条例》)增设了育儿假和护理假。但对育儿假和护理假如何享受、如何发放待遇并没有明确,因此给用人单位和劳动者造成了困扰。经过一年多的研究和探讨,广东省人力资源和社会保障厅、广东省卫生健康委员会终于在2023年1月11日联合发布了《关于进一步做好〈广东省人口与计划生育条例〉相关假期贯彻落实工作的通知》(以下简称《假期通知》),现就相关政策要点评析如下:

三、《计生条例》规定的育儿假不可叠加,如有两个以上子女同时在3周岁以内,父母双方每年均只能享受十日的育儿假,直至最小的子女满3周岁。

育儿假的请休按周年计算,即以子女周岁作为计算年度。例如,子女2021年5月1日出生,那么自2021年5月2日至2022年5月1日子女满1周岁之前,父母双方可以各休10日的育儿假;2022年5月2日至子女满2周岁之前,父母双方可以再休10日的育儿假,以此类推,直至子女满3周岁。在同一计算年度内,育儿假可以拆分请休,原则上不超过2次。

评析:育儿假不叠加的规则是一种平衡,适当减轻了用人单位负担,毕竟政府没打算出钱。《计生条例》原文规定"父母每年各享受十日的育儿假"可能会被理解为自然年。《假期通知》明确了育儿假按周年计算,消除了分歧,也比较简明,"父母双方每年均只能享受十日"是指每个周年只能享受十日。虽然通知规定"每年均只能享受十日",但是,如果有二孩或三孩,理论上会出现一个自然年内涉及两个周年的特殊情形。

育儿假可拆分请休有利于劳动者,但需要提醒的是,这一规定只是赋予了劳动者"申请权",并非劳动者享有"自主安排权",毕竟后文第六点明确了用人单位的"合理安排权"。不超过2次只是个原则,特殊情况下既可以超过2次,也可以集中一次安排,虽然要考虑劳动者意愿,但最终仍由用人单位决定。

四、在国家提倡一对夫妻生育一个子女期间,自愿终身只生育一个子女的本省户籍夫妻或一方为本省户籍的夫妻,一方年满六十周岁的,其子女即可享受护理假,每年五日;患病住院治疗(应提供医疗机构出具的诊断证明、住院证明等材料)的,其子女每年可享受累计不超过十五日的护理假。

护理假不可叠加,父母双方均满六十周岁,子女每年也只可享受五日的护理假;患病住院治疗的,每年累计也不超过十五日。

护理假的请休按自然年计算,在同一计算年度内可以拆分请休,原则上不超过2次。

独生子女父母双方为外省户籍,其子女在广东工作的,鼓励用人单位参照《计生条例》三十六条第五项的规定安排其子女休护理假。

评析:护理假既是传统美德的体现,也是社会的实际需求。广东的《计生条例》规定护理假限于本省户籍独生子女享受确实欠妥,虽有平衡利益的考量,但多少有歧视嫌疑,也不利于吸纳人才。《假期通知》对此进行找补,一方面明确父母一方是广东户籍的即可享受,另一方面也鼓励用人单位参照《计生条例》的相关规定安排父母双方为外省户籍的劳动者享受护理假,但毕竟《假期通知》只是政策,不具有法律强制力。

护理假通常每年5日,但患病住院治疗的,累计可达15日。前5日同样可分2次申请,但是如果超过5日后又住院治疗,用人单位恐怕难以拒绝劳动者反复请假,毕竟谁也不愿意住院。不过话要说回来,住院可以报销更高比例的治疗费用,再加上累计可多休10日,难免因此产生利益驱动,用人单位确实不好管理。

无论是《计生条例》还是《假期通知》，都还有一个问题没有解决：是否只要住院，劳动者就可以请休护理假到15日？还是需要持续或累计住院达到10日或15日，才允许累计请休护理假15日？从法条规定"累计"的概念来看，没要求住院达到一定天数，但似乎又可以理解为前5日之后需要与住院天数相挂钩。在住院的情况下，用人单位是否还有享受多少天护理假的最终决定权恐怕会受到质疑，即便有制度进行规范，能否获得司法部门的认可也要看地方的倾向甚至是裁判者个人的理解了。

五、用人单位要完善用工管理规章制度，明确育儿假、护理假等假期期间的工资待遇。用人单位要进一步加强工资集体协商，与职工协商一致明确育儿假、护理假期间的工资待遇，签订集体合同。鼓励有条件的用人单位按照奖励假、陪产假期间的工资标准支付育儿假、护理假期间的工资待遇，充分体现用人单位的社会责任和人文关怀。育儿假、护理假期间的工资待遇不得低于本地区最低工资标准。

评析：《计生条例》第30条第2款规定得很清楚：育儿假"假期用工成本分担，按照国家和省的有关规定执行"。也就是说，广东省人大通过立法明确了育儿假假期用工成本是要由各方分担的。但是，非常遗憾，《假期通知》却只字不提如何分担，反而"鼓励"用人单位全额支付，言下之意就是政府不分担。

《假期通知》关于育儿假、护理假的待遇规定得云里雾里的。一方面似乎是用人单位可以通过规章制度明确具体标准，另一方面却又强调相关待遇要集体协商，甚至还得"协商一致"。既"鼓励"用人单位全额发放待遇，也划出了底线：不得低于最低工资标准。难道是用人单位可以按最低工资标准发放育儿假、护理假待遇吗？

"鼓励"的提法其实就是有空间的：用人单位最好发全额工资，不全额发工资也行，但不能低于最低工资标准；具体标准由集体协商，最后要以制度方式体现。制度涉及员工的切身利益，当然得履行《劳动合同法》第4条所规定的讨论、协商和公示程序。

集体协商很困难，一是费时费力，二是要签集体合同，三是还得报备。

比较简便的办法一是走足民主程序做制度，二是将相关待遇标准通过签署协议的方式确认，绕开集体合同，转换为双方协商一致。新入职员工可以在入职材料或劳动合同中确认；在职员工则在休假的申请表中确认，也不复杂。不过从建设企业文化的角度出发，相关标准不宜低于病假待遇，毕竟是法定特殊假期。

六、用人单位应根据生产、工作的具体情况，并考虑职工本人意愿，合理安排职工休假。用人单位确因工作需要需跨1个计算年度安排职工休假的，应与职工协商一致安排。

评析：《假期通知》参照了国家年休假的相关规则，规定安排育儿假、护理假既是用人单位的权利，也是用人单位的义务。虽然要考虑劳动者的意愿，但最终还是由用人单位在相关规定和政策基础上决定劳动者的具体休假时间。如果要跨年度安排，则必须征得劳动者同意。需要提醒的是，如果是独生子女父母住院，护理假虽然可以在制度中规定与住院天数相关，但是在具体安排时应酌情照顾劳动者的实际需求，不然法官可能会以安排不合理为由进行干预，否定用人单位的制度。

九、如出现未按照《计生条例》规定给予假期、拖欠克扣工资、违法解除劳动合同等违反法律、法规或者规章的行为，任何组织或个人有权通过12345政务服务热线、网上举报投诉平台等渠道向人力资源社会保障行政部门举报。劳动者认为用人单位侵害其劳动保障合法权益的，有权向有管辖权的人力资源社会保障行政部门投诉。发生劳动争议的，依照劳动争议处理的规定处理。

评析： 由于育儿假、护理假涉及劳动者的切身利益，而《假期通知》又规定得模模糊糊，一些用人单位可能也难以及时制订相关制度，一方面是劳动者或许会产生误会，另一方面是用人单位可能操作不规范，估计将来一段时间这方面的纠纷会不少。劳动者既有权通过行政投诉的方式向用人单位施加压力，也可以直接申请劳动仲裁，将会出现这一类新型劳动争议。标的额虽然可能不大，但事关同一用人单位所有劳动者的利益，所以管理上的影响还是比较大的，用人单位不可轻视相关问题，需要尽早规范管理，尽量沟通协商解决，以降低相关风险。

十一、本通知自印发之日起实施。国家和省有新规定的，按照新规定执行。职工最小的子女在 2021 年 12 月 1 日至本通知印发之日期间满 3 周岁，且用人单位确因工作需要原因未给职工安排休育儿假，职工提出休假申请的，用人单位应当按照《计生条例》第三十条规定安排职工补休。独生子女父母一方在 2021 年 12 月 1 日至本通知印发之日期间已满六十周岁、且用人单位确因工作需要原因在 2021 年、2022 年未安排其子女休护理假，职工提出休假申请的，用人单位应当按照《计生条例》第三十六条规定安排职工补休。

评析：补休的规定更是多此一举。此前，无论各方如何理解，至少对过去的利益期待相对会低一些。即便发生个案，双方也容易沟通或协商。现在则更容易引发劳动纠纷。

法条链接

《计生条例》

第三十条 符合法律、法规规定生育子女的夫妻，女方享受八十日的奖励假，男方享受十五日的陪产假。在规定假期内照发工资，不影响福利待遇和全勤评奖。

符合法律、法规规定生育子女的，在子女三周岁以内，父母每年各享受十日的育儿假。假期用工成本分担，按照国家和省的有关规定执行。

第三十六条 在国家提倡一对夫妻生育一个子女期间，自愿终身只生育一个子女的本省户籍夫妻，享受以下优待奖励补助：

……

（五）年满六十周岁，用人单位应当给予其子女每年五日的护理假；患病住院治疗的，给予其子女每年累计不超过十五日的护理假。

2023-01-28

外资企业用工管理中应当注意的中国信息和数据管控立法

曾几何时，人类为全球化而欢呼，为共同的社会发展与文明进步而振奋。未曾料到，局势竟然以令人惊愕的方式转向。如果说几年前"中美脱钩"只是停留在政治层面，外资企业还可以期待中美双方通过谈判管控风险，现在则已经有了非常明确的答案：无论任何人担任美国总统，"中美脱钩"已经是全方位的趋势，而且不可更改。受此影响，中国已经通过立法加强信息管控，既是因应电子信息时代来临的管理要求，也是"中美脱钩"背景下的法律竞争手段。作为外资企业，一方面既可能受到美国"长臂管辖"的困扰，另一方面又必须遵守中国的法律规定，相关问题同样影响劳动用工管理，需要高度重视。

一、《个人信息保护法》相关立法

无论是否是关键信息基础设施运营商，作为用人单位，外资企业都需要全面遵守《个人信息保护法》（2021年11月1日生效，以下简称《个保法》）。《个保法》规定，个人信息是"以电子或者其他方式记录的与已识别或者可识别的自然人有关的各种信息，不包括匿名化处理后的信息"，同时通过界定"个人信息的处理"的范围极大地扩张对个人信息的保护："个人信息的处理包括个人信息的收集、存储、使用、加工、传输、提供、公开、删除等。"

《个保法》虽然规定了为订立、履行个人作为一方当事人的合同所必需或按照依法制定的劳动规章制度、集体合同实施人力资源管理所必需时，用人单位可以处理个人信息，甚至无须个人另行同意，但是，因为用工管理过程中可能涉及敏感个人信息，仍建议用人单位取得劳动者同意乃至单独同意，以符合法律的相关要求。外资企业更需要注意的是，如果涉及跨境提供个人信息，必须满足特定的法律要求：要么通过国家网信部门组织的安全评估，要么按照国家网信部门的规定经专业机构进行个人信息保护认证或按照国家网信部门制定的标准合同与境外接收方订立合同，约定双方的权利和义务。要是涉及境外司法或执行机构，更要遵守中国的规则：非经中华人民共和国主管机关批准，个人信息处理者不得向外国司法或者执法机构提供存储于中华人民共和国境内的个人信息。

二、《数据安全法》相关立法

除《个保法》外，2021年9月1日生效的《数据安全法》（以下简称《数安法》）同样要引起重视。这部法律对数据进行了定义：数据是指任何以电子或者其他方式对信息的记录。其对数据处理的范围也作了相关规定：数据处理包括数据的收集、存储、使用、加工、传输、提供、公开等。

《数安法》与美国的"长臂管辖"针锋相对，其中第26条明确规定："任何国家或者地区在与数据和数据开发利用技术等有关的投资、贸易等方面对中华人民共和国采取歧视性的禁止、限制或者其他类似措施的，中华人民共和国可以根据实际情况对该国家或者地区对等采取措施。"第36条规定："中华人民共和国主管机关根据有关法律和中华人民共和国缔结或者参加的国际条约、协定，或者按照平等互惠原则，处理外国司法或者执法机构关于提供数据的请求。非经中华人民共和国主管机关批准，境内的组织、个人不得向外国司法或者执法机构提供存储于中华人民共和国境内的数据。"第48条第2款规定："违反本法第三十六条规定，未经主管机关批准向外国司法或者执法机构提供数据的，由有关主管部门给予警告，可以并处十万元以上一百万元以下罚款，对直接负责的主管人员和其他直接责任人员可以处一万元以上十万元以下罚款；造成严重后果的，处一百万元以上五百万元以下罚款，并可以责令暂停相关业务、停业整顿、吊销相关业务许可证或者吊销营业执照，对直接负责的主管人员和其他直接责任人员处五万元以上五十万元以下罚款。"即便不是关键信息基础设施运营商，外资企业也仍务必小心，因为劳动者的各类信息多以数据形式体现，也涉及数据处理，在管理过程中不要触碰了这些法律底线，否则不只会有麻烦，更会有风险。

三、《网络安全法》相关立法

2017年6月1日生效的《网络安全法》（以下简称《网安法》）也涉及信息和数据管控问题。《网安法》将网络运营者定义为网络的所有者、管理者和网络服务提供者，现在的用人单位，尤其是外资企业，基本上都会有自己的网络，也通过网络进行招聘、获取信息，也需要适用这部法律。《网安法》将个人信息定义为"以电子或者其他方式记录的能够单独或者与其他信息结合识别自然人个人身份的各种信息，包括但不限于自然人的姓名、出生日期、身份证件号码、个人生物识别信息、住址、电话号码等"，并在第37条规定："关键信息基础设施的运营者在中华人民共和国境内运营中收集和产生的个人信息和重要数据应当在境内存储。因业务需要，确需向境外提供的，应当按照国家网信部门会同国务院有关部门制定的办法进行安全评估；法律、行政法规另有规定的，依照其规定。"这些内容此后为《数安法》和《个保法》所吸收，而且《数安法》和《个保法》明显强化了相关法律责任。

四、《反外国制裁法》相关立法

《反外国制裁法》（以下简称《反制裁法》）是2021年6月10日通过的另外一部值得关注的法律。《反制裁法》虽然与信息或数据管控没有直接关系，但也间接涉及信息、数据出境等问题，而且强烈反制美国的"长臂管辖"。《反制裁法》第3条规定："中华人民共和国反对霸权主义和强权政治，反对任何国家以任何借口、任何方式干涉中国内政。外国国家违反国际法和国际关系基本准则，以各种借口或者依据其本国法律对我国进行遏制、打压，对我国公民、组织采取歧视性限制措施，干涉我国内政的，我国有权采取相应反制措施。"该法第 11 条规定："我国境内的组织和个人应当执行国务院有关部门采取的反制措施。对违反前款规定的组织和个人，国务院有关部门依法予以处理，限制或者禁止其从事相关活动。"后一款规定看似轻描淡写，但随时可能产生严重后果。该法第 12 条还规定："任何组织和个人均不得执行或者协助执行外国国家对我国公民、组织采取的歧视性限制措施。组织和个人违反前款规定，侵害我国公民、组织合法权益的，我国公民、组织可以依法向人民法院提起诉讼，要求其停止侵害、赔偿损失。"外资企业虽然母公司为境外机构，但也是依法注册在中国境内的机构，均应当执行这一要求，否则不仅国家会予以处罚，境内公民、组织还可以通过起诉要求赔偿损失。在"中美脱钩"的背景下，外资企业确实处境窘迫。

2023－05－05

深圳职工非因工死亡家属待遇的变迁

1997年，广东省劳动厅下发了《广东省企业职工假期待遇死亡抚恤待遇暂行规定》（粤劳薪〔1997〕115号，以下简称《暂行规定》，已废止），该《暂行规定》梳理汇总了当时适用的假期及相关待遇，细化了一些规则，解决了《劳动法》颁布以来的探亲假等一些实际问题，并明确了职工非因工死亡时家属可以享受三项待遇：丧葬补助费、供养直系亲属一次性救济金（或供养直系亲属生活补助费）、一次性抚恤金。但是，《暂行规定》同时又将"有规定纳入社会保险支付的地方"除外，留下了纷争。

深圳是国内最早设立养老保险的城市。深圳市政府1992年就出台了《深圳市社会保险暂行规定》，只是当时没有规定职工非因工死亡家属待遇。此后1998年深圳市出台特区条例《深圳经济特区企业员工社会养老保险条例》（以下简称《养老条例》），其中就明确规定了员工非因工死亡家属待遇只包括丧葬补助费和一次性抚恤金。这样一来，深圳企业是否要支付《暂行规定》中的"供养直系亲属一次性救济金"就产生了分歧。主张无须支付的观点认为，《暂行规定》明确了"有规定纳入社会保险支付的地方"除外，而深圳有自己的立法，属于除外的地方，而且《暂行规定》并非法律，效力也低于特区法规；再者，深圳规定的一次性抚恤金与供养直系亲属人数相关，更具有合理性且整体上并不减损员工家属的利益。主张需要支付的观点认为，尽管《暂行规定》与《特区条例》不相同，《暂行规定》的效力也低于《特区条例》，但两者并不矛盾，在《特区条例》没有规定的情况下，从有利于劳动者原则出发，深圳企业仍然应当执行《暂行规定》。相关争议持续了数十年，深圳的司法部门对此也认识不一，致使此类案件的结果莫衷一是。而《特区条例》在此后 20 余年历次修改时，均坚持了相关规定，并没有增加供养直系亲属一次性救济金这一特殊待遇。

可能是各省都存在类似的问题，人社部 2021 年发布了具有法律效力的部颁规章《企业职工基本养老保险遗属待遇暂行办法》（人社部发〔2021〕18 号，以下简称《暂行办法》），统一了各地职工非因工死亡家属待遇标准：一是只有丧葬补助金和抚恤金（合称遗属待遇），没有供养直系亲属一次性救济金；二是遗属待遇为一次性待遇，均由社保负担；三是丧葬补助金的标准按照参保人员死亡时本省上一年度城镇居民月人均可支配收入的 2 倍计算，而抚恤金标准则与缴费年限挂钩：缴费年限不满 5 年的为 3 个月；缴费年限满 5 年不满 10 年的为 6 个月；缴费年限满 10 年不超过 15 年（含 15 年）的为 9 个月；缴费年限 15 年以上的，每多缴费 1 年，发放月数增加 1 个月。缴费年限 30 年以上的，按照 30 年计算，发放月数最高为 24 个月。至此，《暂行规定》所规定的供养直系亲属一次性救济金的争议不复存在，也无须再执行，毕竟国家统一了待遇项目；与此同时，相关待遇的具体标准和计算基数也应当统一执行国家相关标准。

长达 1/4 世纪的待遇项目争议随着国家规定的出台得以解决，但国家的规定又引发了新的问题，毕竟一些用人单位可能未足年缴纳养老保险。2023 年 9 月 23 日，广东省人社厅印发了《广东省职工假期待遇和死亡抚恤待遇规定》（以下简称《待遇规定》），该《待遇规定》更是将这一问题放大了。因为职工死亡后的抚恤金与养老保险缴费年限挂钩，而用人单位依法应当缴纳养老保险，所以《待遇规定》明确规定：职工在职死亡，曾与其建立劳动关系的其他用人单位存在应参保而未参保情形的，职工家属可以参照上述标准，按规定要求相关用人单位赔偿抚恤金损失。这样一来，把几十年前的"旧账"都翻出来了。深圳当年没有为职工缴纳养老保险的用人单位需要做好准备，一是要补差，二是可能会引发官司。不过国家在立法时还算做了平衡，抚恤金只与缴费年限相关，与缴费基数无关，所以未足额缴纳养老保险情形并不会影响抚恤金标准，不会因此产生赔偿问题，大幅减少了相关纠纷。如果抚恤金与缴纳基数挂钩，恐怕会更麻烦。

> **法条链接**
>
> **《广东省企业职工假期待遇死亡抚恤待遇暂行规定》（1997年，已废止）**
>
> 十、职工（含离退休人员）因病或非因工负伤死亡，发给丧葬补助费、供养直系亲属一次性救济金（或供养直系亲属生活补助费）、一次性抚恤金。
>
> 丧葬补助费的标准：3个月工资（月工资按当地上年度社会月平均工资计，下同）；供养直系亲属一次性救济金标准：6个月工资；一次性抚恤金标准：在职职工6个月工资；离退休人员3个月工资。
>
> 已参加社会养老保险的离退休人员死亡，由当地社会保险机构按养老保险有关规定发放待遇；在职职工因病或非因工负伤死亡，除有规定纳入社会保险支付的地方外，由企业按上述标准发给死亡抚恤待遇。
>
> **《深圳经济特区企业员工社会养老保险条例》（1998年）**
>
> 第四十条　员工退休前非因工死亡或退休后死亡的，其供养的直系亲属享受丧葬补助费和一次性抚恤金。
>
> 丧葬补助费和一次性抚恤金的标准：
>
> （一）丧葬补助费：支付标准为其死亡时本市上年度城镇职工月平均工资的3倍；
>
> （二）一次性抚恤金：抚恤金以其死亡时本市上年度城镇职工月平均工资为基数。供养直系亲属为1人的，支付上述基数的6倍；供养直系亲属为2人的，支付上述基数的9倍；供养直系亲属为3人及以上的，支付上述基数的12倍。
>
> 丧葬补助费、一次性抚恤金从基本养老保险基金中支付。
>
> **《企业职工基本养老保险遗属待遇暂行办法》（2021年）**
>
> 第二条　参加企业职工基本养老保险的人员（包括在职人员和退休人员，以下简称参保人员）因病或非因工死亡的，其遗属可以领取丧葬补助金和抚恤金（合称遗属待遇）。
>
> 第三条　遗属待遇为一次性待遇，所需资金从企业职工基本养老保险统筹基金中列支。

第四条 丧葬补助金的标准，按照参保人员死亡时本省（自治区、直辖市，以下简称本省）上一年度城镇居民月人均可支配收入的 2 倍计算。

第五条 抚恤金标准按以下办法确定：

（一）在职人员（含灵活就业等以个人身份参保人员），以死亡时本省上一年度城镇居民月人均可支配收入为基数，根据本人的缴费年限（包括实际缴费年限和视同缴费年限，下同）确定发放月数。

缴费年限不满 5 年的，发放月数为 3 个月；

缴费年限满 5 年不满 10 年的，发放月数为 6 个月；

缴费年限满 10 年不超过 15 年（含 15 年）的，发放月数为 9 个月；

缴费年限 15 年以上的，每多缴费 1 年，发放月数增加 1 个月。缴费年限 30 年以上的，按照 30 年计算，发放月数最高为 24 个月。……

第六条 参保人员因病或非因工死亡，累计缴费年限不足 5 年的，其遗属待遇标准不得超过其个人缴费之和（灵活就业等以个人身份参保人员以记入个人账户部分计算）。

《广东省职工假期待遇和死亡抚恤待遇规定》（2023 年）

十、职工（含退休人员）因病或非因工死亡，发给丧葬补助金和抚恤金。

参加企业职工基本养老保险的，所需资金从基本养老保险基金中支付，按照《人力资源社会保障部财政部关于印发〈企业职工基本养老保险遗属待遇暂行办法〉的通知》（人社部发〔2021〕18 号）等规定执行。

职工在职死亡，从未参加职工基本养老保险的，丧葬补助金由死亡时所在用人单位参照人社部发〔2021〕18 号文规定标准支付。死亡时所在用人单位存在应参保未参保情形的，应当以未参保年限参照人社部发〔2021〕18 号文规定标准支付抚恤金。

职工在职死亡，曾与其建立劳动关系的其他用人单位存在应参保而未参保情形的，职工家属可以参照上述标准，按规定要求相关用人单位赔偿抚恤金损失。

……

2023 - 10 - 19

◎ 实践探索

浙江省《关于审理劳动争议案件若干问题的解答（五）》要点点评

为正确审理劳动争议案件，统一案件裁审尺度，浙江省高级人民法院民事审判第一庭和浙江省劳动人事争议仲裁院2019年6月21日发布了《关于审理劳动争议案件若干问题的解答（五）》（以下简称《解答》），其中一些规定具有一定的代表性，需要特别注意，笔者就这些要点规定点评如下。

二、劳动者被母公司指派到子公司担任法定代表人或者总经理等职务，劳动关系如何认定？

答：劳动者被母公司指派到子公司担任法定代表人或总经理等职务的，在确定与谁建立劳动关系时，有书面劳动合同的以书面劳动合同为准；没有书面劳动合同的，可以根据社会保险缴纳、工资支付、工作地点等情况来综合认定。符合《关于审理劳动争议案件若干问题的意见（试行）》（浙法民一〔2009〕3号）第七条规定的，母公司与子公司作为共同当事人并承担连带责任。

点评：劳动者被母公司指派到子公司担任法定代表人或总经理等职务其实就是下派，工作岗位比较特殊，有时需要履行一定的法律程序。法定代表人是无法代表子公司和自己签订劳动合同的，所以正常情况下都是与母公司签订劳动合同，约定清楚工作内容、工作地点以及相关待遇即可。非法定代表人的情况则可能形成双重劳动关系，一方面是社保、工资可能分离，另一方面也可能双签劳动合同,这样确实会给管理带来风险,也给司法部门带来困扰,所以需要事先结合管理要求和财务安排设计劳动关系。原劳动部《关于贯彻执行〈中华人民共和国劳动法〉若干问题的意见》第14条规定:"派出到合资、参股单位的职工如果与原单位仍保持着劳动关系,应当与原单位签订劳动合同,原单位可就劳动合同的有关内容在与合资、参股单位订立劳务合同时,明确职工的工资、保险、福利、休假等有关待遇。"也就是说,下派员工既可以与原单位保持劳动关系,也可以与下派单位建立劳动关系。

> **法条链接**
>
> 《深圳市中级人民法院关于审理劳动争议案件的裁判指引》第51条规定:"企业集团将其员工派往下级法人单位或将员工在下级法人单位之间调动,按员工与所在单位签订的劳动合同来确认劳动关系;未签订劳动合同的,按工资关系确定劳动关系。"

三、劳动者非因本人原因从原用人单位被安排到新用人单位工作,其在新用人单位连续工作未满十年也未订立两次劳动合同,但在前后用人单位累计连续工作已满十年或者已连续订立两次固定期限劳动合同,劳动者提出与新用人单位订立无固定期限劳动合同的,是否应予支持?

答:劳动者非因本人原因从原用人单位被安排到新用人单位工作,劳动者在原用人单位的工作年限和订立劳动合同的次数合并计算为新用人单位的工作年限、订立劳动合同次数。因此,如劳动者符合《劳动合同法》第十四条规定,提出与新用人单位订立无固定期限劳动合同的,用人单位应当与其订立。

点评:这一规定非常严厉。《劳动合同法》第14条的相关规定是指连续订立情形,而且也只限于同一用人单位。浙江相关部门直接把原用人单位的工作年限和订立劳动合同次数都合并计算为新用人单位的工作年限和订立劳动合同次数,这一规定与《劳动合同法实施条例》的规定并不相符。《劳动合同法实施条例》第10条规定:"劳动者非因本人原因从原用人单位被安排到新用人单位工作的,劳动者在原用人单位的工作年限合并计算为新用人单位的工作年限。原用人单位已经向劳动者支付经济补偿的,新用人单位在依法解除、终止劳动合同计算支付经济补偿的工作年限时，不再计算劳动者在原用人单位的工作年限。"该规定虽然规定工作年限合并计算，但并没有要求订立劳动合同次数合并计算，所以浙江的规定突破了国家的规定，对用人单位的影响也非常大。按照国内劳动法律实务的习惯做法，这类突破会流行起来，其他区域的劳动仲裁部门和法院也会跟进。

用人单位因为业务需要，经常会有业务或资产交易、转移情形，一般通过劳动合同换签并平移相关期限、内容来处理，劳动者基本上也不会有意见，毕竟权利和义务完全得到了保障。浙江的规定对用人单位非常不利，建议在新签的劳动合同中明确约定订立劳动合同次数不合并计算。但是仅仅这样约定是不够的，将来要解决这一问题，只能尽量避免安排劳动者到新用人单位，最好是劳动者在原用人单位办妥辞职手续，新用人单位招用以自愿为原则，同时保存好相关入职手续，以降低相关风险。

四、劳务派遣劳动关系中，用人单位即劳务派遣单位是否适用《劳动合同法》第十四条关于订立无固定期限劳动合同的规定？

答：《劳动合同法》第五十八条规定："劳务派遣单位应当与被派遣劳动者订立二年以上的固定期限劳动合同"，此系针对劳务派遣关系的特别规定，而《劳动合同法》第十四条是对劳动合同订立的一般规定。按照特别规定优于一般规定的原则，除双方协商一致外，劳务派遣单位与劳动者无需订立无固定期限劳动合同。

点评：《劳动合同法》第58条的规定利用立法资源给派遣单位营造了市场空间，从法律的角度上解释，"应当"就是"必须"的意思，表面上是保护劳动者，必须签订2年以上的固定期限劳动合同，而本意实为只能签订固定期限劳动合同，不能签订无固定期限劳动合同，排除了派遣员工签订无固定期限劳动合同的权利。这一规定不仅与劳务派遣的临时性相悖，更是通过立法划分出来两个阶层：派遣员工与正式员工，前者为"二等公民"，后者才受劳动法的全面保护。浙江的规定确实是《劳动合同法》的立法本意，但《劳动合同法》这一规定就是部门立法弊端的体现，也使这一重要法律留下败笔，声誉受损。

幸运的是，司法实践中很多法官意识到了这一问题的重要性，也对此进行了深刻的思考,给出了自己的答案。广东省高级人民法院、广东省劳动人事争议仲裁委员会《关于劳动人事争议仲裁与诉讼衔接若干意见》第17条规定:"符合《劳动合同法》第十四条第二款、第三款规定的情形的,劳务派遣单位应依法与被派遣的劳动者订立无固定期限劳动合同。"这一规定与浙江的规定截然相反,孰是孰非,还是交回给各位法官评判吧。

五、劳动者履行工作职责或执行工作任务时因过错给用人单位造成损失,用人单位请求劳动者赔偿损失的,能否予以支持?

答:劳动者履行工作职责或执行工作任务时给用人单位造成损失的,属于用人单位经营风险,劳动者一般不承担赔偿责任。但劳动者因故意或重大过失给用人单位造成经济损失的,应予赔偿。在确定赔偿金额时,应当根据劳动者过错程度、单位或其他配合履职的劳动者有无过错等原因力比例、损失大小、劳动报酬水平、劳动合同是否继续履行等因素综合确定。

点评:实践中用人单位申请仲裁要求劳动者承担赔偿责任的案例确实不多,最终能够被支持的则更少。答案就在《解答》这一规定里,原因也很简单:劳动者是弱势群体。不过《解答》这样明确写出来还真不多见,毕竟《劳动法》第102条的规定还依然有效:"劳动者违反本法规定的条件解除劳动合同或者违反劳动合同中约定的保密事项,对用人单位造成经济损失的,应当依法承担赔偿责任。"《劳动法》的规定并没有区分故意还是过失,只要违反保密义务给用人单位造成经济损失的,就应当承担赔偿责任,《解答》的规定又一次突破了国家法律。

九、劳动者发生工伤后,用人单位未发放或未足额发放停工留薪期工资,劳动者能否以用人单位未及时足额支付劳动报酬为由要求解除劳动合同并支付经济补偿金?

答:停工留薪期工资性质为工伤保险待遇,劳动者以用人单位未及时足额支付停工留薪期工资为由要求解除劳动合同并支付经济补偿金,不予支持。

点评:工伤保险待遇既包括医疗待遇,也包括工资待遇。用人单位未发放或未足额发放停工留薪期工资显然违法,而且工资本身的属性并没有变化,法律特别强调保护并不改变其本质,《工伤保险条例》第33条第1款规定得很明确:"……在停工留薪期内,原工资福利待遇不变,由所在单位按月支付。"虽然工伤员工主动解除劳动合同的情形较少,但《解答》这一规定还是欠妥,也有违《劳动合同法》相关规定本意。

十、劳动合同一方依法提前三十日书面通知另一方解除劳动合同,三十日期间届满前,其可否单方撤销解除通知?

答:劳动合同一方依法提前三十日书面通知另一方解除劳动合同,三十日期间届满前,提出解除的一方无权单方撤销解除通知。

点评:解除权为形成权,以通知到达为要件,但也有例外,比如重大误解或情势变迁。要是劳动者发出解除通知后发现自己怀孕或被查出患有重大疾病,应当给予劳动者重新选择的机会。《解答》这一规定过于教条,无视劳动法作为社会法的特殊性,实践中难以执行。此外,劳动者离职通常会以个人原因申请辞职,这也有别于法律所规定的单方通知解除劳动合同的情形,此时只是要约,没有得到确认的情况下当然有权撤销;即便用人单位确认同意,手续尚未办结的情况下,仍应酌许劳动者反悔,签约购买保险都还有一个月的犹豫期,何况就业比购买保险更为重要,不仅事关个人和家庭,更是事关社会。

十一、在规章制度未作出明确规定、劳动合同亦未明确约定的情况下,劳动者严重违反劳动纪律,用人单位是否可以解除劳动合同?

答:在规章制度未作出明确规定、劳动合同亦未明确约定的情况下,劳动者严重违反劳动纪律,用人单位可以依据《劳动法》第二十五条第二项规定解除劳动合同。

点评:《劳动合同法》立法时故意将"劳动纪律"四字"封杀",其本意在于给用人单位施加压力,要求用人单位按其设计的民主程序制定规章制度,这一思路不能不说已经失败。实际上,规章制度不可能包罗万象,对于中小微企业来讲制订全面完整的规章制度更是力不从心。而《劳动法》第25条的规定也不可能废止,2018年修正后的《劳动法》重新颁布时,该条款依然在列,实践中法院也不得不面对这一规定,要是以用人单位没有规章制度规定为由判决用人单位败诉的话,社会效果会非常差。

法条链接

《深圳市中级人民法院关于审理劳动争议案件的裁判指引》第89条规定:"劳动者严重违反劳动纪律,用人单位可以依据《劳动法》第二十五条的规定解除劳动合同。"

2019-07-25

天津最新劳动争议处理规则要点点评

天津这两年异军突起，连续发布了诸多劳动争议处理的规定和纪要，引人瞩目。2017年12月7日，天津市高级人民法院发布了颇具分量的《天津法院劳动争议案件审理指南》，洋洋洒洒近万字。半年后，天津市人力资源和社会保障局于2018年7月2日印发了《天津市贯彻落实〈劳动合同法〉若干问题实施细则》，取代了劳动法时代的相关规定。2019年11月25日，天津市高级人民法院、天津市人力资源和社会保障局又联合下发了《关于审理劳动人事争议案件的会议纪要》（以下简称《纪要》），现就《纪要》要点点评如下。

5. 已达到法定退休年龄但未领取养老保险待遇或退休金的劳动者与用人单位发生争议的问题

已达到法定退休年龄，但未领取养老保险待遇或退休金的劳动者（劳动者在同一用人单位连续工作超过退休年龄的除外）与用人单位发生争议申请仲裁，劳动人事争议仲裁委员会认为不属于仲裁受案范围的，应向劳动者出具不予受理通知书。

劳动者就该争议向人民法院提起诉讼的，人民法院应予受理。

点评：近年这类问题再次成为热点。主流观点是认定为劳务关系，不受劳动法约束；但也有例外情形，比如《纪要》规定本单位劳动者达到退休年龄而未领取退休待遇的就认定为劳动关系。这一观点确实值得商榷：社保都缴不进去了，还认定为劳动关系，岂不影响国家退休制度？虽然一些地方社保部门有延退政策，但毕竟是两回事。《广东省工伤保险条例》一方面规定，"劳动者达到法定退休年龄或者已经依法享受基本养老保险待遇的，不适用本条例"；另一方面却又规定，"前款规定的劳动者受聘到用人单位工作期间，因工作原因受到人身伤害的，可以要求用人单位参照本条例规定的工伤保险待遇支付有关费用。双方对损害赔偿存在争议的，可以依法通过民事诉讼方式解决"，确实令人困惑。

7. 用人单位向劳动者发放或者支付的交通补贴（车改补贴）、通讯补贴、餐费补贴等应属于劳动者工资还是福利费范畴的问题

用人单位已经实行货币化改革，按月按标准向劳动者发放或者支付的交通补贴（车改补贴）、通讯补贴、餐费补贴等应纳入劳动者的工资构成。

点评：这个问题司法实务部门基本上达成了共识，应该都会认定为工资。不仅《劳动合同法实施条例》第27条规定"劳动合同法第四十七条规定的经济补偿的月工资按照劳动者应得工资计算，包括计时工资或者计件工资以及奖金、津贴和补贴等货币性收入"，而且财政部《关于企业加强职工福利费财务管理的通知》也规定："企业为职工提供的交通、住房、通讯待遇，已经实行货币化改革的，按月按标准发放或支付的住房补贴、交通补贴或者车改补贴、通讯补贴，应当纳入职工工资总额，不再纳入职工福利费管理。"目前司法实践中只有独生子女费还可以被认定为法定福利，其他按月发放的货币性收入基本上都被理解为工资了，就连高温津贴也不例外。2012年修订的《防暑降温措施管理办法》规定："用人单位安排劳动者在35℃以上高温天气从事室外露天作业以及不能采取有效措施将工作场所温度降低到33℃以下的，应当向劳动者发放高温津贴，并纳入工资总额。高温津贴标准由省级人力资源社会保障行政部门会同有关部门制定，并根据社会经济发展状况适时调整。"根据这一精神，部分地区发放的"冬季取暖补贴"也应该会被认定为工资。

8. 劳动者患病或者非因工负伤，在规定的医疗期满后继续请休病假的，应区分以下情形处理：

……

（2）用人单位通知劳动者进行劳动能力（复工）鉴定，如果劳动者不配合，或者经鉴定能够复工后仍没有及时返岗工作，用人单位主张依据企业规章制度解除劳动合同并不支付经济补偿的，应予支持。

点评：其实无论是《劳动法》还是《劳动合同法》，都只是规定劳动者医疗期满不能从事原工作或用人单位另行安排工作的，可以解除劳动合同。原劳动部自己加码规定要进行丧失劳动能力鉴定，丧失劳动能力的才可以解除劳动合同。这一要求并没有上位法的依据，而且实践中难以操作，通常员工都不愿意配合，难以执行。《纪要》这一规定算是作了平衡，让用人单位有了一定的空间，不然劳动者不愿意配合进行鉴定，用人单位就无计可施了。不过劳动能力鉴定委员会可有麻烦了：如何判断劳动者能够复工呢？

9. 因用人单位原因造成劳动者待岗，待岗期间的工资问题

因用人单位过错导致劳动者待岗，劳动者要求待岗期间工资待遇的，应予支持。待岗期间工资待遇标准按照劳动者待岗前十二个月的月平均工资（加班费除外）标准计算。

符合《天津市工资支付规定》第二十七条规定，非因劳动者本人原因造成用人单位停工停产，未超过一个工资支付周期的，用人单位应当按照劳动合同约定的工资标准支付劳动者工资。超过一个工资支付周期，用人单位没有安排劳动者工作的，就待岗工资双方可以协商解决，如果双方协商一致，按协商协议执行。

点评：由于用人单位原因安排停工的待遇国家和地方都有规定，基本上是第一个月按原工资发放，第二个月起发最低工资。但是有些时候是劳动者存在过错，用人单位出于管理需要安排员工待岗或停职审查，这种情况下是否发放待遇是没规定清楚的，确实也很难统一，所以有些地方特意留白，交给法官结合具体情况再行酌定。《纪要》其实也体现了这一思路，所以只规定了因用人单位过错导致待岗情况下的待岗工资标准，并没有否认用人单位因为劳动者过错而安排待岗的权利，甚至也隐含了劳动者存在过错不能享受待遇的意见。

2019-12-22

《安徽省劳动人事争议仲裁案例研讨会纪要》要点点评

安徽经济不算发达，但劳动争议同样头痛。为了解决疑难问题，2019年8月安徽省劳动人事争议仲裁院召集各市、部分县（市、区）仲裁院院长和业务骨干，就典型疑难案例和相关问题进行研讨，并于2019年11月发布了《安徽省劳动人事争议仲裁案例研讨会纪要》（以下简称《纪要》），其中一些规定还颇有新意，现就《纪要》要点点评如下。

三、劳动者达到法定退休年龄前与用人单位建立劳动关系，超过法定退休年龄后未享受职工基本养老保险待遇，仍继续为该用人单位提供劳动的，应当认定双方劳动关系延续，但用人单位与劳动者均有单方终止劳动关系的权利。用人单位单方终止劳动关系的，除用人单位对劳动者未享受职工基本养老保险待遇存在过错的外，劳动者主张经济补偿的，仲裁委员会不予支持。

点评：这类问题日益突出，而且仲裁系统和司法部门基本上都认定构成劳动关系，不知道是因为社保有缺口，还是另有原因。这样认定既突破了现有退休制度，也意味着社保征缴窗口需要开口，相关行政部门未必能够接受。天津也有类似规定，不过是换了一个角度而已，从劳动人事争议仲裁委员会是否受理进行规范。

《纪要》更有意思的是，一方面认定是劳动关系，另一方面却又允许双方随时终止劳动关系，岂不自相矛盾？《纪要》同时规定，如果用人单位对劳动者未享受退休待遇存在过错的，用人单位单方终止劳动关系，需要支付劳动者经济补偿。这一规定在全国都属于独创，虽然尚可商榷，但对于无法退休的劳动者应该能够起到一定的平衡作用。

> **法条链接**
>
> 天津市高级人民法院、天津市人力资源和社会保障局联合下发的《关于审理劳动人事争议案件的会议纪要》第5条规定："已达到法定退休年龄，但未领取养老保险待遇或退休金的劳动者（劳动者在同一用人单位连续工作超过退休年龄的除外）与用人单位发生争议申请仲裁，劳动人事争议仲裁委员会认为不属于仲裁受案范围的，应向劳动者出具不予受理通知书。"

四、用人单位依据《劳动合同法》第三十九条解除劳动合同的，应当在合理期限内行使解除权；用人单位知道或应当知道劳动者具有《劳动合同法》第三十九条相应情形超过一年（相应情形呈连续或持续状态的，从相应行为终了之日起计算）解除劳动合同，且解除劳动合同前劳动者仍在用人单位工作的，应当认定为违法解除。

点评：国家一直以来没有明确规定用人单位劳动合同解除权行使期限，《纪要》这一规定也是一个创新，而且笔者认为一年的期限比较合理。1982年的《企业职工奖惩条例》曾规定："审批职工处分的时间，从证实职工犯错误之日起，开除处分不得超过五个月，其他处分不得超过三个月。"但是，这些规定与《劳动合同法》无法对应，何况《企业职工奖惩条例》也已废止。2014年的《事业单位人事管理条例》规定的只是受处分的期间，与劳动合同解除权期限是两回事，而且也只适用于事业单位，所以解决不了问题。

> **法条链接**
>
> 《事业单位人事管理条例》第29条第2款规定："受处分的期间为：警告，6个月；记过，12个月；降低岗位等级或者撤职，24个月。"

五、劳动者依据《劳动合同法》第三十八条主张解除劳动合同经济补偿的，应当在知道或应当知道用人单位具有《劳动合同法》第三十八条相应情形的一年（相应情形呈连续或持续状态的，从相应行为终了之日起计算）内提出；超过一年的，仲裁委员会不予支持。

点评： 国家也没有明确规定劳动者的解除权行使期限，所以这一规定也同样具有新意。

八、认定是加班还是值班，应当结合劳动者日常工作岗位工作内容、工作强度、工作量，用人单位有无提供休息场所，劳动者能否休息等综合评判。劳动者认为是加班，用人单位认为是值班的，由用人单位承担举证责任。

点评： 值班确实不同于加班，各地的司法实践基本上都认可两者存在区别。不过一些用人单位安排员工值班时还安排正常的工作，这类"挂羊头卖狗肉"的现象侵害了劳动者合法权益，也有必要结合实际情况予以甄别。

九、解除劳动合同的意思表示应当向合同当事人发出，但意思表示可以直接进行，也可以间接进行。对于劳动者未先向用人单位提出，而直接申请仲裁要求解除劳动合同的，不宜以解除权属于当事人，应当先向用人单位提出为由不予受理或驳回申请。对于劳动者已实际离职的，可以裁决确认双方劳动合同解除。

点评： 有些劳动者缺乏法律知识，有意解除劳动合同而没有通知用人单位，既不利于保护自己的合法权益，也给司法部门带来了难题。《纪要》这一规定确认了劳动者解除劳动合同的间接意思表示，可以理解为对劳动者进行了特殊照顾，也是全国首创。针对这类情形，另外一个解决办法就是由仲裁员行使"释明权"，引导劳动者明确相关意思表示，当庭通过庭审笔记固定下来，这样操作既符合法理，也能满足现行法律规范。

2019－12－23

长三角区域的用工福音

2019年11月26日,上海市、江苏省、浙江省、安徽省人力资源和社会保障厅(局)、高级人民法院、劳动人事争议仲裁院在江苏省常州市召开了长三角区域"三省一市"劳动人事争议疑难问题审理意见研讨会,对当前长三角区域劳动人事争议疑难问题进行了研讨。2019年12月30日,江苏省人力资源和社会保障厅调解仲裁管理处整理了《长三角区域"三省一市"劳动人事争议疑难问题审理意见研讨会纪要》(以下简称《纪要》),虽然只有短短8条,却意义重大,不仅契合了"营造良好营商环境"的中央精神,而且尝试扭转该区域劳动用工监管思维,可谓长三角区域用工的福音。现就该《纪要》要点点评如下。

三、因不可归责于用人单位的原因,用人单位超过一个月未与劳动者订立书面劳动合同,劳动者主张用人单位支付二倍工资的处理。

订立劳动合同系用人单位和劳动者的法定义务,对于用人单位有证据证明其已主动履行订立劳动合同义务,但劳动者拒绝订立劳动合同或者劳动者利用主管人事等职权故意不订立劳动合同,以及因其他客观原因导致用人单位无法及时与劳动者订立劳动合同的,劳动者因此主张用人单位支付二倍工资的,不予支持。

点评:《劳动合同法》第82条规定:"用人单位自用工之日起超过一个月不满半年未与劳动者订立书面劳动合同,应当向劳动者每月支付二倍的工资。"这一条规定本来仅指新入职情形,但在司法实践中被扩张运用到续订劳动合同情形，结果引发大量案件。而法条中的"未与"两字也让用人单位处于非常被动的地位，很多司法部门以此主张无论任何情形，只要用人单位没有与劳动者签订书面劳动合同，即应支付二倍工资，加剧了用人单位与劳动者的矛盾，出现了劳动者恶意不签劳动合同的情形，因此有必要区分未签劳动合同的原因，避免极个别劳动者钻空子。

此外，由于司法实践扩张了适用范围，因此还出现了另外一类特殊情形：用人单位与劳动者未能就续签无固定期限劳动合同达成一致意见怎么办？难道也支付二倍工资？其实《劳动合同法实施条例》规定得很清楚，是允许双方协商的。而南京市某区仲裁部门的答案是："对于用人单位来说续签无固定期限劳动合同是附条件的，必须维持和提高劳动合同条件"，剥夺了用人单位在原劳动合同期满情形下的协商权，将《劳动合同法》第46条支付经济补偿的规定歪曲为续签合同的强制条件，在实践中非常有害：不仅会有事实劳动关系的二倍工资问题，还会衍生出违法终止劳动合同的问题。

法条链接

《江苏省劳动合同条例》第16条第1款规定："劳动合同期满，用人单位未与劳动者续订劳动合同，但劳动者继续在用人单位工作的，用人单位应当在一个月内与劳动者续订书面劳动合同。劳动者经用人单位书面通知后，不与用人单位续订劳动合同的，用人单位应当书面通知劳动者终止劳动关系。"

《最高人民法院关于审理劳动争议案件适用法律若干问题的解释》（已失效）第16条规定："劳动合同期满后，劳动者仍在原用人单位工作，原用人单位未表示异议的，视为双方同意以原条件继续履行劳动合同。一方提出终止劳动关系的，人民法院应当支持。"

《劳动合同法实施条例》第11条规定："除劳动者与用人单位协商一致的情形外，劳动者依照劳动合同法第十四条第二款的规定，提出订立无固定期限劳动合同的，用人单位应当与其订立无固定期限劳动合同。对劳动合同的内容，双方应当按照合法、公平、平等自愿、协商一致、诚实信用的原则协商确定；对协商不一致的内容，依照劳动合同法第十八条的规定执行。"

> 《劳动合同法》第18条规定："劳动合同对劳动报酬和劳动条件等标准约定不明确，引发争议的，用人单位与劳动者可以重新协商；协商不成的，适用集体合同规定；没有集体合同或者集体合同未规定劳动报酬的，实行同工同酬；没有集体合同或者集体合同未规定劳动条件等标准的，适用国家有关规定。"
>
> 《广东省高级人民法院广东省劳动人事争议仲裁委员会关于审理劳动人事争议案件若干问题的座谈会纪要》（已失效）第20条规定："劳动关系符合《劳动合同法》第十四条第二款第（一）、（二）、（三）项规定的情形，用人单位在与劳动者协商订立无固定期限劳动合同时提出的劳动报酬、劳动条件、福利待遇等事项不低于订立无固定期限劳动合同前的标准，劳动者拒不接受的，用人单位可以终止合同，且无须向劳动者支付经济补偿。"

四、符合订立无固定期限劳动合同条件，但双方实际订立的是固定期限劳动合同，对其效力的认定。

劳动者符合订立无固定期限劳动合同条件，但与用人单位订立了固定期限劳动合同，根据《中华人民共和国劳动合同法》第十四条以及《中华人民共和国劳动合同法实施条例》第十一条的规定，该劳动合同应为有效。但劳动者能够举证证明该合同订立过程中用人单位存在欺诈、胁迫、乘人之危情形的除外。

点评：为了保护劳动者，《劳动合同法》确实规定得比较严格："劳动者提出或者同意续订、订立劳动合同的，除劳动者提出订立固定期限劳动合同外，应当订立无固定期限劳动合同。"但是，这一"强制缔约"的规定对用工自主权显然干预过度了，所以《劳动合同法实施条例》第11条对此进行了调整，给用人单位留出空间：不仅允许协商一致签订固定期限劳动合同，还规定劳动者主动提出订立无固定期限劳动合同才需要签订无固定期限劳动合同，而不是由用人单位举证证明劳动者提出了订立固定期限劳动合同才有机会免责。

江苏在这方面走得非常极端，不仅没有理会《劳动合同法实施条例》的立法本意，甚至还变本加厉。《江苏省劳动合同条例》第18条第1款规定："在《中华人民共和国劳动合同法》实施后，用人单位与劳动者连续订立了二次固定期限劳动合同，且劳动者没有《中华人民共和国劳动合同法》第三十九条和第四十条第一项、第二项规定情形的，用人单位应当在第二次劳动合同期满三十日前，书面告知劳动者可以订立无固定期限劳动合同。"此次会议能在江苏召开而且形成相关纪要，确实令笔者诧异，或许江苏相关部门也在反思当地的用工环境问题。

《纪要》这一规定是《劳动合同法实施条例》第11条的体现，确认了即便劳动者满足签订无固定期限劳动合同的条件，用人单位也可以和劳动者协商签订固定期限劳动合同，只要是双方真实意思表示，双方签订的固定期限劳动合同均合法有效。既然连"强制缔约"的期限都可以协商，那么新的劳动合同中的岗位和待遇条款同样也可以协商！协商未果的，双方无法建立新的劳动关系，原有劳动合同期满而即行终止，并不能归责于用人单位。如果一定要维持和高于原岗位原待遇，就会回到"大锅饭"时代，完全不能与社会主义市场经济相匹配，改革就会倒退，更不用说发展了。

法条链接

《深圳市中级人民法院关于审理劳动争议案件若干问题的指导意见（试行）》第72条规定："在履行固定期限劳动合同期间，一方当事人未经另一方当事人同意，单方要求将原劳动合同变更为无固定期限劳动合同的，不予支持。"

六、用人单位未与劳动者协商或者协商未达成一致意见，调整劳动者工作岗位的有效性认定。

除《中华人民共和国劳动合同法》四十条第一项和第二项规定的用人单位可以单方调整劳动者工作岗位的法定情形外，用人单位可以按劳动合同约定或者规章制度规定对劳动者工作岗位进行调整。如劳动合同无约定或者规章制度未规定，但确属用人单位生产经营所必需，且对劳动者的劳动报酬以及其他劳动条件未作不利变更，劳动者有服从安排的义务，可以认定用人单位调整劳动者工作岗位有效。

点评：不少司法部门确实漠视用人单位的用工自主权，动辄以"变更劳动合同需与劳动者协商一致"为由判决用人单位败诉，这不仅是对法律的误解，更是枉顾用人单位的生存。其实《劳动合同法》并没有任何条款规定调岗必须劳动者同意，而且劳动合同必备条款也只有"工作内容"，并非"工作岗位"，只要符合双方约定的工作内容范围，用人单位均有权适当安排，也有权调整岗位，否则就成了"一岗定终身"，何来契约协商！因此，除了《劳动合同法》明确规定的劳动者在医疗期满或不能胜任工作时，用人单位可以适当调整工作内容和岗位外，用人单位在生产经营需要时，也可以进行调岗安排。调岗后的待遇也不应强行要求不低于原待遇，应该根据"岗变薪变"的理念予以理解，否则又会有"同工不同酬"的法律问题。

法条链接

《劳动合同法》第35条："用人单位与劳动者协商一致，可以变更劳动合同约定的内容。变更劳动合同，应当采用书面形式。"

《广东省高级人民法院广东省劳动人事争议仲裁委员会关于审理劳动人事争议案件若干问题的座谈会纪要》（已失效）第22条第1款规定："用人单位调整劳动者工作岗位，同时符合以下情形的，视为用人单位合法行使用工自主权，劳动者以用人单位擅自调整其工作岗位为由要求解除劳动合同并请求用人单位支付经济补偿的，不予支持：（1）调整劳动者工作岗位是用人单位生产经营的需要；（2）调整工作岗位后劳动者的工资水平与原岗位基本相当；（3）不具有侮辱性和惩罚性；（4）无其他违反法律法规的情形。"

七、在规章制度未明确规定或者制定存在程序瑕疵、劳动合同未明确约定的情形下，若劳动者存在明显过错，对用人单位行使解除劳动合同权的认定。

劳动者存在违反法律、行政法规规定或者必须遵守的劳动纪律等情形，严重影响到用人单位生产经营秩序或者管理秩序的，应当认可用人单位解除劳动合同的正当性。对劳动者仅以用人单位规章制度未明确规定或者制定存在程序瑕疵、劳动合同未明确约定为由，主张用人单位解除劳动合同违法的，不予支持。

点评：并非所有的用人单位的规章制度都能够包罗万象，也并非所有的用人单位都了解法律所规定的民主程序，一些中小微企业甚至连规章制度都没有。但是，劳动者按时上下班、不可打架斗殴等是不言而喻的义务，属于隐蔽义务，也属于附随义务，劳动者迟到旷工时用人单位不可能因为没有规章制度而丧失处分权，所以劳动者存在明显过错的违纪行为，即便用人单位没有规章制度或规章制度存在程序瑕疵，也应当支持用人单位的处分权，否则社会导向非常负面。司法实践中往往以用人单位规章制度没有履行完备的民主程序为由判决用人单位败诉，甚至断言相关制度"不能作为用工管理的依据"，对用人单位的危害非常大！《纪要》这一规定算是松了口，或许是上海有关部门的意见起了作用。

> **法条链接**
>
> 　　《深圳市中级人民法院关于审理劳动争议案件的裁判指引》规定"劳动者严重违反劳动纪律，用人单位可以依据《劳动法》第二十五条的规定解除劳动合同"。
>
> 　　《劳动法》第25条规定："劳动者有下列情形之一的，用人单位可以解除劳动合同：……（二）严重违反劳动纪律或者用人单位规章制度的；……"

2020 - 01 - 08

劳动者的保密义务

2020年9月10日，最高院发布了《关于审理侵犯商业秘密民事案件适用法律若干问题的规定》（以下简称《规定》，2020年9月12日生效），该《规定》是一部非常重要的司法解释，不仅能对知识产权的保护起到积极的作用，而且也会对用工管理产生重大影响。

《反不正当竞争法》规定，商业秘密是指"不为公众所知悉、具有商业价值并经权利人采取相应保密措施的技术信息、经营信息等商业信息"，这一规定拓展了商业秘密的范围。《规定》进一步明确了技术信息、经营信息的范围，即"与技术有关的结构、原料、组分、配方、材料、样品、样式、植物新品种繁殖材料、工艺、方法或其步骤、算法、数据、计算机程序及其有关文档等信息"均可认定为技术信息；"与经营活动有关的创意、管理、销售、财务、计划、样本、招投标材料、客户信息、数据等信息"均可以认定为经营信息。客户信息则包括"客户的名称、地址、联系方式以及交易习惯、意向、内容等信息"。上述规定不仅有助于法院审理相关案件，更是向全社会宣布了具体规则和价值导向。

与此同时，《规定》对劳动者也提出了更严格的保密要求：一方面确认了用人单位与劳动者签订保密协议或者在合同中约定保密义务属于合法保密措施，另一方面也确认了即便未在劳动合同中约定保密义务，劳动者也应当承担保密义务。《规定》的相关内容确认了保密义务为劳动者的隐蔽义务和附随义务，无论是否签订保密协议，劳动者均应根据诚信原则进行保密，这是对现有保密规则的重大突破。

为了保护商业秘密，用人单位往往采用竞业限制的方式约束离职员工，但是，这一方式不仅成本高昂，而且效果也不尽如人意，不仅对商业秘密的保护程度有限，而且也难以防止业务流失。《规定》注意到这一问题，对此作出特别规定，明确了员工离职后，需要能够证明客户自愿选择与该员工或者该员工所在的新单位进行交易的，才能被认定为没有采用不正当手段获取权利人的商业秘密。这一举证规则大大加强了对原用人单位商业秘密和业务的保护力度。

《规定》还首次提及"商业道德"的概念，规定："被诉侵权人以违反法律规定或者公认的商业道德的方式获取权利人的商业秘密的，人民法院应当认定属于反不正当竞争法第九条第一款所称的以其他不正当手段获取权利人的商业秘密。"司法实务中，一些劳动者（尤其是掌握技术信息和经营信息的核心技术人员和管理人员）离职时，还同时带走原用人单位相关同事，甚至带走整个团队，导致原用人单位无法正常开展业务。在此过程中，不乏引诱情形，即便双方之间的劳动合同未有相关规定或用人单位未有相关制度，此情形也应当认定为有违商业道德和职业操守，如因此而获取原用人单位商业秘密的，依法应当追究相关法律责任。

离职员工违反保密义务的法律责任不仅包括支付违约金，也包括赔偿损失。原用人单位不仅可以追究离职员工的民事责任，也可以向行政部门举报，涉嫌犯罪的，还可以移送有关司法部门。如果离职员工与新用人单位共同构成不正当竞争的，原用人单位还可以依据《反不正当竞争法》追究离职员工与新用人单位的相关法律责任。

《规定》的出台非常及时和必要，不仅传递出加强商业秘密保护的信号，也是改善营商环境的一个重要举措。

2020-09-14

最高人民法院配套《民法典》劳动争议司法解释综述

最高院在《民法典》生效前夕，制定了与《民法典》配套的第一批共7件新的司法解释，其中包括《最高人民法院关于审理劳动争议案件适用法律问题的解释（一）》（以下简称《劳动案件司法解释（一）》），并将于2021年1月1日与《民法典》同步施行。

实话说，笔者看到相关新闻时很是愕然。《民法典》固然重要，但确实与劳动法关联不大。劳动法脱胎于民法，却又有别于民法。近现代工商业的繁荣，使劳动法飞速发展，也形成了其特有的理念和规则，学界逐渐将劳动法归入社会法范畴。作为社会法的台柱子，劳动法自成体系，也自有规律，或许将来也需要自成法典。《法国劳动法典》就是先例。

笔者利用新年假期对比研究了一下《劳动案件司法解释（一）》与此前最高院发布的关于劳动争议的主要的司法解释（通常是指法释〔2001〕14号、法释〔2006〕6号、法释〔2010〕12号、法释〔2013〕4号这4份司法解释，习惯称为《劳动争议司法解释（一）》《劳动争议司法解释（二）》《劳动争议司法解释（三）》《劳动争议司法解释（四）》），发现《劳动案件司法解释（一）》只能算是对原有司法解释的清理，基本上没有什么新规定，只是个别条款因为其他法规变化等因素有所调整而已，并非真正意义上的新的司法解释。虽然这一梳理有必要性，也有相应的价值，但冠以与《民法典》配套的名义确实言过其实了。最高院突然宣布《劳动案件司法解释

(一)》与《民法典》配套了，确实有点儿牵强。

《民法典》直接涉及劳动法的规定非常少，总共1260条，十几万字，笔者认为也就只有第1191条这一条直接相关，该条规定："用人单位的工作人员因执行工作任务造成他人损害的，由用人单位承担侵权责任。用人单位承担侵权责任后，可以向有故意或者重大过失的工作人员追偿。劳务派遣期间，被派遣的工作人员因执行工作任务造成他人损害的，由接受劳务派遣的用工单位承担侵权责任；劳务派遣单位有过错的，承担相应的责任。"这一内容原本就在《侵权责任法》中有规定，《民法典》只是补充了用人单位对故意或者重大过失工作人员的追偿权，算是平衡吧。《民法典》与劳动法间接相关的内容倒还有一些，比如时效中止/中断的规定（第194条、第195条）、预约合同的规定（第495条）、电子合同的规定（第469条）、个人信息保护的规定（第111条、第1034条、第1035条、第1038条），等等。

劳动争议案件处理司法实践中有一个基本原则，那就是劳动法没有规定时套用民法相关规定或相关原则，所以从这个角度上看，《民法典》对劳动法也确实会有影响。比如，预约合同终于在立法中有一席之地，因此将来劳动关系中聘用通知或三方协议之类以签订劳动合同为目的的协议均可参照预约合同的规定来理解。个人信息保护方面，国家正在起草《个人信息保护法》[①]，将来会有更严格的要求，用人单位确实要注意，不仅在采集劳动者信息时要遵守相关规定，在披露劳动者信息时也同样要遵守法律要求，否则要承担相应的民事责任、行政责任，乃至刑事责任。至于劳动合同电子化的问题，国家人社部之前已有批复，司法部门也已取得共识，认可电子劳动合同属于书面劳动合同。

劳动法在法学界长期以来确实不太受重视。若干年前，笔者参加过一次劳动法研讨会，在场有劳动法学者自嘲全国只有十九个半学者研究劳动法，可见研究力量之薄弱。现在情况应该有所好转，开始有劳动法学者获得全国杰出青年法学家评选提名了，但法学精英还较少深耕劳动法，劳动法学研究还有很长的路要走。

---

① 《个人信息保护法》已于2021年8月20日通过，自2021年11月1日起施行。

现在劳动法又到了风口之上，不只是因为十几年来劳动关系领域一直纠纷不断，劳动争议案量持续攀升，更主要的是在新的环境下，既出现了新经济、新业态，也出现了新思维、新模式，对传统劳动关系与民事关系的法律制度提出了更多的挑战，希望更多的民商法学者能够参与劳动法的理论研究，也希望司法部门能够制订更好的规则，以满足全社会的需求。笔者注意到《劳动案件司法解释（一）》用了"（一）"字，应该还会陆续颁布新的劳动争议司法解释，是将《最高人民法院关于审理劳动争议案件适用法律若干问题的解释（五）》草案提炼为新的司法解释，还是梳理汇总各地司法部门在实践中制定的各类纪要？笔者拭目以待。

经对比，《劳动案件司法解释（一）》与最高院四个劳动争议司法解释的正文内容主要有以下变化。

（1）删除了《劳动争议司法解释（一）》第3条："劳动争议仲裁委员会根据《劳动法》第八十二条之规定，以当事人的仲裁申请超过六十日期限为由，作出不予受理的书面裁决、决定或者通知，当事人不服，依法向人民法院起诉的，人民法院应当受理；对确已超过仲裁申请期限，又无不可抗力或者其他正当理由的，依法驳回其诉讼请求。"这是因为国家立法调整了时效的规定。

（2）删除了《劳动争议司法解释（一）》第9条："当事人双方不服劳动争议仲裁委员会作出的同一仲裁裁决，均向同一人民法院起诉的，先起诉的一方当事人为原告，但对双方的诉讼请求，人民法院应当一并作出裁决。"这是因为国家规定了部分案件一裁终局，用人单位无权起诉。

（3）修改了《劳动争议司法解释（一）》第14条，原规定为："劳动合同被确认为无效后，用人单位对劳动者付出的劳动，一般可参照本单位同期、同工种、同岗位的工资标准支付劳动报酬。根据《劳动法》第97条之规定，由于用人单位的原因订立的无效合同，给劳动者造成损害的，应当比照违反和解除劳动合同经济补偿金的支付标准，赔偿劳动者因合同无效所造成的经济损失。"新规定第41条的内容为："劳动合同被确认为无效，劳动者已付出劳动的，用人单位应当按照劳动合同法第二十八条、第四十六条、第四十七条的规定向劳动者支付劳动报酬和经济补偿。由于用人单位原因订立无效劳动合同,给劳动者造成损害的,用人单位应当赔偿劳动者因合同无效所造成的经济损失。"这是为了与后来通过的《劳动合同法》相关规定对应,避免与上位法冲突。

(4)修改了《劳动争议司法解释(一)》第 21 条第 1 款,原规定为:"当事人申请人民法院执行劳动争议仲裁机构作出的发生法律效力的裁决书、调解书,被申请人提出证据证明劳动争议仲裁裁决书、调解书有下列情形之一,并经审查核实的,人民法院可以根据《民事诉讼法》第二百一十七条之规定,裁定不予执行:(一)裁决的事项不属于劳动争议仲裁范围,或者劳动争议仲裁机构无权仲裁的;(二)适用法律确有错误的;(三)仲裁员仲裁该案时,有徇私舞弊、枉法裁决行为的;(四)人民法院认定执行该劳动争议仲裁裁决违背社会公共利益的。"新规定第 23 条第 1 款规定:"当事人申请人民法院执行劳动争议仲裁机构作出的发生法律效力的裁决书、调解书,被申请人提出证据证明劳动争议仲裁裁决书、调解书有下列情形之一,并经审查核实的,人民法院可以根据民事诉讼法第二百三十七条规定,裁定不予执行:(一)裁决的事项不属于劳动争议仲裁范围,或者劳动争议仲裁机构无权仲裁的;(二)适用法律、法规确有错误的;(三)违反法定程序的;(四)裁决所根据的证据是伪造的;(五)对方当事人隐瞒了足以影响公正裁决的证据的;(六)仲裁员在仲裁该案时有索贿受贿、徇私舞弊、枉法裁决行为的;(七)人民法院认定执行该劳动争议仲裁裁决违背社会公共利益的。"相关调整是因为《民事诉讼法》有调整。不过,耐人寻味的是,《民事诉讼法》第 237 条规定的是民商事仲裁的规则,这一调整也算是对劳动法程序问题的完善吧。

(5)删除了《劳动争议司法解释(二)》第 1 条:"人民法院审理劳动争议案件,对下列情形,视为劳动法第八十二条规定的'劳动争议发生之日':(一)在劳动关系存续期间产生的支付工资争议,用人单位能够证明已经书面通知劳动者拒付工资的,书面通知送达之日为劳动争议发生之日。用人单位不能证明的,劳动者主张权利之日为劳动争议发生之日。(二)因解除或者终止劳动关系产生的争议,用人单位不能证明劳动者收到解除或者终止劳动关系书面通知时间的,劳动者主张权利之日为劳动争议发生之日。

（三）劳动关系解除或者终止后产生的支付工资、经济补偿金、福利待遇等争议，劳动者能够证明用人单位承诺支付的时间为解除或者终止劳动关系后的具体日期的，用人单位承诺支付之日为劳动争议发生之日。劳动者不能证明的，解除或者终止劳动关系之日为劳动争议发生之日。"删除了《劳动争议司法解释（二）》第2条："拖欠工资争议，劳动者申请仲裁时劳动关系仍然存续，用人单位以劳动者申请仲裁超过六十日为由主张不再支付的，人民法院不予支持。但用人单位能够证明劳动者已经收到拒付工资的书面通知的除外。"删除这两条的原因是国家对劳动争议的时效期间作了调整。

（6）删除了《劳动争议司法解释（二）》第9条："劳动者与起有字号的个体工商户产生的劳动争议诉讼，人民法院应当以营业执照上登记的字号为当事人，但应同时注明该字号业主的自然情况。"删除这一条原因不明，似乎没必要。

（7）删除了《劳动争议司法解释（二）》第10条："劳动者因履行劳动力派遣合同产生劳动争议而起诉，以派遣单位为被告；争议内容涉及接受单位的，以派遣单位和接受单位为共同被告。"删除这一条是因为国家对劳务派遣已有明确规范，不宜再使用"劳动力派遣"的概念，相关争议也有规定，原有解释与新规定存在出入。

（8）删除了《劳动争议司法解释（二）》第12条："当事人能够证明在申请仲裁期间内因不可抗力或者其他客观原因无法申请仲裁的，人民法院应当认定申请仲裁期间中止，从中止的原因消灭之次日起，申请仲裁期间连续计算。"删除了《劳动争议司法解释（二）》第13条："当事人能够证明在申请仲裁期间内具有下列情形之一的，人民法院应当认定申请仲裁期间中断：（一）向对方当事人主张权利；（二）向有关部门请求权利救济；（三）对方当事人同意履行义务。申请仲裁期间中断的，从对方当事人明确拒绝履行义务，或者有关部门作出处理决定或明确表示不予处理时起，申请仲裁期间重新计算。"中止、中断倒是与《民法典》相关，但是相关内容也没有什么出入，不删除也没有什么问题，删除估计是为将来进一步细化做准备。

（9）修改了《劳动争议司法解释（二）》第8条第1款，原规定为："当事人不服劳动争议仲裁委员会作出的预先支付劳动者部分工资或者医疗费用的裁决，向人民法院起诉的，人民法院不予受理。"新规定第 10 条第 1 款规定："当事人不服劳动争议仲裁机构作出的预先支付劳动者劳动报酬、工伤医疗费、经济补偿或者赔偿金的裁决，依法提起诉讼的，人民法院不予受理。"这是根据司法实践相关理解和实际需要扩大了相关范围。

（10）修改了《劳动争议司法解释（四）》第 14 条第 1 款，原规定为："外国人、无国籍人未依法取得就业证件即与中国境内的用人单位签订劳动合同，以及香港特别行政区、澳门特别行政区和台湾地区居民未依法取得就业证件即与内地用人单位签订劳动合同，当事人请求确认与用人单位存在劳动关系的，人民法院不予支持。"新规定第 33 条第 1 款规定："外国人、无国籍人未依法取得就业证件即与中华人民共和国境内的用人单位签订劳动合同，当事人请求确认与用人单位存在劳动关系的，人民法院不予支持。"这一修改是因为国家废除了港澳台居民办就业证的要求。

（11）《劳动争议司法解释（三）》的主文内容全部纳入《劳动案件司法解释（一）》，其他原有司法解释的相关条文也全部纳入《劳动案件司法解释（一）》。但是，即便是重申，对司法实践也有相应价值。以《劳动争议司法解释（一）》第 16 条第 1 款为例，该款规定："劳动合同期满后，劳动者仍在原用人单位工作，原用人单位未表示异议的，视为双方同意以原条件继续履行劳动合同。一方提出终止劳动关系的，人民法院应当支持。"新规定第 34 条第 1 款只将"应当"改为"应予"，其他内容保持一致："劳动合同期满后，劳动者仍在原用人单位工作，原用人单位未表示异议的，视为双方同意以原条件继续履行劳动合同。一方提出终止劳动关系的，人民法院应予支持。"这样重申，可以理解为最高院对《劳动合同法》第 82 条和《劳动合同法实施条例》第 5 条、第 6 条、第 7 条的规定作了限制性解释，此前除天津外，其他各地高级人民法院和仲裁部门在司法实践中基本上将上述条款适用于续签劳动合同未果情形，导致用人单位由于疏忽甚至劳动者故意不续签等原因承担了非常严重的法律后果，不得不支付双倍工资。《劳动争议司法解释（一）》颁布于 2001 年，2008 年《劳动合同法》生效后，司法部门对这一条款的理解发生了偏差，2021 年最高院重申这一规定相当于否定了各地方的错误理解，与笔者一直以来坚持的观点完全相符，毕竟《劳动合同法》强调的是"用工之日起",不应适用于续签劳动合同情形,这样理解才符合立法本意。

考虑到司法解释的重要性,尽管《劳动案件司法解释(一)》中的相当多内容只是重申,但原有劳动争议相关司法解释颁布的时间较早,如何结合现有司法实践的操作和新的环境等因素理解相关规定,也还是具有相应的价值,笔者将陆续就《劳动案件司法解释(一)》中的重要条款再进行解读,以分享相关思考,并期待抛砖引玉。

2021 – 01 – 03

《最高人民法院关于审理劳动争议案件适用法律问题的解释（一）》要点问题系统梳理点评

  《最高人民法院关于审理劳动争议案件适用法律问题的解释（一）》（以下简称《劳动案件司法解释（一）》）已于2021年1月1日与《民法典》同步施行。虽然《劳动案件司法解释（一）》只是对同时废止的法释〔2001〕14号、法释〔2006〕6号、法释〔2010〕12号、法释〔2013〕4号这4份司法解释进行了梳理，内容也变化不大，但司法解释的重要性不言而喻，既是对《劳动法》《劳动合同法》等国家法律法规的深化，也是指导各级法院乃至劳动仲裁系统裁审工作的重要依据，甚至在一定程度上是用人单位和劳动者权利义务的平衡器，对整个社会的影响和价值都非常大。

  这20年来司法实务中的劳动争议确实出现了不少新问题，也有不少新思路，大家更加有必要对《劳动案件司法解释（一）》再进行学习。笔者刚好执业20年，见证了这20年来劳动争议案件审理思维的变化和这一历史阶段用工关系的起伏，拟从律师角度对相关问题进行分析，就《劳动案件司法解释（一）》涉及的用工管理及司法实务要点问题系统梳理并点评，希望能够抛砖引玉并受教于大方。

  第一条　劳动者与用人单位之间发生的下列纠纷，属于劳动争议，当事人不服劳动争议仲裁机构作出的裁决，依法提起诉讼的，人民法院应予受理：（一）劳动者与用人单位在履行劳动合同过程中发生的纠纷；（二）劳动者与用人单位之间没有订立书面劳动合同，但已形成劳动关系后发生的纠纷；（三）劳动者与用人单位因劳动关系是否已经解除或者终止，以及应否支付解除或者终止劳动关系经济补偿金发生的纠纷；（四）劳动者与用人单位解除或者终止劳动关系后，请求用人单位返还其收取的劳动合同定金、保证金、抵押金、抵押物发生的纠纷，或者办理劳动者的人事档案、社会保险关系等移转手续发生的纠纷；（五）劳动者以用人单位未为其办理社会保险手续，且社会保险经办机构不能补办导致其无法享受社会保险待遇为由，要求用人单位赔偿损失发生的纠纷；（六）劳动者退休后，与尚未参加社会保险统筹的原用人单位因追索养老金、医疗费、工伤保险待遇和其他社会保险待遇而发生的纠纷；（七）劳动者因为工伤、职业病，请求用人单位依法给予工伤保险待遇发生的纠纷；（八）劳动者依据劳动合同法第八十五条规定，要求用人单位支付加付赔偿金发生的纠纷；（九）因企业自主进行改制发生的纠纷。

点评：这一条规定了哪些是劳动争议，劳动争议主要有哪些类型。简单地说，劳动争议就是劳动合同签订、履行和终结相关的纠纷。但是，法院的受理范围与劳动争议仲裁委员会审理的范围往往并不一致，因此产生了不少分歧和问题，这与我国劳动争议处理所特有的一裁两审制有关系。比如员工财务报销问题，法院认为属于内部管理关系，基本不受理。深圳法院相关纪要规定"职工履行职务在单位借款挂帐发生的纠纷，一方以劳动争议或以其他理由向人民法院起诉的，裁定不予受理；已受理的，裁定驳回起诉"。也就是说，就算劳动仲裁部门受理并审理了这一类案件，法院也不管，因此一裁两审的衔接成了司法实践的焦点问题，也成了劳动者与用人单位纠纷处理的难点。

此前《劳动争议处理条例》（已失效）中规定的适用范围包括："（一）因企业开除、除名、辞退职工和职工辞职、自动离职发生的争议；（二）因执行国家有关工资、保险、福利、培训、劳动保护的规定发生的争议；（三）因履行劳动合同发生的争议；（四）法律、法规规定应当依照本条例处理的其他劳动争议。"范围相对较窄，满足不了实务需要。后来2008年生效的《劳动争议调解仲裁法》扩大了劳动争议的范围，包括："（一）因确认劳动关系发生的争议；（二）因订立、履行、变更、解除和终止劳动合同发生的争议；（三）因除名、辞退和辞职、离职发生的争议；（四）因工作时间、休息休假、社会保险、福利、培训以及劳动保护发生的争议；（五）因劳动报酬、工伤医疗费、经济补偿或者赔偿金等发生的争议；（六）法律、法规规定的其他劳动争议。"2017年的《劳动人事争议仲裁办案规则》也规定"企业、个体经济组织、民办非企业单位等组织与劳动者之间，以及机关、事业单位、社会团体与其建立劳动关系的劳动者之间，因确认劳动关系，订立、履行、变更、解除和终止劳动合同，工作时间、休息休假、社会保险、福利、培训以及劳动保护，劳动报酬、工伤医疗费、经济补偿或者赔偿金等发生的争议"属于受理范围。有些纠纷是否属于受理范围也还要靠最高院的司法解释统一理解，比如人事档案、社会保险关系等移转手续纠纷等，此前各地对这类案件认识不一，有受理的，也有不受理的。比如，档案遗失的特殊案件劳动仲裁部门往往不受理，但也有法院以精神损害作为案由受理的特殊情形。在法律规定的范围之外，总还会有一些没规定清楚也确实不好判断的情形，需要劳动仲裁部门与法院协调沟通，才能明确是否受理，比如离职证明纠纷等。

最高院这一条规定也是给劳动仲裁部门划线。虽然最高院规定在法院审理劳动争议过程中不对劳动仲裁结论进行评判，但其也不希望所有与劳动用工有关的事情都进到法院来。该条第5项针对的是劳动者无法享受社保待遇作的规定。这一项规定比较微妙，一方面规定属于劳动争议，另一方面其实是附加了条件，只适用于用人单位未办理社保且社保机构不能补办并导致无法享受社保待遇的情形。也就是说，如果用人单位办了社保，只是缴费年限不够、缴纳基数不足的，法院不受理，同时也间接指向社保部门，要求劳动者申请补办，补办不了的才予以受理。社保补办各地操作不一，有些地方可以补办，有些地方不可以补办，补办时间也不一致，法院名义上是受理的，但实际上是很难的。社保补办一事往往还会涉及行政复议和行政诉讼。基于同样的考虑，该条第6项规定可以受理的退休后社保待遇纠纷仅限于"尚未参加社会保险统筹的"情形，国家统筹、行业统筹都是统筹，只要参加了，即便劳动者退休后无法享受社保待遇，也不属于法院管辖范围，要是劳动仲裁部门自行受理，法院同样不管。这两项规定让很多人误以为可以解决时效问题，以为退休时才发生损失，才知道损害的具体额度，此时提请诉讼，法院就可以一并审理过往用人单位所有没有足额缴纳、没有足年缴纳等历史问题。殊不知，法院也不愿意审理这类历史遗留问题。第6项的规定此前见于法释〔2010〕12号《最高人民法院关于审理劳动争议案件适用法律若干问题的解释（三）》，该司法解释发布后各地法院基本上没有再作进一步规定。在笔者所知范围，江苏省高院是唯一的例外，该院与江苏省劳动仲裁委于2011年发布了《关于审理劳动人事争议案件的指导意见（二）》，其中规定："劳动者超过法定退休年龄请求用人单位赔偿养老保险待遇损失，且经社会保险经办机构审核确实不能补缴或者继续缴纳养老保险费的，自该用人单位依法应当为劳动者办理社会保险之日起，如果劳动者在用人单位连续工作未满十五年，用人单位应按照每满一年发给相当于一个月当地上一年度职工月平均工资标准一次性支付劳动者养老保险待遇赔偿。如果劳动者在用人单位连续工作满十五年，用人单位应按统筹地区社会保险经办机构核定的，以当地最低社会保险缴费基数为缴费基准，并按其应当缴费年限确定养老金数额，按月支付劳动者养老保险待遇，并随当地企业退休人员养老金水平调整而调整。"这一规定执行情况如何，笔者不得而知。

该条第8项再次强调"加付赔偿金"纠纷属于法院的受理范围。但是，《劳动合同法》第85条规定用人单位支付加付赔偿金的前提条件是由劳动行政部门责令限期支付；逾期不支付的，责令用人单位按应付金额50%以上100%以下的标准向劳动者加付赔偿金。如果劳动行政部门责令支付了，凭借这一行政决定都可以直接申请法院执行了，再走一裁两审程序主张相关权利岂不多此一举？其实劳动纠纷行政处理与仲裁司法程序是两条不同的法律路径，本就不应该混淆，在法理上应当由当事人自行选择其一，而且不应重复适用，否则既浪费资源，也会损害行政部门或司法部门的权威。不过现实情况也比较微妙，行政部门不太愿意过多介入具体纠纷的处理，往往引导当事人通过仲裁和诉讼程序解决相关问题，一方面是因为行政部门对具体纠纷的判断可能会影响仲裁部门，也可能产生矛盾；另一方面行政部门的行政处分可能引发行政诉讼，将劳动争议转化成了行政诉讼对于行政部门来讲肯定是不合适的。话又说回来，《劳动合同法》第85条规定本来就存在很大的不合性，当年《违反和解除劳动合同经济补偿办法》中规定的25%的工资、最低工资经济补偿金以及50%解除劳动合同的额外经济补偿金就已经产生了上述问题，遗憾的是部门立法既没解决法理问题，也没解决实务问题。

该条第9项的规定很多人看不明白。这一项说的实际是国企改制引发的劳动纠纷法院不受理。国企改制都是政府主导下进行的改制，都要立项审批后才得以实施，不存在企业自主改制一说。此前的国企改制主要是主辅分离模式下的管理权持股（MBO），后来演变成供给侧结构性改革，再后来就是混合所有制改革，说法不一，形式不一，但核心都是国有股权转让或退出，而不是简单地按公司法规定实行公司化或股份制改造。国企改制有特殊的政策，国家和地方此前都有一些指导性文件，但这些都是探索性的规范，与后来陆续出台的《劳动合同法》等规定也不完全相同，所以最高院既不愿意也不可能干预政府主导的这类国企改制，"企业自主进行改制"的提法其实就是虚晃一枪，国企改制引发的纠纷法院本就很难受理。不过深圳市中级人民法院《关于审理劳动争议案件的裁判指引》就明确规定："政府有关部门主导的国有企业改制，因企业职工下岗、整体拖欠职工工资引发的纠纷，应由政府有关部门按照企业改制的政策规定统筹解决，人民法院不予受理。"此外，实务中还是会有由于国企改制原因产生的经济补偿等纠纷，法院也有受理的，毕竟有时表现形式只是劳动合同解除个案。法院处理此类纠纷比较麻烦，要在现行法律规定与此前改制文件中找到空间，这一空间就是各方约定及其员工安置方案，所以现在涉及国企股权转让时都要小心，既要注意转让协议中约定的对劳动者的义务，也要注意员工安置方案与现行劳动法律法规的衔接。

第二条 下列纠纷不属于劳动争议：

（一）劳动者请求社会保险经办机构发放社会保险金的纠纷；

（二）劳动者与用人单位因住房制度改革产生的公有住房转让纠纷；

（三）劳动者对劳动能力鉴定委员会的伤残等级鉴定结论或者对职业病

诊断鉴定委员会的职业病诊断鉴定结论的异议纠纷；

（四）家庭或者个人与家政服务人员之间的纠纷；

（五）个体工匠与帮工、学徒之间的纠纷；

（六）农村承包经营户与受雇人之间的纠纷。

点评：这一条与前一条是相辅相成的规定，互为表里，体现的原则是非劳动用工关系产生的纠纷不属于劳动争议。但是，现在新经济的发展日新月异，出现了大量边界模糊的新业态和新用工形式，严重冲击了原有的理念和模式，值得深思与探索。中央在鼓励深圳先行示范时，也明确提出了相关要求，将来一定会对劳动争议的受理范围产生重大影响，我们不妨拭目以待。

社保机构发放社保金属于行政行为，相关纠纷属于行政纠纷，所以该条规定此类纠纷不属于劳动争议，这是应有之义。公有住房转让有其特定的历史原因，主要还是国家统一管控劳动力阶段的产物，此类纠纷无法用现有的劳动法律关系予以规范，只能由政府根据实际情况并结合当时的政策处理，所以法院认定为不属于劳动争议是合理的。至于伤残等级鉴定结论与职业病诊断鉴定，涉及专业技术问题，法院也无法进行专业判断，再加上传统的影响，法院也乐得不处理。但是，由于这一类纠纷既不能进入行政诉讼体系，也无法通过劳动争议处理，现实中出现了不少问题，所以这一体系也常为人所诟病，既有"官官相护"的嫌疑，也有随意妄为的风险，弊端不少。

家政服务人员与服务对象之间属于平等民事主体的关系，也不适用劳动法，即便属于民事上的雇佣关系，也按民事相关法律规定处理，所以出现相关纠纷不属于劳动争议。但是，家政公司与家政服务人员之间是居间介绍关系还是劳动关系则理解不一。2018年广东省高级人民法院、广东省劳动人事争议仲裁委员会《关于劳动人事争议仲裁与诉讼衔接若干意见》规定："网络平台经营者与相关从业人员之间的用工关系性质，原则上按约定处理。如双方属于自负盈亏的承包关系或已订立经营合同、投资合同等，建立了风险共担、利益共享的分配机制的，不应认定双方存在劳动关系。实际履行与约定不一致或双方未约定的，以实际履行情况认定。"

2019年修正的《深圳经济特区家庭服务业条例》明文规定："经营者应

当依法与家庭服务人员签订书面劳动合同,并在合同中约定家庭服务人员的劳动待遇及工资支付方式,为其缴纳社会保险费用。"这一规定属于强制性规范,在新业态模式下应该也还有探讨空间,如果"经营者"不再是传统模式下的服务,而是提供自助式平台供双方自行接触并交易,难道还要与"家庭服务人员"签订劳动合同?显然不太合适。家政服务行业应当允许居间介绍模式的存在,何况这一模式一直都存在,具有顽强的生命力,法律不可能强行干预。

与"家庭服务人员"类似的还有"出租车驾驶人"。2019年的《深圳经济特区出租小汽车管理条例》规定:"经营者雇用出租车驾驶人应当符合法律、法规和市人民政府有关本地居民就业的规定,并依照有关法律、法规办理劳动用工、社会保险及其他相关手续。"20年前深圳特区的相关条例允许双方主体选择劳动关系模式或非劳动关系模式,笔者当时主审的一个案件,认定为非劳动关系,因此直接导致相关条例的修改,变成了强制要求建立劳动关系。时至今日,随着"专车服务"等新的服务模式的突破,"滴滴司机"等驾驶人员与平台之间的关系已经不再适用传统出租车管理模式,所以2018年广东省高级人民法院、广东省劳动人事争议仲裁委员会《关于劳动人事争议仲裁与诉讼衔接若干意见》同时还规定:"出租汽车(巡游车和网约车)驾驶员与经营者订立劳动合同并按劳动合同履行的,认定为劳动关系;双方订立承包、租赁、联营等合同,并建立营运风险共担、利益共享分配机制的,按双方约定执行。实际履行与约定不一致或双方未约定的,以实际履行情况认定。"这一模式回到了20年前,值得深思。

虽然最高院通过这一条列举了一些不属于劳动争议的情形,但仍不全面,比如住房公积金纠纷就没写进去。住房公积金与劳动关系密切相关,但实践中因此产生的纠纷,仲裁部门和法院系统都不作为劳动争议处理。深圳市中级人民法院《关于审理劳动争议案件的裁判指引》中明确规定"劳动者与用人单位因住房公积金发生的争议,不作劳动争议处理",此外还规定了劳动者依据《人口与计划生育法》第27条要求用人单位按月支付的独生子女保健费和奖励金以及在退休时一次性支付的上年度职工平均工资的30%待遇而产生的争议不作劳动争议处理。未来劳动争议的受理范围应该会逐渐扩大,但相关的问题和分歧仍将继续存在。

第三条 劳动争议案件由用人单位所在地或者劳动合同履行地的基层人民法院管辖。

劳动合同履行地不明确的，由用人单位所在地的基层人民法院管辖。

法律另有规定的，依照其规定。

点评：因为各地法院对同一问题可能存在不同的理解，甚至有时会是完全相反的规定，所以管辖问题非常重要，很多时候劳动争议的管辖影响案件结果。

法院的管辖与劳动仲裁机构的管辖既有关联，又有区别。《劳动争议调解仲裁法》（以下简称《调解仲裁法》）规定："劳动争议由劳动合同履行地或者用人单位所在地的劳动争议仲裁委员会管辖。双方当事人分别向劳动合同履行地和用人单位所在地的劳动争议仲裁委员会申请仲裁的，由劳动合同履行地的劳动争议仲裁委员会管辖。"这一规定明确了在仲裁阶段当事人有权选择劳动合同履行地或用人单位所在地的劳动仲裁机构，同时也明确了当事人选择了不同劳动仲裁机构情况下的解决方案：由劳动合同履行地的相关机构管辖。这一管辖原则更有利于劳动者，也是便民原则的体现，无可厚非。不过需要注意的是，这一管辖规则不以时间先后为标准，而且只能适用于同一劳动争议。如果双方当事人以不同事由申请仲裁，会产生不同的案件，就不适用上述指定管辖的规则，无须移送，双方当事人的不同案件由不同劳动仲裁机构分别审理。

另外一个头痛的问题是劳动仲裁机构内部管辖分工不明。《调解仲裁法》虽然规定"劳动争议仲裁委员会负责管辖本区域内发生的劳动争议"，但也同时规定："劳动争议仲裁委员会按照统筹规划、合理布局和适应实际需要的原则设立。省、自治区人民政府可以决定在市、县设立；直辖市人民政府可以决定在区、县设立。直辖市、设区的市也可以设立一个或者若干个劳动争议仲裁委员会。劳动争议仲裁委员会不按行政区划层层设立。"所以各省市劳动仲裁机构不一，内部管辖范围不一，有按地域划分的，也有按注册资金规模划分的，每个地方标准不一，甚至同一城市在不同时间的规则也可能不一样，劳动者和用人单位往往搞不清楚具体规则。如果是省会所在城市，不只会有市区两级劳动仲裁机构，还会有省级劳动仲裁机构，需要特别小心这些"小李飞刀"，除了从仲裁机构官网查询最新管辖信息外，也需要考虑到仲裁机构进行现场咨询。

特别需要注意的是，劳动争议有其特殊性。最高院在司法解释中使用的是用人单位"所在地"的概念，有别于《民事诉讼法》通常使用的"住所地"的概念。所在地并非住所地，用人单位有时调整了办公场所，但没有及时在工商部门办理变更住所地，新的办公场所就是所在地。如果住所地与所在地并不在同一基层法院管辖范围，也会因此产生移送管辖的问题，无权管辖的住所地基层法院应当将相关案件移送给所在地基层法院审理。作为劳动者，要证明劳动合同履行地或所在地比较容易，仲裁机构或法院对其举证要求相对较低；但是用人单位比较麻烦，难以证明所在地，所以从诉讼技巧上处理，需要考虑向工商部门登记的住所地法院起诉，如果对方提出异议，法院进行程序审查并确认无权管辖后再行移送有权管辖法院即可，这样操作比较保险，可以避免相关风险。

第四条 劳动者与用人单位均不服劳动争议仲裁机构的同一裁决，向同一人民法院起诉的，人民法院应当并案审理，双方当事人互为原告和被告，对双方的诉讼请求，人民法院应当一并作出裁决。在诉讼过程中，一方当事人撤诉的，人民法院应当根据另一方当事人的诉讼请求继续审理。双方当事人就同一仲裁裁决分别向有管辖权的人民法院起诉的，后受理的人民法院应当将案件移送给先受理的人民法院。

点评：本条规定只适用于双方都可以起诉的情形，不适用于一裁终局的案件。为了减轻劳动者的诉讼负担，同时节约诉讼资源，《调解仲裁法》规定了劳动争议终局裁决制度。该法规定追索劳动报酬、工伤医疗费、经济补偿或者赔偿金，不超过当地月最低工资标准12个月金额的争议和因执行国家的劳动标准在工作时间、休息休假、社会保险等方面发生的争议，除该法另有规定的外，仲裁裁决为终局裁决，裁决书自作出之日起发生法律效力。这一制度的特殊之处在于用人单位对此类仲裁裁决无权起诉，但劳动者对此类仲裁裁决不服的，可以自收到仲裁裁决书之日起 15 日内向人民法院提起诉讼。

由于劳动争议是一裁两审制，有别于普通民事案件，所以双方当事人都起诉后可能会形成两个案号，因此需要并案审理，毕竟双方的争诉是基于同一事实而发生的。一般法院会将先起诉一方列为原告，后起诉一方列为被告，实际上的诉讼关系是互为原被告。不过由于有人认为不平则鸣，感觉作为原告似乎更有道理，这还真成了实务中当事人抢先起诉的理由。

是否起诉是当事人的权利，但劳动争议的麻烦在于无法准确地知道对方是否起诉。有些当事人其实并不想起诉，希望息事宁人，但又担心对方起诉，出于平衡考虑而又不得不起诉，这也是法院的劳动争议数量一直居高不下的原因之一。另外一个原因是法院系统对不起诉一方默认为接受仲裁裁决，一方起诉后只审理该方的请求，对方当事人甚至连解释的机会都不会有，更不可能进行反诉了，这也迫使双方当事人都不得不起诉，以免陷于被动，所以劳动争议案量大，体制问题和实务操作同样都是原因。

有时一方当事人犹豫是否起诉，如果对方不起诉也就不起诉，因此会询问对方的想法，但是，即便对方当事人口头确认不会起诉，法律上也没有保障，只要对方当事人在法定期限内起诉，法院同样会受理相关案件。甚至有双方当事人都已经履行了仲裁裁决还起诉的特殊个案，起诉一方虽然有违诚信，也很大可能败诉，但诉权是当事人的基本权利，法院也不会因此而拒不受理。

劳动争议起诉时需要注意诉讼请求的特殊措辞表述。作为劳动者，可以按原仲裁请求内容陈述，调整主体称谓即可；作为用人单位，则需要对仲裁裁决败诉的裁决项的表述调整为请求法院判决无须支付相关款项，有别于普通请求。起诉时还需要注意仲裁裁决文书的案号与裁决号等文号的区别，有些地方既有案号又有裁决号，甚至还有受理号、调解号等不同的文号，有些地方则是一案一号，相对简单一些。

一方当事人一旦起诉，仲裁裁决则不再生效，也不再具有执行力。但是，即便双方当事人都起诉的情形下，也仍然可能会有某些裁决项双方都没有起诉，对于这些裁决项由于仲裁裁决没有生效而无法执行，法院在判决或调解时需要将相关事项一并处理，通常是直接将仲裁裁决内容写进去即可。另外一个情况是劳动争议一旦起诉但双方又庭外和解的，不能简单地按照撤诉处理，因为一旦撤诉，原仲裁裁决就生效了，理论上胜诉方当事人在拿了自行和解的费用后还可以申请法院强制执行，这一情况下最好还是将庭外和解事项转换为法院的调解书，以避免相关风险和麻烦。

因为司法解释规定了两个有权管辖的法院，所以在司法实务中会有"抢管辖"的情况出现。"抢管辖"是指在劳动仲裁机构审理结束后且双方当事人都有权起诉时可以根据司法解释在不同的基层法院起诉，这时就会出现时间次序问题。在都有管辖权的情况下，法院会根据民事诉讼法的相关规则处理，简单地说就是由先受理的法院管辖，后受理的法院需要把相关案件移送给先受理的法院，由先受理的法院一并审理，以节约诉讼资源，同时避免同案不同判的尴尬。"抢管辖"是当事人利用合理法律规则争取对自己有利的诉讼地位或胜诉概率，就看谁动作更快。

第五条　劳动争议仲裁机构以无管辖权为由对劳动争议案件不予受理，当事人提起诉讼的，人民法院按照以下情形分别处理：

（一）经审查认为该劳动争议仲裁机构对案件确无管辖权的，应当告知当事人向有管辖权的劳动争议仲裁机构申请仲裁；

（二）经审查认为该劳动争议仲裁机构有管辖权的，应当告知当事人申请仲裁，并将审查意见书面通知该劳动争议仲裁机构；劳动争议仲裁机构仍不受理，当事人就该劳动争议事项提起诉讼的，人民法院应予受理。

点评：劳动争议的管辖问题衍生出许多程序法律问题，而且仲裁机构与法院的观点有时并不一致，但最终还是法院说了算，毕竟劳动争议是"一裁两审制"。出于对仲裁机构的尊重，最高院规定法院需要将审查意见书面通知仲裁机构，也算是"先礼后兵"。

第六条　劳动争议仲裁机构以当事人申请仲裁的事项不属于劳动争议为由，作出不予受理的书面裁决、决定或者通知，当事人不服依法提起诉讼的，人民法院应当分别情况予以处理：

（一）属于劳动争议案件的，应当受理；

（二）虽不属于劳动争议案件，但属于人民法院主管的其他案件，应当依法受理。

点评：《调解仲裁法》规定了以下争议属于劳动争议："（一）因确认劳动关系发生的争议；（二）因订立、履行、变更、解除和终止劳动合同发生的争议；（三）因除名、辞退和辞职、离职发生的争议；（四）因工作时间、休息休假、社会保险、福利、培训以及劳动保护发生的争议；（五）因劳动报酬、工伤医疗费、经济补偿或者赔偿金等发生的争议；（六）法律、法规规定的其他劳动争议。"看似范围很广，但实际上还是有空白的地方。住房公积金和社保缴纳争议与履行劳动合同息息相关，不过司法实务中基本上不作为劳动争议处理。档案、户口、期权、报销、企业年金等争议，是否属于劳动争议的受理范围，也都还有理解分歧，主要看地方的操作规则。比如，北京规定"劳动者要求转移户口、归还户口页、终止用人单位与人才中心户口保管合同的纠纷，不作为劳动争议案件处理"；深圳规定"职工履行职务在单位借款挂帐发生的纠纷"不予受理。

劳动争议的受案范围有一个历史演变的过程，现在范围虽然扩大了很多，但是仍然有一些模糊的地方，所以又会涉及仲裁机构与法院观点不一的问题。不过这个问题与管辖不一样，法院不再书面通知仲裁机构，而是直接受理，以免当事人被"踢皮球"；这样操作相当于免除了劳动争议的仲裁程序，要是仲裁机构不想审案，硬着头皮不予受理，也是一个办法，反正法院会兜底。

需要指出的是，《调解仲裁法》出台之前，全国一直适用的是1993年的《企业劳动争议处理条例》，当时的条例只规定了对仲裁裁决不服的可以向人民法院起诉，因此法院对仲裁机构不予受理的案件长期不予受理，最后最高院定调统一受理，才有了现在的规则。

第七条 劳动争议仲裁机构以申请仲裁的主体不适格为由，作出不予受理的书面裁决、决定或者通知，当事人不服依法提起诉讼，经审查确属主体不适格的，人民法院不予受理；已经受理的，裁定驳回起诉。

点评：主体不适格的情况经常被误解为不存在劳动关系，两者其实差别不小，前者可以简单地理解为不具有主体资格，后者则是经过审查确认并不构成劳动关系，所以不适用劳动法，也就不属于劳动争议，不属于仲裁机构的受案范围，法院也不受理。法院有时也会搞错，所以才会有受理后再裁定驳回起诉的规定。需要注意的是，裁定的是驳回起诉，而不是驳回请求，两者在法律上完全是两码事。

如果是被申请人或被告主体不适格，则可以驳回仲裁请求或诉讼请求，但是无论仲裁机构还是法院系统，都不合适简单驳回，应当结合案情需要增加被告或第三人等主体，以查清事实并明确责任，以免周而复始地走法律程序，毕竟"一裁两审制"已经很折腾人了，需要尽量减少当事人的诉累。

第十条 当事人不服劳动争议仲裁机构作出的预先支付劳动者劳动报酬、工伤医疗费、经济补偿或者赔偿金的裁决，依法提起诉讼的，人民法院不予受理。

用人单位不履行上述裁决中的给付义务，劳动者依法申请强制执行的，人民法院应予受理。

点评：《调解仲裁法》针对劳动争议的特殊性，设计了先行裁决和先予执行制度，以最大限度照顾劳动者。仲裁庭审理劳动争议案件时，要是部分事实已经清楚，可以就该部分先行裁决，不过先行裁决制度在实务中比较少用，因为劳动争议审限本来就只有45天，情况确实特殊的，快审快结即可，没有必要在程序上搞得太复杂，毕竟先行裁决后可能一案分为两案，反而增加了当事人诉累，与立法本意相悖。裁决先予执行也比较少见，笔者执业20年，也只见过一例。该案当事人身患绝症，涉及医疗补助费等待遇，更主要的是当事人及家属百般纠缠闹事，仲裁委竟然裁决先予执行上百万医疗补助费。法院执行部门收到案件后感觉案情异常，一方面不得不受理并要求用人单位支付，另一方面慎重研究后只让用人单位转款到法院，暂时不支付给当事人。事后证明法院执行部门的做法是对的，因为该案进入法院审理程序后被全部改判了，当时要是真的先予执行了的话，执行回转可就麻烦了，毕竟员工无须提供任何担保。

第十一条 劳动争议仲裁机构作出的调解书已经发生法律效力，一方当事人反悔提起诉讼的，人民法院不予受理；已经受理的，裁定驳回起诉。

点评：调解是劳动争议处理的必经程序，也很有必要。只有调解结案其实才算是真正解决了问题，否则历经仲裁、一审、二审后仍然可能会有再审甚至是执行程序，都是对司法资源的浪费，都影响社会和谐。调解书一旦发生法律效力，当然不允许反悔，但是，调解书要发生法律效力，必须先履行送达程序，也就是说双方当事人必须签收了才行，所以一旦调解成功，要尽快安排双方当事人签署并送达，以免节外生枝。

调解一个案件不容易，往往比裁决或判决一个案件更麻烦，更费时间。不只要看双方是否有和解的空间，也还要反复沟通并运用各类技巧，才有机会促成调解，仲裁机构和法院对调解结案的案件 KPI 考核打分会更高一些，也确实值得调解。

更麻烦的是双方当事人调解时希望"一揽子"解决所有的问题，涉及的范围会比较广泛，往往超过仲裁请求范围，甚至不属于仲裁管辖范围，所以在调解书之外双方当事人还可能需要另行签订一份《和解协议》，毕竟仲裁机构和法院有时无法将所有内容都纳入调解书中，只能采用这一变通处理手段。但是，《和解协议》尽管属于双方协商一致的结果，但不具有强制执行力，任何一方反悔，都可能再次启动法律程序，这也是无可奈何的事。不过仲裁机构和法院基本上都会支持这类《和解协议》的相关约定，毕竟此类和解原则上不会有无效情形，也不适合鼓励当事人反悔。

第十二条　劳动争议仲裁机构逾期未作出受理决定或仲裁裁决，当事人直接提起诉讼的，人民法院应予受理，但申请仲裁的案件存在下列事由的除外：

（一）移送管辖的；

（二）正在送达或者送达延误的；

（三）等待另案诉讼结果、评残结论的；

（四）正在等待劳动争议仲裁机构开庭的；

（五）启动鉴定程序或者委托其他部门调查取证的；

（六）其他正当事由。

当事人以劳动争议仲裁机构逾期未作出仲裁裁决为由提起诉讼的，应当提交该仲裁机构出具的受理通知书或者其他已接受仲裁申请的凭证、证明。

点评：劳动争议仲裁案件的审限是45天，案情复杂的可以延长，但最多也只能延长15天。《调解仲裁法》规定"逾期未作出仲裁裁决的，当事人可以就该劳动争议事项向人民法院提起诉讼"。所以有可能出现仲裁没结案而当事人直接向法院起诉的特殊情况。最高院一方面不可能对抗《调解仲裁法》，但另一方面也不希望出现这一情形，所以进一步规定了除外情形，认定一些合理事由作为不受理的依据，同时要求当事人提供相关证明。不过从当事人的角度来看，这一规定只是理论上的可能性，毕竟直接启动法院程序未必对自己有利，而且有些仲裁案件是一裁终局的，当事人去了法院就丧失了这一机会。仲裁案件确实比较多，也有相应的流程要求，当事人一般情况下都能理解，所以目前笔者尚未遇见此类案例。

第十三条 劳动者依据劳动合同法第三十条第二款和调解仲裁法第十六条规定向人民法院申请支付令，符合民事诉讼法第十七章督促程序规定的，人民法院应予受理。

依据劳动合同法第三十条第二款规定申请支付令被人民法院裁定终结督促程序后，劳动者就劳动争议事项直接提起诉讼的，人民法院应当告知其先向劳动争议仲裁机构申请仲裁。

依据调解仲裁法第十六条规定申请支付令被人民法院裁定终结督促程序后，劳动者依据调解协议直接提起诉讼的，人民法院应予受理。

点评：《劳动合同法》第30条第2款规定："用人单位拖欠或者未足额支付劳动报酬的，劳动者可以依法向当地人民法院申请支付令，人民法院应当依法发出支付令。"《调解仲裁法》第16条规定："因支付拖欠劳动报酬、工伤医疗费、经济补偿或者赔偿金事项达成调解协议，用人单位在协议约定期限内不履行的，劳动者可以持调解协议书依法向人民法院申请支付令。人民法院应当依法发出支付令。"不过《民事诉讼法》（2017年修正）第216条规定："人民法院受理申请后，经审查债权人提供的事实、证据，对债权债务关系明确、合法的，应当在受理之日起十五日内向债务人发出支付令；申请不成立的，裁定予以驳回。债务人应当自收到支付令之日起十五日内清偿债务，或者向人民法院提出书面异议。债务人在前款规定的期间不提出异议又不履行支付令的，债权人可以向人民法院申请执行。"① 这些规定意味着只有在对方不提出书面异议的情况下才能进入执行程序，否则无论异议理由是否成立，都必须终结督促程序。《民事诉讼法》第224条第1款规定："人民法院收到债务人提出的书面异议后，经审查，异议成立的，应当裁定终结督促程序，支付令自行失效。"② 所以最高院需要区分类型，在本条中规定有调解协议的可以直接起诉，否则只能申请仲裁。

第十四条 人民法院受理劳动争议案件后，当事人增加诉讼请求的，如该诉讼请求与讼争的劳动争议具有不可分性，应当合并审理；如属独立的劳动争议，应当告知当事人向劳动争议仲裁机构申请仲裁。

点评：最高院的司法解释只能管法院，管不了仲裁，所以在仲裁期间当事人增加或变更请求如何处理是个麻烦，《调解仲裁法》和《劳动人事争议仲裁办案规则》都没讲清楚。实践中为了避免增加诉累，对于变更的请求，除非确实涉及实质证据没有提交等因素或另有特定目的，我们通常建议当事人放弃答辩期以配合仲裁庭顺利审结案件，争取获得仲裁庭的更多支持。

最高院司法解释对于何谓"不可分性"没进一步作出规定，主要由地方法院自行理解和把握。深圳市中级人民法院2015年的《关于审理劳动争议案件的裁判指引》规定："当事人在诉讼过程中增加关于工资的25%经济补偿金及解除劳动合同经济补偿的50%额外经济补偿金请求的，可认定为该诉讼请求与讼争劳动争议具有不可分性。但当事人就同一请求增加数额的，不予支持。"可是工资25%的经济补偿金及解除劳动合同经济补偿50%的额外经济补偿金的规定源于原劳动部1994年《违反和解除劳动合同的经济补偿办法》，而这一规定已于2017年被废止，所以哪些请求具有不可分性也只能由法官结合案情来判断了。目前来看，深圳的法院认可劳动者委托律师的律师费和违法解除劳动合同50%～100%标准的加付赔偿金具有不可分性，但也没有明文规定；而对于增加金额，法院是不支持的，由此产生了很多新案件，确实尚有商榷余地。有些增加原因是可以接受的，比如劳动者对经济补偿金

---

① 现行《民事诉讼法》（2023年修正）第227条。
② 现为《民事诉讼法》（2023年修正）第228条第1款。

的基数认识错误或计算错误；有些增加原因是为了减少将来的司法资源消耗，比如劳动者因用人单位违法解除劳动合同后因时间推移而增加补发工资的请求等。

第十五条 劳动者以用人单位的工资欠条为证据直接提起诉讼，诉讼请求不涉及劳动关系其他争议的，视为拖欠劳动报酬争议，人民法院按照普通民事纠纷受理。

点评：最高院的这一规定突破了劳动争议"一裁两审"的机制，但是有其合理性，也有相应的社会价值，毕竟劳动报酬不仅事关劳动者个人及家庭生计，也影响社会稳定，在用人单位出具了工资欠条、权利义务关系明确的情况下，直接进入诉讼程序，减少仲裁程序，更有利于劳动者及时取得应有报酬，降低维权成本。

第十六条 劳动争议仲裁机构作出仲裁裁决后，当事人对裁决中的部分事项不服，依法提起诉讼的，劳动争议仲裁裁决不发生法律效力。

点评：现在的劳动争议往往会有多项请求，一是本身确实存在争议，二是诉讼平衡策略需要。明明只是违法解除的事，"拔出萝卜带出泥"，可能同时会有加班费的请求、年休假的请求，甚至是离职当年年终奖的请求。由于劳动争议不收仲裁费，而法院诉讼费只收10元，所以放大了多项主张的可能性。笔者见过最夸张的一个案件的请求多达35项，另一案件的请求金额高达数十万亿元人民币，确实有滥用司法资源的嫌疑。

仲裁多项请求部分被支持、部分被驳回的，即便是终局裁决，劳动者也有权向法院起诉，而一旦起诉，仲裁裁决即不发生法律效力，也就是说相关胜诉事项不具有执行力。对方当事人就算没有起诉，原有裁决所有裁决项均不生效，这样就避免了一边就部分事项继续诉讼，一边就部分事项申请执行的困境。法院对于此类情况，将来在判决时，无论是否支持起诉事项，对原有仲裁已支持的事项都需要在判决书的判决项中再次列明，不然仲裁裁决书没生效，法院判决又没判，等于是没有有效法律文书。如果法院遗漏了相关事项，应当补正。特别需要提醒的是，如果一方当事人未就仲裁裁决起诉的，各地法院均视为对仲裁结果甚至裁判观点的接受与认可，即便在诉讼阶段提供了充分的反驳证据，都不会再改变仲裁结果，逼得当事人不得不起诉，这也是法院劳动争议案件量居高不下的原因之一。这一做法缺乏法理基础，也不尊重事实，需要检视。

第十七条　劳动争议仲裁机构对多个劳动者的劳动争议作出仲裁裁决后，部分劳动者对仲裁裁决不服，依法提起诉讼的，仲裁裁决对提起诉讼的劳动者不发生法律效力；对未提起诉讼的部分劳动者，发生法律效力，如其申请执行的，人民法院应当受理。

点评：此前仲裁机构只给群体案件一个案号，结果有人不服起诉有人没起诉，仲裁裁决对部分人无效，对部分人生效，确实很乱。现在每人给一个案号，不服的自己起诉，生效的可以执行，各得其所。但是，如果基于同一事情用人单位提出反请求且并案审理的会增加复杂度，要是反请求没给另外的案号，用人单位得以通过对反请求事项起诉来拖住劳动者仲裁请求的执行，所以现在不少仲裁机构对用人单位的反请求也另外给案号，以避免对劳动者产生不利影响。到法院阶段就更复杂了，请求与反请求各有部分胜诉败诉且各方都起诉时，明明是一件事，相互起诉后法院多了不少程序，也加重了送达的负担。

第十八条　仲裁裁决的类型以仲裁裁决书确定为准。仲裁裁决书未载明该裁决为终局裁决或者非终局裁决，用人单位不服该仲裁裁决向基层人民法院提起诉讼的，应当按照以下情形分别处理：

（一）经审查认为该仲裁裁决为非终局裁决的，基层人民法院应予受理；

（二）经审查认为该仲裁裁决为终局裁决的，基层人民法院不予受理，但应告知用人单位可以自收到不予受理裁定书之日起三十日内向劳动争议仲裁机构所在地的中级人民法院申请撤销该仲裁裁决；已经受理的，裁定驳回起诉。

点评：为了减少法律程序，最大限度保障劳动者相关权益，《调解仲裁法》第47条将一些特殊劳动争议规定为"一裁终局"，特殊的劳动争议包括追索劳动报酬、工伤医疗费、经济补偿或者赔偿金，不超过当地月最低工资标准12个月金额的争议；因执行国家的劳动标准在工作时间、休息休假、社会保险等方面发生的争议。但是，此终局裁决比较特别，只是单向对用人单位终局，劳动者对此类仲裁裁决不服的，仍然可以向法院起诉；而用人单位只有在有证据证明仲裁裁决存在法定撤销事由时，才可以向中级人民法院申请撤销，并没有向一审法院起诉的权利。

2012年修正《民事诉讼法》时，专门增加了第162条："基层人民法院和它派出的法庭审理符合本法第一百五十七条第一款规定的简单的民事案件，标的额为各省、自治区、直辖市上年度就业人员年平均工资百分之三十以下的，实行一审终审。"① 这一规定虽然只是针对标的额较小的民事案件，但打破了"二审终审制度"的传统，也是为了节约司法资源，提高司法效率的便民措施，与《调解仲裁法》的规定异曲同工。

但问题在于，这两大国家层面的程序法如何衔接没有明确规定，所以劳动争议进入一审程序后能否用"一审终审制"的特别规定存在理解分歧，而且标准也不一样。《调解仲裁法》规定以当地月最低工资标准12个月金额为限，而《民事诉讼法》"一审终审制"适用于标的额为各省、自治区、直辖市上年度就业人员年平均工资30%以下的民事案件；《调解仲裁法》需要逐项分解请求以判断相关请求项是否适用"一裁终局"，《民事诉讼法》则无此规定。笔者曾经代理过一宗劳动争议案件，因标的额较小，一审法院通知一审终审，但经过沟通并提交相关情况说明后法院认识到劳动争议情况特殊，遂调整原通知，改为正常程序进行审理，最后案件进入了二审程序，并未一审终审。

第十九条　仲裁裁决书未载明该裁决为终局裁决或者非终局裁决，劳动者依据调解仲裁法第四十七条第一项规定，追索劳动报酬、工伤医疗费、经济补偿或者赔偿金，如果仲裁裁决涉及数项，每项确定的数额均不超过当地月最低工资标准十二个月金额的，应当按照终局裁决处理。

---

① 《民事诉讼法》（2021年修正）第165条第1款将标的额修改为"各省、自治区、直辖市上年度就业人员年平均工资百分之五十以下"。现为《民事诉讼法》（2023年修正）第165条第1款："基层人民法院和它派出的法庭审理事实清楚、权利义务关系明确、争议不大的简单金钱给付民事案件，标的额为各省、自治区、直辖市上年度就业人员年平均工资百分之五十以下的，适用小额诉讼的程序审理，实行一审终审。"

点评：是否终局裁决由仲裁机构在仲裁裁决书中载明，而不超过当地月最低工资标准12个月金额也以仲裁机构裁决的金额为准，原则上与劳动者的申请金额无关。此外，是否终局裁决，一是要看请求项是否满足法定的类型，二是需要根据相关请求逐项计算，因此会产生一些比较复杂的问题。对比前述《民事诉讼法》"一审终审"的规则，可以看到两部法律各说各话，未能统一口径，留下了分歧和遗憾。

如果仲裁裁决没有载明是否终局裁决，最高院认为还是要按《调解仲裁法》理解并执行。也就是说，法院有权对相关请求项是否符合终局的法定条件进行判断，符合的则径直按终局裁决处理，不受仲裁机构观点的影响，亦不因仲裁机构的程序问题而增加当事人诉累。

第二十条 劳动争议仲裁机构作出的同一仲裁裁决同时包含终局裁决事项和非终局裁决事项，当事人不服该仲裁裁决向人民法院提起诉讼的，应当按照非终局裁决处理。

点评：因为劳动争议可能包含多项请求，相关请求有些属于劳动标准方面的争议，有些涉及劳动报酬、工伤医疗费、经济补偿或者赔偿金，但还有些并非如此，比如年休假补偿待遇等，所以仲裁机构不得不逐项梳理并下达裁决，但因为相关请求同属一案请求，又不可能就此下达多份裁决，所以最高院规定同一仲裁裁决同时包含终局裁决事项和非终局裁决事项且当事人向法院起诉的，按照非终局裁决处理。也就是说，用人单位可以利用针对非终局裁决事项起诉，使仲裁裁决中的终局裁决事项无法终局，虽然不会因此获得再行审理的机会，但至少拖延了时间，这是对劳动者不利的一个程序规则，但似乎也没有更好的解决方案，毕竟仲裁机构和法院都各有难处。

第二十一条 劳动者依据调解仲裁法第四十八条规定向基层人民法院提起诉讼，用人单位依据调解仲裁法第四十九条规定向劳动争议仲裁机构所在地的中级人民法院申请撤销仲裁裁决的，中级人民法院应当不予受理；已经受理的，应当裁定驳回申请。

被人民法院驳回起诉或者劳动者撤诉的，用人单位可以自收到裁定书之日起三十日内，向劳动争议仲裁机构所在地的中级人民法院申请撤销仲裁裁决。

点评：一裁终局的劳动争议劳动者有权起诉，用人单位只能申请撤裁，无论撤裁理由是否成立，一旦劳动者起诉，则中级人民法院对用人单位的撤裁申请不予受理，受理了的也裁定驳回。这一规定的目的在于避免双重审理，避免浪费司法资源。有些人觉得这样规定对用人单位不公平，其实是误解，因为劳动者起诉后一审法院至少会在实体上审查相关细节，用人单位有机会从实体上进行抗辩，甚至获得改判的机会，深圳中级人民法院对此类情况还特别规定"基层人民法院审理案件时，对用人单位的抗辩应一并处理"。而用人单位申请撤裁的案件，中级人民法院基本上只进行程序审查，反而对用人单位更加不利。

法院驳回起诉只存在理论上的可能性，实践中基本上不会出现。因为驳回起诉意味着法院认定不属于法院管辖或不属于法院受理范围，而既然已经经过仲裁机构审理，就算是法院认定为不属于劳动争议，也不可能驳回起诉，应当根据本司法解释第6条予以受理。主体不适格确实可能导致驳回起诉，可是主体不适格的话仲裁机构就不会进行实体审理，也就不可能且不需要认定是否属于一裁终局的范围。只有仲裁机构进行实体审理且作出终局裁决，而劳动者不服起诉后法院认定为主体不适格，才可能裁定驳回起诉；只有用人单位又同时认为存在撤裁法定情形时，才得以再向中级人民法院申请撤裁。

第二十二条 用人单位依据调解仲裁法第四十九条规定向中级人民法院申请撤销仲裁裁决，中级人民法院作出的驳回申请或者撤销仲裁裁决的裁定为终审裁定。

点评：这是另外一类一裁终局，是指中级人民法院的裁定不可再诉。《调解仲裁法》没规定清楚，所以最高院就此专门打个补丁，也是为了节约司法资源，同时避免用人单位利用这一程序拖延执行。

第二十三条 中级人民法院审理用人单位申请撤销终局裁决的案件，应当组成合议庭开庭审理。经过阅卷、调查和询问当事人，对没有新的事实、证据或者理由，合议庭认为不需要开庭审理的，可以不开庭审理。

中级人民法院可以组织双方当事人调解。达成调解协议的，可以制作调解书。一方当事人逾期不履行调解协议的,另一方可以申请人民法院强制执行。

点评:从《调解仲裁法》第 49 条的规定来看,申请撤裁的事由既包括程序问题,也包括实体问题。但是,不少地方的中级人民法院对用人单位的撤裁申请只看程序不管实体,确实有悖立法本意。本条虽然规定中级人民法院在一定条件下可以不开庭审理,但也强调没有新的事实、证据或者理由的,才可以不开庭审理。也就是说,只要有新的事实、证据或者理由,无论是否程序问题,都应该一并予以审理。或许实践中一裁终局的案件标的额不大,再次进行实体审理又消耗司法资源,还有可能拖延了劳动者实现权利的时间,所以司法部门对此类案件从严把关,更侧重于程序问题,只要程序上没有什么大问题,原则上都驳回用人单位的撤裁申请。

对于用人单位来讲,尽管机会渺茫,但撤裁程序至少是个救济渠道,还有机会通过这个程序将仲裁裁决转换为调解书,以避免成为生效判例,降低管理上的负面影响,也还是有一定价值的。

第二十四条 当事人申请人民法院执行劳动争议仲裁机构作出的发生法律效力的裁决书、调解书,被申请人提出证据证明劳动争议仲裁裁决书、调解书有下列情形之一,并经审查核实的,人民法院可以根据民事诉讼法第二百三十七条规定,裁定不予执行:

(一)裁决的事项不属于劳动争议仲裁范围,或者劳动争议仲裁机构无权仲裁的;

(二)适用法律、法规确有错误的;

(三)违反法定程序的;

(四)裁决所根据的证据是伪造的;

(五)对方当事人隐瞒了足以影响公正裁决的证据的;

(六)仲裁员在仲裁该案时有索贿受贿、徇私舞弊、枉法裁决行为的;

(七)人民法院认定执行该劳动争议仲裁裁决违背社会公共利益的。

人民法院在不予执行的裁定书中,应当告知当事人在收到裁定书之次日起三十日内,可以就该劳动争议事项向人民法院提起诉讼。

点评：《调解仲裁法》规定了用人单位申请撤裁的相关情形，但用人单位未必行使了申请权，因此会出现执行问题。最高院在本条中将用人单位可以申请撤销裁决的情形均规定为法院裁定不予执行仲裁裁决书或调解书的情形，当然了，还是要执行案的被申请人提出证据才行。此外，最高院还增加了"不属于劳动争议仲裁范围"和"违背社会公共利益"作为裁定不予执行仲裁裁决书或调解书的情形，这也是对《调解仲裁法》进行的补充。

需要提醒的是，2017年《民事诉讼法》第237条第1款规定："对依法设立的仲裁机构的裁决，一方当事人不履行的，对方当事人可以向有管辖权的人民法院申请执行。受申请的人民法院应当执行。"此规定中的仲裁机构本意是指商事仲裁，现经最高院解释，也适用于劳动争议仲裁机构了，避免了全国人大修改《民事诉讼法》。

第二十六条 用人单位与其它单位合并的，合并前发生的劳动争议，由合并后的单位为当事人；用人单位分立为若干单位的，其分立前发生的劳动争议，由分立后的实际用人单位为当事人。

用人单位分立为若干单位后，具体承受劳动权利义务的单位不明确的，分立后的单位均为当事人。

点评：公司法上的合并与分立是重要的规则，但在劳动法上的运用并不常见。不过由于集团化运用或混同管理等原因，具体承受劳动权利义务的单位倒是可能会有很多个，所以具体的劳动争议会有不同的主体。司法部门为了查清事实，也会主动追加主体，所以一个劳动争议可能会有多个被申请人。

承受劳动权利义务的单位不同，有时却是应劳动者要求而形成的。最常见的是劳动者要求在工作地缴纳"五险一金"，导致"五险一金"缴纳主体与工资发放主体、劳动合同签订主体不一致，这个问题不只是主体的问题，甚至会给用人单位带来巨大的法律风险。

第二十七条 用人单位招用尚未解除劳动合同的劳动者，原用人单位与劳动者发生的劳动争议，可以列新的用人单位为第三人。

原用人单位以新的用人单位侵权为由提起诉讼的，可以列劳动者为第三人。

原用人单位以新的用人单位和劳动者共同侵权为由提起诉讼的，新的用人单位和劳动者列为共同被告。

点评：《调解仲裁法》对第三人规定得比较简单："与劳动争议案件的处理结果有利害关系的第三人，可以申请参加仲裁活动或者由劳动争议仲裁委员会通知其参加仲裁活动。"传统民事诉讼法中第三人分为有利害关系第三人和无利害关系第三人，法律地位并不完全相同。最高院这一规定既衔接了《调解仲裁法》，也补充规定了在侵权诉讼中可以将劳动者列为第三人，同时规定了共同侵权案件中新用人单位和劳动者列为共同被告，而不再是第三人。

为了防范风险，新的用人单位往往要求劳动者提供原用人单位出具的离职证明，以避免他们之间产生劳动争议后被扯上。但有时原用人单位出于种种考虑未能依法提供离职证明，劳动者只好通过其他渠道证明自己已通知原用人单位解除劳动合同，甚至有时主动申请劳动仲裁或向劳动监察部门投诉，要求原用人单位提供离职证明，因此产生了这类特殊的劳动争议。

新用人单位与劳动者共同侵权案件中最常见的是侵犯商业秘密案件，这是很严厉的指控，责任也非常大，要是指控成立的话，后果也非常严重，所以在劳动者入职时一定要做好"防火墙"隔离工作，让劳动者签署确认书，承诺不得披露、使用原用人单位及其客户的任何商业秘密是常用的手段。

第二十八条 劳动者在用人单位与其他平等主体之间的承包经营期间，与发包方和承包方双方或者一方发生劳动争议，依法提起诉讼的，应当将承包方和发包方作为当事人。

点评：承包经营通常分为"内包"和"外包"，"内包"是指劳动者在用人单位承包相关业务或经营权，"外包"则是其他平等主体承包用人单位的业务或经营权。本条是针对"外包"作的特殊规定，因为"外包"期间劳动者的具体权利义务承受单位可能分离，比如劳动合同与原用人单位签订，但具体工作由承包方安排且由承包方发放工资，要是因为拖欠工资产生劳动争议的话，劳动者申请仲裁时可能只列了承包方，但最高院认为应当将作为发包方的原用人单位也列为当事人，至于是第三人还是共同被告，最高院并没有规定清楚。

如果承包方是自然人，并不影响承包方作为劳动争议当事人的身份。也就是说，承包经营中可能会出现自然人成为劳动争议被申请人的特殊情形。

建筑行业的分包经常涉及农民工工资问题，国家另有专门的规定。即便是合法发包，司法实践中不少地方也直接让发包方承担主体责任，这既有行业特殊性因素，也有社会稳定的原因。

第二十九条　劳动者与未办理营业执照、营业执照被吊销或者营业期限届满仍继续经营的用人单位发生争议的，应当将用人单位或者其出资人列为当事人。

点评：劳动争议通常会有适格的用人单位作为主体，但实践中确实还会有未办理营业执照、营业执照被吊销或者营业期限届满仍继续经营的情形，此时用人单位其实并不具备合格的主体资格，所以最高院才会规定将出资人列为当事人。要是出资人是自然人，也同样会出现自然人成为劳动争议被申请人的特殊情形。

第三十条　未办理营业执照、营业执照被吊销或者营业期限届满仍继续经营的用人单位，以挂靠等方式借用他人营业执照经营的，应当将用人单位和营业执照出借方列为当事人。

点评：以挂靠等方式借用他人营业执照经营的，出借方即便未实际参与经营，但由于对外使用了相关执照或单位字号，也需要承担相应的责任。劳动者作为善意第三人，无从知悉或判断真正的用工主体是哪个单位，所以最高院规定应当将用人单位和营业执照出借方列为当事人。根据上一条的规定，此类用人单位出资人也可能成为劳动争议主体。

第三十一条　当事人不服劳动争议仲裁机构作出的仲裁裁决，依法提起诉讼，人民法院审查认为仲裁裁决遗漏了必须共同参加仲裁的当事人的，应当依法追加遗漏的人为诉讼当事人。

被追加的当事人应当承担责任的，人民法院应当一并处理。

点评：仲裁机构处理劳动争议时，有时确实会遗漏相关主体，或者有时到法院阶段才发现另有主体必须共同参加仲裁，而倒回去走程序显然不利于劳动争议的尽快解决，所以最高院直接规定由人民法院依法追加相关主体为诉讼当事人，这是应有之义。

第三十二条　用人单位与其招用的已经依法享受养老保险待遇或者领取退休金的人员发生用工争议而提起诉讼的，人民法院应当按劳务关系处理。

企业停薪留职人员、未达到法定退休年龄的内退人员、下岗待岗人员以及企业经营性停产放长假人员，因与新的用人单位发生用工争议而提起诉讼的，人民法院应当按劳动关系处理。

点评：依照我国目前法律规范，劳务关系可以简单地理解为劳动关系之外的雇佣关系，所以劳务关系项下双方当事人的权利义务并不适用劳动法，通常按民法规则由双方协商约定即可。需要提醒的是，用人单位返聘此类人员一定要另行签订《返聘协议》或《劳务协议》，要是一不小心和此类人员签订了劳动部门格式版本的劳动合同或用人单位原来的劳动合同，则会视为双方约定按劳动法确定相关权利义务关系，这对用人单位非常不利。本来劳动者享受养老保险待遇而终止劳动合同是无须支付任何补偿的，这样一来，甚至可能因此产生新的劳动合同期满终止补偿或赔偿问题。

《劳动合同法》规定"劳动者开始依法享受基本养老保险待遇的"劳动合同终止，后来发现这一规定有漏洞，有些劳动者从农村出来时年纪就比较大了，达到退休年龄时缴纳养老保险的时间不够15年，这样劳动合同就无法终止，等于变相调整了退休制度，所以《劳动合同法实施条例》补充规定："劳动者达到法定退休年龄的，劳动合同终止。"也就是说，无论劳动者是否能够享受退休待遇，只要达到法定退休年龄劳动合同即行终止。所以最高院的司法解释同样应当遵循这一原则，达到法定退休年龄的劳动者被用人单位招用的，也应当按照劳务关系处理。不过司法实践中仍然有一些例外，比如《广东省工伤保险条例》一方面规定："劳动者达到法定退休年龄或者已经依法享受基本养老保险待遇的，不适用本条例。"另一方面却又规定："前款规定的劳动者受聘到用人单位工作期间，因工作原因受到人身伤害的，可以要求用人单位参照本条例规定的工伤保险待遇支付有关费用。双方对损害赔偿存在争议的，可以依法通过民事诉讼方式解决。"工伤风险高的用人单位要慎重考虑是否返聘，毕竟返聘人员由于工作原因受伤的工伤待遇都要由用人单位承担。最近广东省政府开了口子，允许用人单位为这类返聘人员单独缴纳工伤保险，这样一来用人单位可以避免由社保部门负担的那部分成本，不过还是需要承担自身应负担的费用。

企业停薪留职人员、未达到法定退休年龄的内退人员、下岗待岗人员以及企业经营性停产放长假人员实际上与原用人单位都还保留了劳动关系，但法律并不禁止双重劳动关系，所以此类特殊员工与新用人单位建立的关系仍然属于劳动关系，同样需要适用劳动法。要是新用人单位没有为这类劳动者缴纳工伤保险，如果发生工伤，则所有工伤待遇都要由新用人单位承担，这是非常大的风险，所以最好还是规规矩矩为这类劳动者在本单位依法缴纳各类社会保险，将来这类劳动者如何处理和转移双重养老保险是他个人的事，至少新用人单位尽到了义务，风险也就得以化解。

第三十三条 外国人、无国籍人未依法取得就业证件即与中华人民共和国境内的用人单位签订劳动合同，当事人请求确认与用人单位存在劳动关系的，人民法院不予支持。

持有《外国专家证》并取得《外国人来华工作许可证》的外国人，与中华人民共和国境内的用人单位建立用工关系的，可以认定为劳动关系。

点评：外国人在国内就业需要获得国家的就业许可，才能合法就业，因此就算双方签订的是劳动合同，只要没有获得国家就业许可，也不属于劳动法的保护范围，只按劳务关系处理。但是具体待遇同样会尊重双方约定予以处理，比如深圳中院就规定外国人"已经付出劳动的，由所在单位参照合同约定支付劳动报酬"。不过离职补偿待遇应该不会再支持，毕竟深圳中院认定"有关劳动合同为无效劳动合同"。

港澳台劳动者原来也需要办理就业证。笔者此前曾代理过一个台湾劳动者的离职补偿纠纷，当时因为劳动者以"回乡证"方式出入境，并未申请就业许可，所以最后确认这段期间不属于劳动关系，只计算获得就业许可的合法劳动关系存续期间的离职补偿。但是人力资源社会保障部 2018 年 8 月 23 日废止了《台湾香港澳门居民在内地就业管理规定》，此后港澳台劳动者在内地（大陆）就业无须再申请就业许可，可以直接与用人单位签订劳动合同并获得劳动法的保护。

外国人获得就业许可的渠道通常有两类，一是国内用人单位与外国人直接签订劳动合同，二是境外主体与外国人建立劳动关系，同时以派遣方式派到国内关联机构服务，这都是合法途径。但是，国内一些城市对国家规定认识不到位，一律要求提交国内机构与外国人签订的劳动合同，留下了严重的法律隐患。一些境内用人单位也不熟悉国家的相关政策，在境外机构与外国人签订了当地劳动合同的情况下，还主动与外国人签订劳动合同，构成双重劳动关系。境内外的双重劳动关系比较复杂，如何认定权利义务主体、如何适用法律和如何管辖等问题都比较麻烦，要是发生劳动争议，甚至可能会在不同国家或地区打官司。

第三十四条　劳动合同期满后，劳动者仍在原用人单位工作，原用人单位未表示异议的，视为双方同意以原条件继续履行劳动合同。一方提出终止劳动关系的，人民法院应予支持。

根据劳动合同法第十四条规定，用人单位应当与劳动者签订无固定期限劳动合同而未签订的，人民法院可以视为双方之间存在无固定期限劳动合同关系，并以原劳动合同确定双方的权利义务关系。

点评：在劳动法时代，没有规定清楚未签劳动合同的法律责任。《劳动法》第98条只是规定："用人单位违反本法规定的条件解除劳动合同或者故意拖延不订立劳动合同的，由劳动行政部门责令改正；对劳动者造成损害的，应当承担赔偿责任。"实际上劳动者难以证明用人单位未签劳动合同给自己造成的直接损失，何况用人单位赔偿的前提是"故意拖延"，更是加重了劳动者的举证责任，所以劳动合同签订率一直上不来，有违立法本意。在笔者1994~2001年担任深圳市劳动争议仲裁委员会仲裁员这7年间，确实从未见过任何一例引用此规定裁决用人单位赔偿劳动者损失的案件。

司法实践中对于曾签过劳动合同但期满后未再续签的情形也存在理解分歧，所以2001年最高院出台了相关司法解释，规定："劳动合同期满后，劳动者仍在原用人单位工作，原用人单位未表示异议的，视为双方同意以原条件继续履行劳动合同。一方提出终止劳动关系的，人民法院应当支持。"这一款一方面规定视为以原条件继续履行劳动合同，保护了劳动者；另一方面对任何一方终止劳动关系也予以认可，却又留下漏洞：用人单位完全可以利用这一规定随时终止劳动关系，劳动者非常被动。当年劳动合同期满除符合特定条件外，各地基本上执行的政策是用人单位无须支付经济补偿，所以深圳市中级人民法院就此情形下的"终止劳动关系"是否需要支付经济补偿请示过当年的司法解释起草人，得到的口头回复是无须支付，因为属于劳动合同终止情形。

这一切都随着《劳动合同法》的出台发生了巨大的变化。为了进一步保护劳动者，提高劳动合同签订率，《劳动合同法》规定事实劳动关系的第 2 个月至第 12 个月期间用人单位需要支付劳动者双倍工资，同时规定事实劳动关系满一年的情况下视为双方已订立无固定期限劳动合同。而且《劳动合同法》还规定劳动合同期满终止时用人单位需要支付劳动者经济补偿（工作每满一年支付一个月工资），除非是劳动者自己主动不愿意续签或用人单位提供不低于原劳动合同约定条件而劳动者不同意续订的情形。这样一来，如何理解和执行 2001 年最高院司法解释的相关规定就成了新的问题。有人理解为最高院司法解释的相关规定与全国人大的法律抵触，不再生效，也有人认为两者并不矛盾，毕竟司法解释适用的情形是原来签过劳动合同的情形，与《劳动合同法》规定的情形并不一样。

我们不妨进一步探讨《劳动合同法》的相关规定。《劳动合同法》第 7 条规定："用人单位自用工之日起即与劳动者建立劳动关系。用人单位应当建立职工名册备查。"第 10 条第 1 款、第 2 款规定："建立劳动关系，应当订立书面劳动合同。已建立劳动关系，未同时订立书面劳动合同的，应当自用工之日起一个月内订立书面劳动合同。"第 82 条第 1 款规定："用人单位自用工之日起超过一个月不满一年未与劳动者订立书面劳动合同的，应当向劳动者每月支付二倍的工资。"上述相关规定的关键词是"用工之日"，本意在于督促用人单位及时依法与劳动者签订书面劳动合同，如果未及时签订，需要承担相应的法律责任。但是，最高院 2001 年司法解释针对的是劳动合同期满情形，两者确实不一样。因此 2018 年 1 月 1 日起执行的《天津法院劳动争议案件审理指南》确认仍然执行最高院的司法解释："用人单位根据《最高人民法院关于审理劳动争议案件适用法律若干问题的解释》第十六条第一款的规定终止劳动关系的，应当通知劳动者。"但比较微妙的是，《天津法院劳动争议案件审理指南》同时支持劳动者对于此类情形双倍工资的请求："劳动合同期满未续签书面劳动合同，劳动者继续在原用人单位工作，原用人单位未表示异议，劳动者主张用人单位支付未与其签订书面劳动合同二倍工资的，应予支持。"

笔者曾与深圳审理劳动争议相关机构的领导讨论过上述问题。相关领导也认可笔者的观点，认为《劳动合同法》所规定的"用工之日"并非"原劳动合同期满"情形，但表示在国家法律没有明确规定的情况下，为了统一规则，也为了保护劳动者，实际操作中会仍然认定为需要支付双倍工资并且不执行最高院的司法解释，不支持用人单位享有随时终止劳动关系的权利。所以2012年《广东省高级人民法院、广东省劳动人事争议仲裁委员会关于审理劳动人事争议案件若干问题的座谈会纪要》第14条第2款规定："劳动合同期满后，劳动者仍在原用人单位工作，超过一个月双方仍未续订劳动合同，劳动者根据《劳动合同法》第八十二条第一款规定要求支付二倍工资的，应予支持。"这一规定出台后各地司法部门在实践中纷纷采纳，实在是谬误远传。此次最高院在2020年重述劳动争议司法解释时，并没有调整相关表述，反而再次强调2001年的规定，是对此规则的再次重申，各地司法机构可能会重新检讨实践中的理解和操作。作为用人单位，为了避免风险，最好还是加强管理，在劳动合同期满前妥善处理是否续签劳动合同的问题，毕竟各地司法机构并不一定会调整自己的裁判思路。

需要提醒的是，《劳动合同法实施条例》相关规定可能会成为适用司法解释的障碍。《劳动合同法实施条例》第5条规定："自用工之日起一个月内，经用人单位书面通知后，劳动者不与用人单位订立书面劳动合同的，用人单位应当书面通知劳动者终止劳动关系，无需向劳动者支付经济补偿，但是应当依法向劳动者支付其实际工作时间的劳动报酬。"第6条第1款规定："用人单位自用工之日起超过一个月不满一年未与劳动者订立书面劳动合同的，应当依照劳动合同法第八十二条的规定向劳动者每月支付两倍的工资，并与劳动者补订书面劳动合同；劳动者不与用人单位订立书面劳动合同的，用人单位应当书面通知劳动者终止劳动关系，并依照劳动合同法第四十七条的规定支付经济补偿。"根据这些规定，似乎用人单位没有直接终止劳动关系的权利，而是必须书面通知劳动者签订且在劳动者不签的情况下才得以终止，甚至在一个月之后终止的还需要支付经济补偿。如果这样理解，劳动者可以因为不签劳动合同而获益，实在有违立法的本意，所以只能限定于"用工之日"情形，而不应扩大适用范围，不应将"原劳动合同期满"的情形涵括在内。笔者认为，原劳动合同期满的情形下，从合理角度出发，应当允许用人单位在一定的合理期限内（比如一周或一个月）以劳动合同期满为由直接通知劳动者办理交接。在这一情形下，如果对方主张用人单位构成违法解除或违法终止，并要求用人单位承担双倍补偿标准的赔偿责任，则可以引用最高院的相关司法解释予以对抗，主张可以直接终止劳动关系，并以"用工之日"情形有别于"原劳动合同期满"情形作为抗辩理由，应该也有机会得到支持。

此外，本条司法解释第2款的规定与2001年的规定略有出入，原规定的表述是"根据《劳动法》第二十条之规定"，新规定的表述是"根据劳动合同法第十四条规定"，毕竟《劳动合同法》扩大了《劳动法》所规定的签订无固定期限劳动合同的范围。至于哪类情形属于应当签订而未签订情形既涉及二次固定期限劳动合同问题，也涉及一年事实劳动关系的理解问题，也是非常复杂的法律规则，多年来一直未有定论，将来也还会继续争执。苦的是用人单位，无所适从，严重影响用工管理。劳动者同样深受其害，立法部门和司法部门以为在帮助劳动者，其实导致用人单位放弃连续或长期使用劳动者，反而损害了劳动者的就业稳定权。

第三十五条　劳动者与用人单位就解除或者终止劳动合同办理相关手续、支付工资报酬、加班费、经济补偿或者赔偿金等达成的协议，不违反法律、行政法规的强制性规定，且不存在欺诈、胁迫或者乘人之危情形的，应当认定有效。

前款协议存在重大误解或者显失公平情形，当事人请求撤销的，人民法院应予支持。

点评：和解是解决劳动争议最重要的方式，无论是否有司法机构或政府部门介入，只要双方当事人能够达成和解且系真实意思表示，都应当尊重。司法解释这条规定就是尊重协商一致"帝王原则"的体现。

2021年8月，人社部与最高院联合发布了10个加班纠纷典型案例，尽管我国不是判例法国家，但相关判例的观点值得重视，毕竟是劳动争议仲裁最高机构和最高院联合发布的案例，至少在一些问题上可以理解为双方达成了裁判共识，影响深远。

典型案例中案例2和案例9对本条司法解释形成了挑战。其中案例2涉及的是放弃加班工资的问题，其核心观点为"放弃加班费协议无效，用人单位仍应支付加班费"，主要理由是约定放弃加班费的协议免除了用人单位的法定责任、排除了劳动者权利，显失公平，应认定无效。《劳动合同法》第26条确实规定了"用人单位免除自己的法定责任、排除劳动者权利的"劳动合同无效。但是，这一无效情形同时被认定为"显失公平"，这在法理上就说不通了。根据合同法的基本理论和本条司法解释的规定，显失公平的协议应当适用撤销规则，而不是直接认定为无效，两者差别明显。需要注意的是，本条适用的是双方当事人就解除或终止劳动合同达成协议情形，与典型案例中案例2还是有一定区别的。如果不属于"包薪制"情形且事先签订的是没有任何对价的放弃加班费协议，可以引用《劳动合同法》第26条主张无效，但如果符合"包薪制"约定或用人单位通过适当方式支付了相应的对价，则无论是入职时还是离职时签订的协议，都不应轻易否认此类协议的效力。

典型案例中案例9的核心观点是"不认可离职结算权利义务终结的格式文本"。这一案例对本条司法解释的冲击非常直接，也非常有争议。尽管《劳动合同法》第26条规定了"用人单位免除自己的法定责任、排除劳动者权利的"劳动合同无效，还规定了"违反法律、行政法规强制性规定的"劳动合同无效，但是，《劳动合同法》规定的是劳动合同的效力，并非双方当事人就争议和解达成协议的效力。案例9明显扩大了适用范围，并以"与事实不符"为由否定劳动者确认结算待遇的真实意思表示。如果按照这一思路理解，只要劳动者反悔，任何用人单位与劳动者离职时达成的协议都将归于无效，除非用人单位优于法律规定支付各项待遇。实际上双方当事人对某些争议有分歧，出于种种考虑，可能会在其他方面进行妥协或让步，所以不应当逐项完全按照法律规定核算待遇；再说了，当事人有自由处分自己实体权益的权利，何来无效？所以最高院的司法解释强调只有同时违反法律、行政法规的强制性规定且存在欺诈、胁迫或者乘人之危情形才认定为无效，否则协议就具有法律效力。至于重大误解或者显失公平情形，则是另外的法律后果，当事人可以申请撤销，也并非无效情形。原2009年的《深圳市中级人民法院关于审理劳动争议案件若干问题的指导意见（试行）》第102条规定："劳动争议发生后，劳动者与用人单位达成了解决纠纷协议，一般应认定该协议有效。但个别确实显失公平，劳动者在法定期限内申请撤销的，应当支持。"

典型案例中案例9同样引用了本条司法解释作为裁判依据，这更令人困惑。按此规定，即便法院认定离职申请交接表"员工确认"一栏与事实不符，违反国家强制性规定，也还应当有证据证明用人单位存在欺诈、胁迫或者乘人之危情形才能适用本条司法解释。可是案例9没有披露任何信息显示存在此类情形，在劳动者签名确认的情况下，法院仅仅因为劳动者反悔，就简单以"不能认定为劳动者的真实意思表示"否定了此前双方当事人达成的共识，其实是对本条司法解释的错误理解，属于典型的适用法律错误。

作为格式文本提供方，为了降低被认定为协议无效或显失公平的风险，建议用人单位除了与劳动者正常办理离职交接手续、签署离职交接表外，应加强管理，与劳动者签订正式的离职协议并让劳动者书面申请相关待遇，这样双管齐下，或许可以避免格式文本带来的风险。此外，无论是协议还是申请，应当尽可能把劳动关系项下可能产生争议的事项写全写清楚，以免遗漏而被认定为不包括相关内容，引发遗漏事项的争议；同时还建议用粗体字强调系劳动者本人真实意思表示，确认双方不再有劳动争议，这也是常用的抗辩理由。不过需要提醒的是，有些用人单位在此类协议、申请或确认中还强调劳动者不得申请仲裁或不得起诉，这类条款倒是真的属于无效条款，因为劳动者程序性的诉权是不能自由处分、不可剥夺的。出于管理需要，相关表述可以调整为"乙方确认不以任何方式或途径向甲方提出劳动关系项下任何主张"，这样既可以达到约束对方当事人的效果，也有机会避免被认定为无效。

> 延伸阅读

人力资源社会保障部 最高人民法院
劳动人事争议典型案例（第二批）

【案例2】

劳动者与用人单位订立放弃加班费协议，能否主张加班费

【基本案情】

张某于2020年6月入职某科技公司，月工资20000元。某科技公司在与张某订立劳动合同时，要求其订立一份协议作为合同附件，协议内容包括："我自愿申请加入公司奋斗者计划，放弃加班费。"半年后，张某由于个人原因提出解除劳动合同，并要求支付加班费。某科技公司认可张某的加班事实，但以其自愿订立放弃加班费协议为由拒绝支付。张某向劳动人事争议仲裁委员会（简称仲裁委员会）申请仲裁。

【申请人请求】

请求裁决某科技公司支付2020年6～12月加班费24000元。

【处理结果】

仲裁委员会裁决某科技公司支付张某2020年6～12月加班费24000元。

【案例分析】

本案的争议焦点是张某订立放弃加班费协议后，还能否主张加班费。

《中华人民共和国劳动合同法》第二十六条规定："下列劳动合同无效或者部分无效：……（二）用人单位免除自己的法定责任、排除劳动者权利的。"《最高人民法院关于审理劳动争议案件适用法律问题的解释（一）》（法释〔2020〕26号）第三十五条规定："劳动者与用人单位就解除或者终止劳动合同办理相关手续、支付工资报酬、加班费、经济补偿或者赔偿金等达成的协议，不违反法律、行政法规的强制性规定，且不存在欺诈、胁迫或者乘人之危情形的，应当认定有效。前款协议存在重大误解或者显失公平情

形,当事人请求撤销的,人民法院应予支持。"加班费是劳动者延长工作时间的工资报酬,《中华人民共和国劳动法》第四十四条、《中华人民共和国劳动合同法》第三十一条明确规定了用人单位支付劳动者加班费的责任。约定放弃加班费的协议免除了用人单位的法定责任、排除了劳动者权利,显失公平,应认定无效。

本案中,某科技公司利用在订立劳动合同时的主导地位,要求张某在其单方制定的格式条款上签字放弃加班费,既违反法律规定,也违背公平原则,侵害了张某工资报酬权益。故仲裁委员会依法裁决某科技公司支付张某加班费。

【典型意义】

崇尚奋斗无可厚非,但不能成为用人单位规避法定责任的挡箭牌。谋求企业发展、塑造企业文化都必须守住不违反法律规定、不侵害劳动者合法权益的底线,应在坚持按劳分配原则的基础上,通过科学合理的措施激发劳动者的主观能动性和创造性,统筹促进企业发展与维护劳动者权益。

【案例9】

劳动者在离职文件上签字确认加班费已结清,是否有权请求支付欠付的加班费

【基本案情】

2017年7月,肖某与某科技公司(已依法取得劳务派遣行政许可)订立劳动合同,被派遣至某快递公司担任配送员,月工资为基本工资加提成。肖某主张某快递公司在用工期间安排其双休日及法定节假日加班,并提交了工资表。工资表加盖有某科技公司公章,某科技公司和某快递公司均认可其真实性。该工资表显示,2017年7月至2019年10月期间肖某存在不同程度的双休日加班及法定节假日加班,但仅获得少则46.15元、多则115.40元的出勤补款或节假日补助。2019年11月,肖某向某科技公司提出离职,当日双方签署离职申请交接表。该表"员工离职原因"一栏显示:"公司未上社会保险,工作压力大、没给加班费。""员工确认"一栏显示:"经说明,我已

知悉《劳动合同法》上的权利和义务，现单位已经将我的工资、加班费、经济补偿结清，我与单位无其他任何争议。本人承诺不再以任何理由向某科技公司及用工单位主张权利。"员工签名处有肖某本人签名。肖某对离职申请交接表的真实性认可，但认为表中"员工确认"一栏虽系其本人签字，但并非其真实意思，若不签字，某科技公司就不让其办理工作交接，该栏内容系某科技公司逃避法律责任的一种方法。肖某不服仲裁裁决，诉至人民法院。

【原告诉讼请求】

请求判决某科技公司与某快递公司支付加班费82261元。

【裁判结果】

一审法院判决：驳回肖某加班费的诉讼请求。肖某不服，提起上诉。二审法院改判：某科技公司与某快递公司连带支付肖某加班费24404.89元。

【案例分析】

本案的争议焦点是肖某是否与用人单位就支付加班费达成合法有效的协议。

《最高人民法院关于审理劳动争议案件适用法律问题的解释（一）》（法释〔2020〕26号）第三十五条第一款规定："劳动者与用人单位就解除或者终止劳动合同办理相关手续、支付工资报酬、加班费、经济补偿或者赔偿金等达成的协议，不违反法律、行政法规的强制性规定，且不存在欺诈、胁迫或者乘人之危情形的，应当认定有效。"司法实践中，既应尊重和保障双方基于真实自愿合法原则签订的终止或解除劳动合同的协议，也应对劳动者明确持有异议的、涉及劳动者基本权益保护的协议真实性予以审查，依法保护劳动者的合法权益。

本案中，肖某认为离职申请交接表"员工确认"一栏不是其真实意思表示，上面记载的内容也与事实不符。该表中"员工离职原因"与"员工确认"两处表述确实存在矛盾。两家公司均未提供与肖某就加班费等款项达成的协议及已向肖某支付上述款项的证据，且肖某否认双方就上述款项已达成一致并已给付。因此，离职申请交接表中员工确认的"现单位已将我的工资、加班费、经济补偿结清，我与单位无其他任何争议"与事实不符，不能认定为肖某的真实意思表示。本案情形并不符合《最高人民法院关于审理劳动争议案件适用法律问题的解释（一）》第三十五条之规定，故二审法院依法支持肖某关于加班费的诉讼请求。

【典型意义】

实践中，有的用人单位在终止或解除劳动合同时，会与劳动者就加班费、经济补偿或赔偿金等达成协议。部分用人单位利用其在后续工资发放、离职证明开具、档案和社会保险关系转移等方面的优势地位，借机变相迫使劳动者在用人单位提供的格式文本上签字，放弃包括加班费在内的权利，或者在未足额支付加班费的情况下让劳动者签字确认加班费已经付清的事实。劳动者往往事后反悔，提起劳动争议仲裁与诉讼。本案中，人民法院最终依法支持劳动者关于加班费的诉讼请求，既维护了劳动者合法权益，对用人单位日后诚信协商、依法保护劳动者劳动报酬权亦有良好引导作用，有助于构建和谐稳定的劳动关系。劳动者在签署相关协议时，亦应熟悉相关条款含义，审慎签订协议，通过合法途径维护自身权益。

在《劳动合同法》出台之前，虽然各地对竞业限制有一些地方性的立法探索，但基本上以保护劳动者为主，实践中用人单位的竞业限制成本高、压力大、效果差，以至于有企业感叹"没办法玩"。尽管《劳动合同法》统一了竞业限制的期限、对象和待遇支付办法等规则，但挂一漏万，实践中仍然有非常大的理解分歧。2013年最高院发布了《关于审理劳动争议案件适用法律若干问题的解释（四）》（法释〔2013〕4号），从司法解释层面对竞业限制进行了规范，相关规定对竞业限制的发展是一次巨大的转折。2022年的《劳动案件司法解释（一）》也只是对此前的司法解释进行了重述，对于竞业限制的相关规定仍然维持了原有内容。

随着科技企业的发展，竞业限制再次成为用工管理的热点，各类案件层出不穷，再次研究竞业限制司法解释的相关规定更有意义。

第三十六条 当事人在劳动合同或者保密协议中约定了竞业限制，但未约定解除或者终止劳动合同后给予劳动者经济补偿，劳动者履行了竞业限制义务，要求用人单位按照劳动者在劳动合同解除或者终止前十二个月平均工资的30%按月支付经济补偿的，人民法院应予支持。

前款规定的月平均工资的30%低于劳动合同履行地最低工资标准的，按照劳动合同履行地最低工资标准支付。

点评：此前一些地方法院纪要明确规定未约定竞业限制经济补偿的竞业限制协议无效，竞业限制对劳动者不具有约束力。此条规定出台后明确否定了无效的观点，同时确定了没有约定经济补偿的情况下，按离职前12个月平均工资的30%作为竞业限制经济补偿的标准。换个角度来看，竞业限制经济补偿可以随意约定，低于离职前12个月平均工资的30%也不影响竞业限制协议的效力。但考虑到各地法院通常情况的接受度，笔者建议相关标准不宜约定得太低，按离职前12个月平均工资的20%约定为宜，这是不少地方法院纪要或操作中的下限。对价畸低的情况下法院有调节的权力，更主要的是劳动者接受度低，反而不利于竞业限制有效地履行。

需要提醒的是，深圳地方对此标准有强制性立法要求："按月计算不得少于该员工离开企业前最后十二个月月平均工资的二分之一。"司法解释出台后，深圳法院对此专门进行了研究，仍确认需要执行深圳地方标准。

另外还需要注意，工资是包括奖金的，不少用人单位直接约定为基本工资的一定比例，以降低成本，这样并不合适，也确实会有风险。如果是期权股权收入，则不属于工资，无须计为竞业限制经济补偿计算基数。

第三十七条 当事人在劳动合同或者保密协议中约定了竞业限制和经济补偿，当事人解除劳动合同时，除另有约定外，用人单位要求劳动者履行竞业限制义务，或者劳动者履行了竞业限制义务后要求用人单位支付经济补偿的，人民法院应予支持。

点评：本条的最大亮点在于"除另有约定外"这一句话。这一规定打开了约定之门，只要不违反法律强制性规范，都可以约定。现有的竞业限制因此获得了更大的灵活性，也促进了用人单位使用竞业限制手段保护商业秘密的积极性。现在的操作模式基本上都是通过一定的形式确认双方同意实行竞业限制，同时约定用人单位有权在离职前后确定具体的竞业限制期限和竞业限制对象。这样一来，既原则上框住了劳动者，同时又可以结合离职时的具体情况决定具体期限，管控相关成本。

第三十八条 当事人在劳动合同或者保密协议中约定了竞业限制和经济补偿，劳动合同解除或者终止后，因用人单位的原因导致三个月未支付经济补偿，劳动者请求解除竞业限制约定的，人民法院应予支持。

点评：约定了竞业限制和经济补偿，但用人单位未能依约支付竞业限制经济补偿达到 3 个月的情况下，劳动者才得以"请求解除"。结合前后文来看，请求的对象是人民法院，也就是说还得起诉到法院才能得到支持，还不能直接解除竞业限制协议。但是劳动争议案件程序特殊，实行的是"一裁两审"，不经过劳动仲裁机构处理又不能到法院起诉，所以这条规定一直令人困扰。直到 2022 年 2 月，人力资源社会保障部和最高院联合发布了《关于劳动人事争议仲裁与诉讼衔接有关问题的意见（一）》（人社部发〔2022〕9 号），才明确规定对此请求"劳动人事争议仲裁委员会、人民法院应予支持"，明确了劳动者可以直接请求仲裁机构处理，才算解决了这一历史遗留问题。

第三十九条 在竞业限制期限内，用人单位请求解除竞业限制协议的，人民法院应予支持。

在解除竞业限制协议时，劳动者请求用人单位额外支付劳动者三个月的竞业限制经济补偿的，人民法院应予支持。

点评：原来各地的竞业限制立法理念更倾向于保护劳动者，所以相关规则设置为一旦签订竞业限制协议，用人单位就必须履行，需要支付一大笔经济补偿。这一条对此前的制度规则作了颠覆性的调整。根据这一条规定，用人单位随时可以"请求解除"竞业限制协议，相当于赋予了用人单位随时解除权。尽管只是一个请求权，但实务中约定用人单位可以随时解除也因此有了一定的空间。就算认定用人单位违约，劳动者相应的救济权利也只是"请求"额外支付 3 个月的竞业限制经济补偿，无须继续履行原有约定。

需要提醒的是，《关于劳动人事争议仲裁与诉讼衔接有关问题的意见（一）》并没有规定劳动人事争议仲裁委员会应予支持这一请求权，估计是人力资源社会保障部与最高院双方对此存在重大分歧。

第四十条 劳动者违反竞业限制约定，向用人单位支付违约金后，用人单位要求劳动者按照约定继续履行竞业限制义务的，人民法院应予支持。

点评：根据这一条的规定，劳动者违约后除了要支付违约金外，用人单位仍有权要求继续履行竞业限制义务。所以现在的竞业限制协议约定的违约金都比较高，有的用人单位还将期权相关收益也约定为违约金计算基数，有的用人单位还约定劳动者需要返还此前所支付的竞业限制补偿或赔偿损失。总之，在新一轮的抢人大战中，竞业限制的攻防成了各大厂无法回避的劳动法律焦点。

> **法条链接**
>
> **《深圳经济特区企业技术秘密保护条例》（2019年10月31日修正）**
>
> **第二十三条** 竞业限制的期限最长不得超过解除或者终止劳动合同后两年，超过两年的，超过部分无效。
>
> 竞业限制协议中没有约定期限或者约定不明确的，视为无固定期限协议，可以随时解除协议，但是应当提前至少一个月通知对方。
>
> **第二十四条** 竞业限制协议约定的补偿费，按月计算不得少于该员工离开企业前最后十二个月月平均工资的二分之一。约定补偿费少于上述标准或者没有约定补偿费的，补偿费按照该员工离开企业前最后十二个月月平均工资的二分之一计算。
>
> **第二十五条** 竞业限制补偿费应当在员工离开企业后按月支付。用人单位未按月支付的，劳动者自用人单位违反约定之日起三十日内，可以要求用人单位一次性支付尚未支付的经济补偿，并继续履行协议；劳动者未在三十日内要求一次性支付的，可以通知用人单位解除竞业限制协议。

第四十一条 劳动合同被确认为无效，劳动者已付出劳动的，用人单位应当按照劳动合同法第二十八条、第四十六条、第四十七条的规定向劳动者支付劳动报酬和经济补偿。

由于用人单位原因订立无效劳动合同，给劳动者造成损害的，用人单位应当赔偿劳动者因合同无效所造成的经济损失。

点评： 劳动合同无效的原因很多，既有用人单位的原因，也有劳动者的原因。本条第一项明显有问题，无论何种原因，只要被确认无效，劳动者付出了劳动，就得支付劳动报酬和经济补偿，但是《劳动合同法》第 28 条也只规定了要付劳动报酬，并没有规定要给经济补偿。《劳动合同法》第 39 条还规定了因本法第 26 条第 1 款第 1 项规定的情形致使劳动合同无效的，用人单位可以解除劳动合同，根据这一条款解除劳动合同是无须支付任何经济补偿或赔偿的，所以最高院的这一条款与《劳动合同法》的相关规定明显相抵触。

此外，由于劳动者原因无效与由于用人单位原因无效的法律后果也还是有区别的。由于用人单位原因订立无效劳动合同时，用人单位除了需要支付工资、经济补偿之外，还应当赔偿劳动者的相关损失。虽然劳动者想要证明损失存在一定难度，但至少有明确的法律依据。但是，由于劳动者原因订立无效劳动合同就不一样了，即便是劳动者欺诈入职，用人单位非但不能要求赔偿损失，还得给钱："参照本单位相同或者相近岗位劳动者的劳动报酬确定。"

由于劳动者原因订立无效劳动合同时，用人单位可以因劳动者欺诈主张劳动合同无效，并依法解除劳动合同。但是，用人单位要求劳动者返还已发所有待遇是不会被支持的，一方面劳动合同属于继续性合同，劳动行为本身不具有可逆转性，无法返还劳动者的劳动；另一方面劳动者已经付出一定的劳动，基于社会法的稳定功能，相关审判机构也不会支持用人单位这一主张。不过从前述"参照本单位相同或者相近岗位劳动者的劳动报酬确定"这一规定来看，用人单位请求酌情降低一定的待遇还是有机会的，比如劳动者其实只是一名本科生，以虚假研究生文凭入职并谋取了经理职务，至少学历工资和职务工资是欺诈所得，应当返还。

第四十二条 劳动者主张加班费的，应当就加班事实的存在承担举证责任。但劳动者有证据证明用人单位掌握加班事实存在的证据，用人单位不提供的，由用人单位承担不利后果。

点评： 加班费纠纷一直是劳动争议的热点。"谁主张，谁举证"没错，但由于用人单位有管理义务，因此司法实践中不少审判机构倒置了举证责任，责令用人单位提交考勤资料和工资单,以核实印证是否存在加班、是否少发了加班费。这样一来,用人单位的压力就很大了,不交视为举证不能,要承担不利后果;交了可能因为门禁出入记录对自己不利,又担心因此败诉,所以左右为难。

审判机构为了解决这一实务中的困难,找到一个平衡点:以用人单位保管相关资料期限为2年为由,将2年之内的举证责任配置给用人单位,同时将2年之前的举证责任配置给劳动者,这样审判机构通常只需要算2年的账,也回避了劳动报酬没有时效的问题。有些劳动者比较用心,从入职之日就保管好了相关的考勤记录和工资条,即便只是复印件、打印件,也属于有证据证明用人单位掌握加班事实存在的证据,此时审判机构会对超过2年的加班费争议进行实体审查,用人单位以超过时效为由进行抗辩是不会被采纳的。

如果要从根本上降低相关风险,建议用人单位在日常用工管理中实行"考勤异常确认制度"。该制度是指用人单位定期或不定期对劳动者此前考勤的异常情况,比如迟到、早退、旷工、休假、加班等情形通过书面或邮件方式核实确认,以固定相关证据,既可以避免门禁记录被认定为工作时间,也可以用来满足举证的要求,还可以通过这一手段提前发现问题,尽早防范风险。

第四十三条 用人单位与劳动者协商一致变更劳动合同,虽未采用书面形式,但已经实际履行了口头变更的劳动合同超过一个月,变更后的劳动合同内容不违反法律、行政法规且不违背公序良俗,当事人以未采用书面形式为由主张劳动合同变更无效的,人民法院不予支持。

点评:《劳动合同法》第35条第1款规定:"用人单位与劳动者协商一致,可以变更劳动合同约定的内容。变更劳动合同,应当采用书面形式。"这一规定经常被误解为变更劳动合同需要协商一致,甚至一些审判机构在审理案件时也引用这一条款否定用人单位的用工自主权,这不仅是对法律本身的误解,在实践中也是非常有害的。笔者认为,用人单位有权安排劳动者从事劳动合同约定的工作内容,即便调整了岗位,只要是在原工作内容范围内,也不构成变更劳动合同,这只是正常的工作安排,根本无须协商一致,只是用人单位在安排过程中需要注意合理性，让劳动者更容易接受，但并不能因此而否定用人单位的用工自主权。此外，如果劳动者不能胜任工作，用人单位另行安排工作既是义务，也是权利，此种情况下即便相关工作与原劳动合同约定的工作内容不相同，也无须与劳动者协商一致，毕竟劳动者不能胜任工作足以证明用人单位的安排是合理的。当然了，如何认定不能胜任工作则是另外一个问题了，司法实践中审判机构总是会更偏向劳动者，基本上会要求用人单位承担完全的举证责任，以促使用人单位履行管理职责，所以用人单位在日常管理中确实需要非常小心，以避免相关风险。

本条的重点在于承认了"口头变更"劳动合同的法律效力。本来变更劳动合同需要以书面形式体现，无论是纸质的书面还是电子的书面，用人单位都必须采取一定的措施固定相关合意并提交给法庭作为证据。但是，实践中确实还是存在口头形式的合意，即便没有书面固定证据，通过双方的行为也足以作出相应的判断，所以最高院规定了一个月的"犹豫期"，以解决实务中的法律问题，同时平衡双方利益。最简单的例子是涉及工作内容变更的调岗问题，用人单位与劳动者进行沟通后达成了合意，虽然双方没有以任何方式固定达成合意的证据，但劳动者接受相关安排到岗工作，从劳动者的到岗行为和具体从事工作的变化中可以体现出合意，此时可以理解为双方就变更劳动合同达成了协议，只是因为没有履行书面变更的法律要求而存在瑕疵。如果因此否定其效力，对用工管理和社会关系会带来灾难性的后果，这就意味着劳动者可以随时反悔并要求恢复原有状态，用人单位将无法正常管理，毕竟已经有其他劳动者在从事该劳动者原来的相关工作。最高院的规定则给了劳动者一个月时间作为反悔期，超过一个月则原则上不再支持，无论新工作待遇是否与原有待遇相同。

劳动合同必备条款除了工作内容外，还有劳动报酬，双方同样可以协商变更。但是，用人单位难以以发放劳动报酬金额与此前不一样为由主张双方已就劳动报酬变更达成一致意见，除非劳动者确认有此事实。究其原因，一方面是劳动报酬事关劳动者生存，事关社会稳定；另一方面是用人单位发放劳动报酬并没有劳动者签收确认的过程，通常都是通过转账处理，不能将此视为劳动者"默认"。沉默是劳动者的权利，但沉默并不代表劳动者接受。

原《广东省劳动合同管理规定》（1995 年生效，2017 年废止）第 16 条第 2 款规定："任何一方要求变更劳动合同的有关内容，都应以书面形式通知对方。被通知方接到通知后，应在 15 日内作出答复。逾期不答复，视为同意变更劳动合同。"这一规定显然缺乏法理依据，实践中也无法执行。《北京市劳动合同规定》（2001 年生效，仍有效）第 28 条的规定则完全相反："订立劳动合同时所依据的客观情况发生重大变化，致使劳动合同无法履行，当事人一方要求变更其相关内容的，应当将变更要求以书面形式送交另一方，另一方应当在 15 日内答复，逾期不答复的，视为不同意变更劳动合同。"这样的立法才具有生命力。

第四十四条　因用人单位作出的开除、除名、辞退、解除劳动合同、减少劳动报酬、计算劳动者工作年限等决定而发生的劳动争议，用人单位负举证责任。

点评：开除这一规定源于 1982 年的《企业职工奖惩条例》（已废止），该条例第 12 条规定："对职工的行政处分分为：警告，记过，记大过，降级，撤职，留用察看，开除。在给予上述行政处分的同时，可以给予一次性罚款。"第 13 条规定："对职工给予开除处分，须经厂长（经理）提出，由职工代表大会或职工大会讨论决定，并报告企业主管部门和企业所在地的劳动或者人事部门备案。"但是，《企业职工奖惩条例》只适用于全民所有制企业和城镇集体所有制企业，而且已于 2008 年被国务院废止，因此通常情况下用人单位不宜再使用这一概念，否则会带来风险，毕竟没有法律依据了。不过 2014 年的《事业单位人事管理条例》第 29 条还是保留了"开除"的概念："处分分为警告、记过、降低岗位等级或者撤职、开除。受处分的期间为：警告，6 个月；记过，12 个月；降低岗位等级或者撤职，24 个月。"需要提醒的是，这一规定只适用于事业单位。此外，国务院 1999 年的行政法规《金融违法行为处罚办法》第 3 条也对开除作了相应的规定，该条第 2 款规定："本办法规定的纪律处分，包括警告、记过、记大过、降级、撤职、留用察看、开除，由所在金融机构或者上级金融机构决定。"但是，这是特殊主体针对金融违纪行为的特定处罚办法，与劳动违纪行为并不是一回事。

除名也同样来源于《企业职工奖惩条例》（已废止），该条例第18条规定："职工无正当理由经常旷工，经批评教育无效，连续旷工时间超过15天，或者一年以内累计旷工时间超过30天的，企业有权予以除名。"也就是说，除名是针对旷工特有的处罚，不能适用于其他违纪行为。《劳动合同法》实施后，对于连续旷工的违纪行为，最好也还是以其严重违反劳动纪律或规章制度为由解除与劳动者的劳动合同，以避免风险。现行法律并未明确规定旷工多少天算严重违反劳动纪律，一些用人单位的规章制度规定连续旷工3天就除名，这样审判机构可能会以没有法律依据为由不支持用人单位的决定。就算用人单位规定连续旷工3天可以解除劳动合同，审判机构也有权审核制度的合理性，尽管《企业职工奖惩条例》已经废止，但连续旷工15天才能除名的规定还是会影响审判机构的思路，而且现行有效的《事业单位人事管理条例》第15条也还规定："事业单位工作人员连续旷工超过15个工作日，或者1年内累计旷工超过30个工作日的，事业单位可以解除聘用合同。"就算审判机构不宜明着否定用人单位的规章制度，也可能通过民主程序瑕疵否定用人单位的处理，所以用人单位的规章制度规定连续旷工3天予以除名或解除劳动合同虽然有一定的管理价值，但在操作中一定要小心，尽量劝说引导劳动者辞职以消除风险，劳动者不愿意配合的，建议达到旷工15天再处理会更合适。

辞退则源于1986年的《国营企业辞退违纪职工暂行规定》（已废止），该规定第2条规定："企业对有下列行为之一，经过教育或行政处分仍然无效的职工，可以辞退：（一）严重违犯劳动纪律，影响生产、工作秩序的；（二）违反操作规程，损坏设备、工具，浪费原材料、能源，造成经济损失的；（三）服务态度很差，经常与顾客吵架或损害消费者利益的；（四）不服从正常调动的；（五）贪污、盗窃、赌博、营私舞弊，不够刑事处分的；（六）无理取闹，打架斗殴，严重影响社会秩序的；（七）犯有其他严重错误的。符合除名、开除条件的职工，按照《企业职工奖惩条例》的规定执行。"简单地说，劳动者因为过错达到一定程度的，可以被辞退。相对于开除、除名而言，辞退适用的违纪行为的过错程度相对较轻，后果也不一样，劳动者被开除或除名在当时的环境下几乎等于被剥夺了再就业的权利，而被辞退的劳动者还可以享受一定的失业待遇。《劳动法》则以"解除劳动合同"这一相对中性的概念取代了此前的这类概念，降低对劳动者的负面影响；与此相配套的失业保险制度也相应作了调整，只要是非本人意愿的离职，都可以享受相关待遇。

《劳动法》正式确认了全员劳动合同制，也正式确认了劳动关系最严厉的处分是解除劳动合同，所以如果不是事业单位或金融机构，用人单位的规章制度最好不要再使用开除、除名或辞退的概念，否则劳动者可以主张没有法律依据，用人单位甚至可能因此败诉。有些用人单位觉得有些严重违纪的劳动者不开除不足以平民愤，坚持要使用这一概念，效果可能适得其反，因为无论事实如何，劳动者都可能会觉得被用人单位污名化了，侵害了其名誉权，反而可能因此打官司。

需要注意的是，一些用人单位还在制度中规定"自动离职"，将劳动者旷工达到一定天数的情况规定为劳动者自动离职，这样既省了事，又省了钱。殊不知，这也是非常危险的管理办法。1994年劳动部办公厅给重庆市劳动局的复函中明确："《中华人民共和国企业劳动争议处理条例》第二条第（一）项中的'自动离职'是指职工擅自离职的行为。企业应依据《企业职工奖惩条例》有关规定，对其作出除名处理。为此，因自动离职处理发生的争议应按除名争议处理。"严格意义上讲，自动离职也同样没有法律依据，《企业劳动争议处理条例》早已被废止，就算用人单位制度中自行定义了自动离职的适用范围，但这一规则在司法实践中不被审判机构接受，因为这是一种对劳动者不负责的放任态度，也与《劳动法》《劳动合同法》的立法精神相悖，用人单位应当承担相应的管理义务，而不是简单地不闻不问，万一劳动者下落不明怎么办？2012年的《广东省高级人民法院广东省劳动人事争议仲裁委员会关于审理劳动人事争议案件若干问题的座谈会纪要》第29条规定："劳动者与用人单位均无法证明劳动者的离职原因，可视为用人单位提出且经双方协商一致解除劳动合同，用人单位应向劳动者支付经济补偿。"所以在劳动者出现未能正常工作的情况下用人单位应当主动与其联系，一是确认是否出了人身安全问题，毕竟下落不明可能会涉及刑事案件；二是在确认没有人身安全问题的情况下再进一步核实劳动者未能到岗的原因，以固定证据并确认系劳动者本人的过错。与此同时，建议劝说引导劳动者回用人单位办理相关手续，减少相关法律风险；如果劳动者确实不愿意配合，用人单位再考虑以其违纪为由依法处理，对劳动关系做个了断。不要以为制度中有了"自动离职"就结束了劳动关系，签了无固定期限劳动合同的劳动者理论上在一段时间后是可能回来要求补发工资、补缴社保的，到时候用人单位就会发现麻烦真的来了：人家是无固定期限劳动合同，你又没有行使解除权，这不意味着劳动关系还一直存续？至少也得缴个社保吧！

本条司法解释的重点在于明确举证责任，对于"用人单位作出的开除、除名、辞退、解除劳动合同、减少劳动报酬、计算劳动者工作年限等决定"，用人单位承担举证责任。但是，很多劳动者在实践中存在一定的误解，有的将"开除、除名、辞退、解除劳动合同"误解为用人单位要举证证明存在这一事实，有的将"减少劳动报酬"误解为任何收入发生变化都要由用人单位举证。其实"开除、除名、辞退、解除劳动合同"事实本身仍适用"谁主张，谁举证"的原则，劳动者要证明存在相关事实，然后才由用人单位证明对劳动者实施"开除、除名、辞退、解除劳动合同"处理的事实依据和制度依据。而"减少劳动报酬"一事也得看劳动合同的具体约定，要是原来约定每月发放正常工作时间工资1万元，奖金按绩效浮动。如果用人单位减少了每月发放的正常工作时间工资，则用人单位需要举证证明为何减少，是否协商一致变更；如果是奖金比以往少了，则不能简单地将举证责任配置给用人单位，因为这一待遇本来就没有约定具体标准，即便有目标额度，也只是一种期待利益，上下浮动甚至不再享受也都是正常情形，只要用人单位是在用工自主权的范围内公平合理地处置，就应当支持。

第四十六条　劳动者非因本人原因从原用人单位被安排到新用人单位工作，原用人单位未支付经济补偿，劳动者依据劳动合同法第三十八条规定与新用人单位解除劳动合同，或者新用人单位向劳动者提出解除、终止劳动合同，在计算支付经济补偿或赔偿金的工作年限时，劳动者请求把在原用人单位的工作年限合并计算为新用人单位工作年限的，人民法院应予支持。

用人单位符合下列情形之一的，应当认定属于"劳动者非因本人原因从原用人单位被安排到新用人单位工作"：

（一）劳动者仍在原工作场所、工作岗位工作，劳动合同主体由原用人单位变更为新用人单位；

（二）用人单位以组织委派或任命形式对劳动者进行工作调动；

（三）因用人单位合并、分立等原因导致劳动者工作调动；

（四）用人单位及其关联企业与劳动者轮流订立劳动合同；

（五）其他合理情形。

点评：《劳动合同法实施条例》第10条规定："劳动者非因本人原因从原用人单位被安排到新用人单位工作的，劳动者在原用人单位的工作年限合并计算为新用人单位的工作年限。原用人单位已经向劳动者支付经济补偿的，新用人单位在依法解除、终止劳动合同计算支付经济补偿的工作年限时，不再计算劳动者在原用人单位的工作年限。"这一规定非常微妙，既给了用人单位腾挪的空间，又没说死原用人单位到底要不要给经济补偿，所以实务操作中一定要注意这个问题。如果出现这类情形，要么通过签订三方协议明确新用人单位续认原用人单位的工作年限，同时确认原用人单位无须支付经济补偿，要么需要劳动者通过确认书的形式确认原用人单位无须支付经济补偿，只有这样，原用人单位才能消除风险。否则，劳动者到新用人单位后仍可以与原用人单位属于协商一致解除劳动合同为由要求原用人单位支付经济补偿，毕竟劳动者也担心到新用人单位后自己辞职可能一分钱也拿不到。此类问题往往具有群体效应，在并购过程中特别要小心。

为了切断工作年限，避免潜在的补偿成本，确实有用人单位采取一些措施回避上述规定。比如，先让劳动者在原用人单位辞职，再让劳动者重新入职新用人单位，这样就不是"被安排"的情形了。如果是个案且劳动者确属自愿情形，则有机会过关；如果是伴随产线转移，劳动者整体转移，就比较麻烦了。

《劳动合同法实施条例》第10条规定的是在"被安排"的情形下新用人单位需要续认原用人单位的工作年限，但是对于原用人单位劳动合同的签订次数是否续认并未作任何规定，为了降低风险，建议在前述三方协议、确认书或新签的劳动合同中，最好约定清楚工作年限续认而劳动合同次数不续认。审判机构对此是有理解分歧的，浙江省高级人民法院民事审判第一庭和浙江省劳动人事争议仲裁院2019年发布的《关于审理劳动争议案件若干问题的解答（五）》对第三个问题"劳动者非因本人原因从原用人单位被安排到新用人单位工作，其在新用人单位连续工作未满十年也未订立两次劳动合同，但在前后用人单位累计连续工作已满十年或者已连续订立两次固定期限劳动合同，劳动者提出与新用人单位订立无固定期限劳动合同的，是否应予支持"明确回应称："劳动者非因本人原因从原用人单位被安排到新用人单位工作，劳动者在原用人单位的工作年限和订立劳动合同的次数合并计算为新用人单位的工作年限、订立劳动合同次数。因此，如劳动者符合《劳动合同法》第十四条规定，提出与新用人单位订立无固定期限劳动合同的，用人单位应当与其订立。"这样一来，就算有约定，风险还是难以化解。好在到目前为止，也只有浙江有这样的规定。

有些用人单位为了提前消化经济补偿的问题，索性在每次合同期满时先把经济补偿支付给劳动者。这当然也是个办法，深圳法院就认可这一操作，深圳市中级人民法院2015年的《关于审理劳动争议案件的裁判指引》第93条规定："对于用人单位与劳动者之间在劳动合同中约定，每一劳动合同履行期满由用人单位发放'解约补偿金'，或用人单位在劳动合同期满终止发放补偿金，后双方依然延续劳动关系的，在用人单位应当支付劳动者经济补偿时，应以其连续工作年限计发，但已领取的上述款项应予以扣除。"不过这一操作也得真金白银地拿钱出来才行，要是把此前年底双薪或过节费换个名称以补偿金名义来发，恐怕法律上不好过关，管理上也会有阻力。就算预先支付了，离职结算时因为补偿基数上来了，通常也还得补差才行。

本条规定主要是为了杜绝用人单位规避法律，逃避责任，所以以列举的方式将轮流订立劳动合同、合并分立导致的调动等情形确认为"被安排"情形，同时也留了兜底条款给审判机构留下空间。广东省在2008年就出台过类似规定，当时广东省高级人民法院和广东省劳动争议仲裁委员会下发了《关于适用〈劳动争议调解仲裁法〉、〈劳动合同法〉若干问题的指导意见》（已失效），其中第22条规定："用人单位恶意规避《劳动合同法》第十四条的下列行为，应认定为无效行为，劳动者的工作年限和订立固定期限劳动合同的次数仍应连续计算：（一）为使劳动者"工龄归零"，迫使劳动者辞职后重新与其签订劳动合同的；（二）通过设立关联企业，在与劳动者签订合同时交替变换用人单位名称的；（三）通过非法劳务派遣的；（四）其他明显违反诚信和公平原则的规避行为。"虽然这一规定已被废止，但相关规定仍然在实践中影响审判机构的认定。

需要注意的是，用人单位因为管理需要下派管理人员，也可能产生这类纠纷。一方面是司法解释规定"用人单位以组织委派或任命形式对劳动者进行工作调动"的，构成"被安排"情形，但另一方面原劳动部《关于贯彻执行〈中华人民共和国劳动法〉若干问题的意见》第14条规定："派出到合资、参股单位的职工如果与原单位仍保持着劳动关系，应当与原单位签订劳动合同，原单位可就劳动合同的有关内容在与合资、参股单位订立劳务合同时，明确职工的工资、保险、福利、休假等有关待遇。"允许原用人单位与劳动者保留劳动关系，并不意味着委派情形都会产生调动的效果，甚至还可能会有双签劳动合同的特殊情况，不能简单地认定此类行为是规避法律的行为并否定各方的真实意思表示，毕竟《劳动合同法》并不禁止各方因管理需要在自愿的情况下保持特殊的双重劳动关系。

第四十七条 建立了工会组织的用人单位解除劳动合同符合劳动合同法第三十九条、第四十条规定，但未按照劳动合同法第四十三条规定事先通知工会，劳动者以用人单位违法解除劳动合同为由请求用人单位支付赔偿金的，人民法院应予支持，但起诉前用人单位已经补正有关程序的除外。

点评：《劳动合同法》第43条规定："用人单位单方解除劳动合同，应当事先将理由通知工会。用人单位违反法律、行政法规规定或者劳动合同约定的，工会有权要求用人单位纠正。用人单位应当研究工会的意见，并将处理结果书面通知工会。"这一规定的本意在于通过工会的介入保护劳动者，进一步提升劳动者的就业稳定。尽管只是程序上的要求，只需要通知工会而无需取得工会同意，但确实还是有一定的价值。一旦工会认为用人单位的解除违反法律规定而要求纠正时，用人单位有义务研究相关意见，并将处理结果书面通知工会。这也给了用人单位一个内部纠错的机会，避免矛盾外化。但是，并非所有用人单位都有工会，毕竟企业工会只是自愿成立的自治组织，所以用人单位在没有工会的情况下通常理解为无法履行这一通知义务。不过《江苏省劳动合同条例》第 31 条第 2 款则规定"用人单位单方解除劳动合同，应当事先将理由通知工会；用人单位尚未建立工会的，通知用人单位所在地工会"，进一步设置了用人单位在没有工会的情况下需要通知"用人单位所在地工会"，尽管此规定不太符合国内其他司法机构的认识和理解，但在当地是需要执行的法律。

另外一个问题是：《劳动合同法》没有明确用人单位有工会而未能履行通知义务的法律责任，实践中也一直存在理解分歧。这一条司法解释就是为了解决这一问题，确认了构成"违法解除"，并支持劳动者赔偿金的请求。这一后果非常严重，用人单位需要特别注意这一规定。有些用人单位甚至连自己有没有工会都不清楚，因为一些地方有变通的"工业区联合工会"之类的特殊产物，用人单位人事一变动，自己都可能不知道历史上有过"工会"，更想不起来要履行通知义务了。幸好最高院还是给了救济机会，允许用人单位在起诉到法院前就此进行补正，也就是说仲裁败诉后还可以再通知一次工会，以弥补此前过失，也算是特殊平衡措施。如果用人单位在仲裁阶段就发现这一瑕疵，也可以在仲裁审理过程中补正通知并作为证据提交给仲裁机构，也有机会过关，毕竟这也符合最高院这一规定的精神，属于"起诉前"补正了有关程序。

第四十八条 劳动合同法施行后，因用人单位经营期限届满不再继续经营导致劳动合同不能继续履行，劳动者请求用人单位支付经济补偿的，人民法院应予支持。

点评：《劳动合同法》第 44 条规定："有下列情形之一的，劳动合同终止：（一）劳动合同期满的；（二）劳动者开始依法享受基本养老保险待遇的；（三）劳动者死亡，或者被人民法院宣告死亡或者宣告失踪的；（四）用人单位被依法宣告破产的；（五）用人单位被吊销营业执照、责令关闭、撤销或者用人单位决定提前解散的；（六）法律、行政法规规定的其他情形。"

相关规定挂一漏万，不只缺了劳动者达到法定退休年龄情形，还缺了用人单位经营期限届满不再继续经营情形。如果"劳动者开始依法享受基本养老保险待遇"才得以终止劳动合同，会对现行退休制度造成巨大冲击，大量无固定期限劳动合同将无法终结，因为确实存在劳动者没有缴纳养老保险或缴纳的养老保险不足15年的情形。还好有一个兜底条款，《劳动合同法实施条例》第21条对此作了补充规定："劳动者达到法定退休年龄的，劳动合同终止。"用人单位经营期限届满不再继续经营是导致用人单位主体消亡的法定情形，也导致了用人单位与劳动者的劳动合同无法再继续履行，只能归于终止。可是《劳动合同法实施条例》对此又遗漏了，最高院只好通过司法解释进行补充，间接肯定了用人单位的终止权，同时也明确了此情形下劳动者可以获得补偿，不然《劳动合同法》第46条只规定了"依照本法第四十四条第四项、第五项规定终止劳动合同的"才有补偿，也同样存在漏洞。

第五十条 用人单位根据劳动合同法第四条规定，通过民主程序制定的规章制度，不违反国家法律、行政法规及政策规定，并已向劳动者公示的，可以作为确定双方权利义务的依据。

用人单位制定的内部规章制度与集体合同或者劳动合同约定的内容不一致，劳动者请求优先适用合同约定的，人民法院应予支持。

点评：《劳动合同法》第4条规定："用人单位应当依法建立和完善劳动规章制度，保障劳动者享有劳动权利、履行劳动义务。用人单位在制定、修改或者决定有关劳动报酬、工作时间、休息休假、劳动安全卫生、保险福利、职工培训、劳动纪律以及劳动定额管理等直接涉及劳动者切身利益的规章制度或者重大事项时，应当经职工代表大会或者全体职工讨论，提出方案和意见，与工会或者职工代表平等协商确定。在规章制度和重大事项决定实施过程中，工会或者职工认为不适当的，有权向用人单位提出，通过协商予以修改完善。用人单位应当将直接涉及劳动者切身利益的规章制度和重大事项决定公示，或者告知劳动者。"这些规定明确了用人单位规章制度必须履行相应的民主程序，既包括讨论程序、协商程序，也包括公示（告知）程序。

这一规定要与《劳动法》第25条以及《劳动合同法》第39条结合起来

看，才能更深刻地理解立法本意。《劳动法》第 25 条规定劳动者"严重违反劳动纪律或者用人单位规章制度的"，用人单位可以解除劳动合同；而《劳动合同法》第 39 条却改成了劳动者"严重违反用人单位的规章制度的"，用人单位才可以解除劳动合同。这一变化明显是要求用人单位完善劳动规章制度，并通过完善过程中的程序义务规范劳动纪律，甚至可以理解为在规章制度中没有明确规定的劳动纪律就不能够作为处理依据。广东省高级人民法院和广东省劳动争议仲裁委员会 2008 年发布的《关于适用〈劳动争议调解仲裁法〉、〈劳动合同法〉若干问题的指导意见》（已失效）第 20 条第 2 款规定："《劳动合同法》实施后，用人单位制定、修改直接涉及劳动者切身利益的规章制度或者重大事项时，未经过《劳动合同法》第四条第二款规定的民主程序的，原则上不能作为用人单位用工管理的依据……"但是，并非所有用人单位都有能力完善劳动规章制度，尤其是对于中小微企业和个体工商户而言更是困难，所以深圳市中级人民法院 2015 年发布的《关于审理劳动争议案件的裁判指引》第 89 条仍然规定："劳动者严重违反劳动纪律，用人单位可以依据《劳动法》第二十五条的规定解除劳动合同。"毕竟《劳动法》仍然有效，而且《劳动法》在 2018 修正时，仍保留了第 25 条的上述规定。

民主程序中的讨论程序、协商程序有所区别，讨论程序的对象是职工代表大会或者全体职工，协商程序的对象是工会或者职工代表。如果是国有企业，讨论程序需要通过职工代表大会的参与，而国有企业的职工代表大会有严格的推选规则和相应的比例要求；如果不是国有企业，则可以简化，既可以正式推选代表，也可以由各部门临时指派代表，注意留痕固定签到参会证据，以便将来举证即可。如果企业规模较大，组织全体职工参与讨论是不太现实的，有些用人单位通过发邮件的方式让全体员工或适用范围内员工进行讨论，也是一种变通办法。至于协商程序，法律规定的对象是工会或者职工代表，如果有工会，则最好由工会进行协商；如果没有工会，只要有适当的职工代表协商即可，并没有要求由职工代表大会参与，所以空间更大一些。

公示（告知）程序也属于法定的民主程序要求，用人单位既可以通过公示的方式处理，也可以通过培训或员工签收等方式直接告知员工，以满足法律要求。如果能够既公示又告知，做到双管齐下，当然会更好，不只是管理效果更到位，法律价值也会更高。

用人单位一定要注意规章制度的民主程序，满足了上述法律要求，相关制度才有机会被认可。如果用人单位处理劳动者的说服力不够时，民主程序不到位往往会成为司法机构裁判用人单位败诉的理由。此外，规章制度除了要履行民主程序外，内容还必须公平合理，所以最高院同时规定了"不违反国家法律、行政法规及政策规定"的底线。在此基础上，司法机构有权对规章制度具体规定的合理性进行审查，所以并非任何规章制度只要履行了民主程序就可以获得支持，还必须符合社会普遍价值观才能够被认可。如果担心民主程序不到位或相关内容的合理性受到挑战，另外一个解决方案就是"规章制度合同化"，将重要的制度转化为合同内容，通过与劳动者协商一致的方式降低相关风险，这一办法在实践中的效果比较明显。

需要注意的是，民主程序只是程序性要求，相关制度或决策最终仍由用人单位决定，无需取得讨论对象或协商对象的同意。《劳动合同法》所规定的"与工会或者职工代表平等协商确定"在文字上确实存在理解分歧，但这只是立法技巧，以满足各方需求，司法部门并不支持"共决权"的观点，均认可"单决权"的理解，如果理解为需要征得协商对象同意，会与公司法、民法等基本法律制度产生严重冲突，显然不能成立。

规章制度与劳动合同的关系也比较微妙，最高院规定从优适用劳动合同，但如果规章制度优于劳动合同时，司法部门仍会从优适用规章制度。如果规章制度优于法律规定时，也同样会从优适用规章制度。有些用人单位自行规定合同期满终止提前60天通知员工或规定病假待遇按100%支付，即便法律规定低于这一标准，也会理解为用人单位优于法律规定自设义务，应当履行相关义务。

2022-04-15

《关于劳动人事争议仲裁与诉讼衔接有关问题的意见（一）》要点解读评析

2022年2月，人社部、最高院再次合作，联合下发了《关于劳动人事争议仲裁与诉讼衔接有关问题的意见（一）》（以下简称《意见一》）。虽然只是意见，不是司法解释，但文号是人社部发〔2022〕9号，因此属于部颁规章，具有法律效力。下发对象除了各人力资源和社会保障厅（局）外，还包括各高院，因此所有仲裁机构和各级法院都应当遵照执行。

人社部与最高院需要合作，因为劳动人事争议案件一裁两审，事关双方。此前裁审不衔接，"铁路警察各管一段"，社会效果不理想。《意见一》是在总结各地裁诉衔接经验的基础上进行的立法，统一了理解和操作。虽然《意见一》主要规范的是程序问题，但也有实体问题，可以预见人社部和最高院还会陆续发布新的意见，相关实体问题的意见对用工管理具有非常重要的影响，各用人单位需要高度重视，应当及时研究，以便跟进或调整新的用工管理措施。

为便于大家理解，笔者就《意见一》要点点评如下。

三、用人单位依据《中华人民共和国劳动合同法》第九十条规定，要求劳动者承担赔偿责任的，劳动人事争议仲裁委员会应当依法受理。

点评：《劳动合同法》第九十条规定："劳动者违反本法规定解除劳动合同，或者违反劳动合同中约定的保密义务或者竞业限制，给用人单位造成损失的，应当承担赔偿责任。"但赔偿纠纷是否属于劳动争议，尤其是涉及保密责任往往与侵权相关，实践中存在一定的分歧。此次明确了劳动者违反保密义务或竞业限制义务相关纠纷属于劳动争议范围，在一定程度上有助于平息分歧。不过需要提醒的是，赔偿额度往往因为举证困难而难以获得支持，所以最好约定违约金，以降低风险。

五、劳动者请求用人单位支付违法解除或者终止劳动合同赔偿金，劳动人事争议仲裁委员会、人民法院经审查认为用人单位系合法解除劳动合同应当支付经济补偿的，可以依法裁决或者判决用人单位支付经济补偿。

劳动者基于同一事实在仲裁辩论终结前或者人民法院一审辩论终结前将仲裁请求、诉讼请求由要求用人单位支付经济补偿变更为支付赔偿金的，劳动人事争议仲裁委员会、人民法院应予准许。

点评：解除或终止劳动合同如果产生纠纷，是否合法最终由仲裁委或法院认定。作为劳动者，会基于自己的认识观提出相应的主张，比如有劳动者认为用人单位属于违法解除或终止劳动合同，并因此主张2N的赔偿金。在审理过程中，有的仲裁员或法官认为用人单位解除合法，在用人单位未支付经济补偿的情况下会行使释明权，以引导劳动者变更请求为经济补偿，如果劳动者坚持不变更，2N赔偿金的请求就会被驳回。但是，这样一来，劳动者可能意识到自己认识错误，再次申请仲裁，要求用人单位支付经济补偿，既浪费自己的时间力气，也浪费司法资源，因此《意见一》明确规定在此类情况下，"可以依法裁决或者判决用人单位支付经济补偿"，一次性了结所有法律程序，减轻了当事人的诉讼负担。

但是，这个规定只解决了一半的问题。如果劳动者的请求不是2N的赔偿金，而是要求恢复履行劳动合同，能直接判决支付经济补偿吗？恐怕人社部与最高院对此存在分歧，所以只好求同存异，暂时搁置，由地方机构自行酌处。

六、当事人在仲裁程序中认可的证据，经审判人员在庭审中说明后，视为质证过的证据。

点评：由于劳动人事争议审理实行特殊的"一裁两审制"，所以有些当事人就认为仲裁程序只是一个过场，拿来"练练手"，甚至通过仲裁庭审故意让对方暴露攻防要点，到一审时重新调整策略，甚至对一些核心证据也推翻不认，搞得法院也很辛苦，所以《意见一》明确规定仲裁程序认可的证据，直接在一审就视为质证过的证据，言下之意可以直接采用。所以各方当事人一定要注意，在仲裁程序阶段小心质证，要全盘考虑清楚才行，切忌反言。

七、依法负有举证责任的当事人，在诉讼期间提交仲裁中未提交的证据的，人民法院应当要求其说明理由。

点评：一直以来，劳动人事争议仲裁程序结束后进入诉讼程序的，全部都得再来一遍，甚至更复杂，既有一方起诉的，也有双方都起诉的，相互答辩，好不热闹。证据也是，要全部重新提交，而且仲裁阶段因为观点偏差或对某些证据未予认可，一审可能还得强化或补充相关证据，所以劳动争议一审程序比普通民事案件的一审程序复杂多了，工作量也大多了。法院也不胜其烦，所以《意见一》规定仲裁未提交的证据，要说明理由，希望各方在仲裁程序把证据最好都交齐了，免得法官辛苦。但是这确实不可能，也做不到，毕竟庭审过程中对方的陈述会影响每个事实的判断，也影响举证责任是否转移，所以《意见一》也只能规定要求说明理由。由于劳动争议的特殊性，加上劳动者法律知识有限，现在任何审理阶段劳动者都可能随时提交证据，仲裁员和法官基本上都会接受，这对用人单位的代理人提出了非常高的挑战，甚至不得不当庭进行质证，难度可想而知。

八、在仲裁或者诉讼程序中，一方当事人陈述的于己不利的事实，或者对于己不利的事实明确表示承认的，另一方当事人无需举证证明，但下列情形不适用有关自认的规定：

（一）涉及可能损害国家利益、社会公共利益的；

（二）涉及身份关系的；

（三）当事人有恶意串通损害他人合法权益可能的；

（四）涉及依职权追加当事人、中止仲裁或者诉讼、终结仲裁或者诉讼、回避等程序性事项的。

当事人自认的事实与已经查明的事实不符的，劳动人事争议仲裁委员会、人民法院不予确认。

点评：如果是特别授权，代理律师确实需要非常小心，需要尽可能在庭前核实所有重要信息，以避免庭上无法回复仲裁员或法官的询问，避免给当事人造成不利影响；但就算只是一般授权，也既要实事求是、尊重事实，还要争取转移举证责任以争取诉讼利益。《意见一》这个规定实际上是对既有审判规则的确认，也对例外情形作了规范，避免扩大"说错话"的后果，因为现实中确实存在当事人错误陈述的情形，也不能把人家"一棒子打死"，所以《意见一》也规定"自认的事实与已经查明的事实不符的"，不予确认。

九、当事人在诉讼程序中否认在仲裁程序中自认事实的，人民法院不予支持，但下列情形除外：

（一）经对方当事人同意的；

（二）自认是在受胁迫或者重大误解情况下作出的。

点评：劳动争议无论标的大小，因为程序特殊，所以当事人一定要注意裁审衔接的问题，避免自相矛盾，否则到了法院会陷于困境。《意见一》这一条明确规定了禁止反言，除非对方同意或是受胁迫、重大误解情形，但后面的情形几乎是不可能的，即便存在，也难以举证。这一规定与前述规定相互联系，其目的就是节约法院时间，提高法院的办案效率，同时保持裁审尽量一致，这对当事人的法律水平提出了更高的要求。

十、仲裁裁决涉及下列事项，对单项裁决金额不超过当地月最低工资标准十二个月金额的，劳动人事争议仲裁委员会应当适用终局裁决：

（一）劳动者在法定标准工作时间内提供正常劳动的工资；

（二）停工留薪期工资或者病假工资；

（三）用人单位未提前通知劳动者解除劳动合同的一个月工资；

（四）工伤医疗费；

（五）竞业限制的经济补偿；

（六）解除或者终止劳动合同的经济补偿；

（七）《中华人民共和国劳动合同法》第八十二条规定的第二倍工资；

（八）违法约定试用期的赔偿金；

（九）违法解除或者终止劳动合同的赔偿金；

（十）其他劳动报酬、经济补偿或者赔偿金。

点评：《劳动争议调解仲裁法》第47条规定："下列劳动争议，除本法另有规定的外，仲裁裁决为终局裁决，裁决书自作出之日起发生法律效力：（一）追索劳动报酬、工伤医疗费、经济补偿或者赔偿金，不超过当地月最低工资标准十二个月金额的争议；（二）因执行国家的劳动标准在工作时间、休息休假、社会保险等方面发生的争议。"但是一直以来该条存在诸多争议，相关请求是合并计算还是单独计算？是以请求的标的额为准还是以裁决金额为准？劳动报酬的范围包括哪些？竞业限制的经济补偿是否属于本条经济补偿的范围？不一而足。

《意见一》的规定进一步明确并扩大了终局裁决范围包括法定标准工作时间内提供正常劳动的工资、停工留薪期工资或者病假工资、代通知金、工伤医疗费、竞业限制的经济补偿、未签书面劳动合同的二倍工资差额、试用期违法的赔偿金、违法解除或终止的赔偿金等。需要提醒的是，这一规定并没有解决所有问题，将来仍然可能就此进一步出台相关规定。

十九、用人单位因劳动者违反诚信原则，提供虚假学历证书、个人履历等与订立劳动合同直接相关的基本情况构成欺诈解除劳动合同，劳动者主张解除劳动合同经济补偿或者赔偿金的，劳动人事争议仲裁委员会、人民法院不予支持。

点评：《劳动合同法》第26条规定以欺诈、胁迫的手段使对方在违背真实意思的情况下订立的劳动合同无效，同时在第39条规定用人单位可以解除劳动合同，因此用人单位以此为由解除劳动合同的无需支付任何经济补偿或赔偿金。《意见一》这一规定对欺诈进行了细化，确认"提供虚假学历证书、个人履历"等与订立劳动合同直接相关的基本情况构成欺诈，虽然司法实践中早有判例，但这是在立法层面上第一次确认，具有重要意义。《意见一》这一规定对用人单位用工管理会有帮助，也有助于端正社会风气，提高诚信水平。不过需要提醒的是，个人履历有时存在遗漏，是否构成欺诈可能还会有分歧，就算是履历个别细节不实，也要看对订立劳动合同是否有重大影响，不能简单地理解为一定会得到支持。如果没有把握，用人单位一方面可以利用这一条款施加压力，另一方面也可以考虑通过沟通促成劳动者主动离职，以降低风险。

二十一、当事人在劳动合同或者保密协议中约定了竞业限制和经济补偿，劳动合同解除或者终止后，因用人单位的原因导致三个月未支付经济补偿，劳动者请求解除竞业限制约定的，劳动人事争议仲裁委员会、人民法院应予支持。

点评：《最高人民法院关于审理劳动争议案件适用法律问题的解释（一）》（以下简称《司法解释一》）第38条规定："当事人在劳动合同或者保密协议中约定了竞业限制和经济补偿，劳动合同解除或者终止后，因用人单位的原因导致三个月未支付经济补偿，劳动者请求解除竞业限制约定的，人民法院应予支持。"但是《司法解释一》只规定了法院应予支持，此前一直解读为劳动者只能向法院请求解除，而劳动争议有仲裁前置的要求，如此一来，劳动者不知道怎么办了。《意见一》这一规定作了突破，明确了仲裁机构也应予支持，其实就是明确了劳动者可以直接请求仲裁机构处理，算是解决了这一历史遗留问题。

新的问题又来了：《司法解释一》第39条规定"在竞业限制期限内，用人单位请求解除竞业限制协议的，人民法院应予支持。在解除竞业限制协议时，劳动者请求用人单位额外支付劳动者三个月的竞业限制经济补偿的，人民法院应予支持。"这里的请求权怎么行使？是否参照前述规定执行？人社部与最高院难道又有分歧？令人不解。实务操作中，用人单位通常直接约定在竞业限制期限内可以直接解除竞业限制协议，以约定的方式绕开请求程序，尽管法律风险没有消除，但管理上还是有一定效果的。

2022–03–13

河南省高院《关于劳动争议案件审理中疑难问题的解答》要点点评

河南省高院终于出台了一份关于劳动争议的纪要，这份 2023 年的《关于劳动争议案件审理中疑难问题的解答》（以下简称《解答》）对一些劳动争议中的难点问题和焦点问题给出了自己的答案。尽管有些观点尚有商榷余地，但是有一些意见比较积极，也有新意，值得大家学习和探讨。现就《解答》要点点评如下。

2. 问：劳动者年满法定退休年龄后，在用人单位工作的，双方之间是否存在劳动关系？

答：分不同情况予以处理。职工退休年龄是法律规定的职工在一定的年龄之后不应当继续从事工作，而应该退出岗位的年龄。一般情况下，国家法定企业职工退休年龄为男职工年满 60 周岁，女干部年满 55 周岁，女职工年满 50 周岁。对于劳动者年满法定退休年龄后，仍在用人单位工作的，双方之间是否存在劳动关系的问题，分两步予以判断。一是查明劳动者达到退休年龄后是否享受基本保险待遇或领取退休金。《最高人民法院关于审理劳动争议案件适用法律问题的解释（一）》第三十二条第一款规定，用人单位与已经依法享受养老保险待遇或者领取退休金人员发生用工争议提起诉讼的，应当按劳务关系处理。如果劳动者达到退休年龄并享受基本养老保险待遇或领取退休金，其与用人单位发生用工争议，向人民法院提起诉讼的，应当按劳务关系处理。依照《劳动合同法》第四十四条第二项规定，劳动者依法享受养老保险待遇，是劳动者与用人单位劳动合同终止的法定原因。此种情形下认定为劳务关系，符合《劳动合同法》规定，也符合基本养老保险待遇制度的目的。二是如果劳动者达到退休年龄但并未享受基本养老保险待遇或领取退休金，对于其与用人单位之间属于劳动关系还是劳务关系，要区分两种情况：一种情况是劳动者在达到退休年龄之前就已经在用人单位工作，并且持续工作到退休年龄之后，但一直没有办理退休手续、不能领取退休金的，如果发生用工争议，符合劳动关系标准的，认定双方之间为劳动关系；另一种情况是劳动者在达到退休年龄之后才到用人单位工作，虽然没有享受基本养老保险待遇或领取退休金，但其与用人单位之间成立的是劳务关系，不宜认定为劳动关系。

点评：如果劳动者达到退休年龄但并未享受基本养老保险待遇或领取退休金，仍持续工作的，劳动者与用人单位之间属于什么关系似乎成了劳动司法实践中一个新的问题。《解答》给的答案是看情况，看是否在达到退休年龄之前就入职本单位，如果是，则认定为劳动关系；如果不是，则是劳务关系。这一观点令人困惑：退休前入职且签署了无固定期限劳动合同的员工岂不是就无法终止劳动合同了？基本养老保险在这一情况下还能在社保系统里继续缴纳吗？

《劳动合同法实施条例》第 21 条明确规定："劳动者达到法定退休年龄的，劳动合同终止。"《解答》这一意见明显忽略了这一规定，也没有注意到为何《劳动合同法实施条例》要在《劳动合同法》第 44 条第 2 项的基础上作此补充。原劳社部在《〈中华人民共和国劳动合同法〉宣传提纲》（劳社部发〔2007〕25 号）中确定了"终止法定"原则，如果只有《劳动合同法》第 44 条第 2 项规定的"劳动者开始依法享受基本养老保险待遇的"才能够终止劳动合同，那么必然会严重影响国家的用工制度和退休制度：不少劳动者（尤其是农村就业者）就业时没有参加基本养老保险，或就业时年龄较大基本养老保险无法缴足 15 年，无法享受基本养老保险待遇，这样将导致用人单位与他们签订的无固定期限劳动合同无法终止，原有退休制度也就无法再维系。这就是《劳动合同法实施条例》第 21 条补充立法的根本原因。

正是因为有了《劳动合同法实施条例》第21条这一规定，法律关系就很明确了：无论是否能够享受退休待遇，只要达到法定退休年龄，劳动合同依法终止。此后的关系均为劳务关系，至于如何解决这类人员的退休待遇问题，则另当别论。国家就此陆续出台了一些政策，比如允许具有户籍的劳动者在户籍所在地再继续缴纳基本养老保险5年，如果仍然达不到退休条件的也可以一次性趸缴，缴足至15年，等等。

为了解决养老保险基金不足的问题，也考虑到国家将推迟退休年龄，有一些城市允许延迟退休或弹性退休，社保系统仍对达到退休年龄的劳动者开放，允许用人单位继续为此类员工缴纳基本养老保险，但均以自愿为前提，也没有明确在此期间双方是什么关系。这种情况下产生了新问题：如何理解在此期间双方的法律关系？有人理解为劳动关系，也有人理解为特殊劳务关系，还有人理解为劳务关系，各自都有自己的说法。笔者认为，此类因延迟退休或弹性退休而产生的问题均以可以办理退休手续、享受退休待遇为基础，也具有自愿性，双方的关系按劳动关系理解是没有问题的。但是，《解答》以是否在达到退休年龄之前就入职本单位为标准区分是劳动关系还是劳务关系既与现行法律规定不符，也缺乏法理依据。《最高人民法院关于审理劳动争议案件适用法律问题的解释（一）》第32条第1款规定："用人单位与其招用的已经依法享受养老保险待遇或者领取退休金的人员发生用工争议而提起诉讼的，人民法院应当按劳务关系处理。"这一规定没有问题，也与上位法相符，但《解答》引用这一规定论证相关主张并不能成立。需要注意的是，最高院的司法解释并没有否定《劳动合同法实施条例》第21条的规定，也无权否定；而且该司法解释第32条第2款也只是规定："企业停薪留职人员、未达到法定退休年龄的内退人员、下岗待岗人员以及企业经营性停产放长假人员，因与新的用人单位发生用工争议而提起诉讼的，人民法院应当按劳动关系处理。"笔者认为，对于达到退休年龄的劳动者，无论是在原单位继续工作还是重新入职其他单位，双方的关系原则上应按劳务关系处理，除非双方明确自愿保持劳动关系且劳动者放弃办理退休手续并能够由用人单位持续缴纳基本养老保险。

> **法条链接**
>
> **2021年《最高人民法院关于审理劳动争议案件适用法律问题的解释（一）》**
>
> 第三十二条 用人单位与其招用的已经依法享受养老保险待遇或者领取退休金的人员发生用工争议而提起诉讼的，人民法院应当按劳务关系处理。
>
> 企业停薪留职人员、未达到法定退休年龄的内退人员、下岗待岗人员以及企业经营性停产放长假人员，因与新的用人单位发生用工争议而提起诉讼的，人民法院应当按劳动关系处理。
>
> **2023年山东省高院《关于审理劳动争议案件若干问题的解答》**
>
> 十、达到法定退休年龄人员的劳动关系何时终止的问题。
>
> 答：依据《最高人民法院关于审理劳动争议案件适用法律问题的解释（一）》第三十二条的规定，劳动者达到国家规定的法定退休年龄，非用人单位原因不能享受基本养老保险待遇的，应当终止劳动关系，劳动者再次就业的，应认定为劳务关系；劳动者达到国家规定的法定退休年龄，因用人单位原因不能享受基本养老保险待遇的，不应认定劳动关系终止。
>
> **2019年《安徽省劳动人事争议仲裁案例研讨会纪要》**
>
> 三、劳动者达到法定退休年龄前与用人单位建立劳动关系，超过法定退休年龄后未享受职工基本养老保险待遇，仍继续为该用人单位提供劳动的，应当认定双方劳动关系延续，但用人单位与劳动者均有单方终止劳动关系的权利。用人单位单方终止劳动关系的，除用人单位对劳动者未享受职工基本养老保险待遇存在过错外，劳动者主张经济补偿的，仲裁委员会不予支持。

4. 问：车辆实际所有人聘用的司机与被挂靠单位之间是否认定形成事实劳动关系？

答：不认定双方形成事实劳动关系。最高人民法院《关于车辆实际所有人聘用的司机与挂靠单位之间是否形成事实劳动关系的答复》（2013民一他字第16号）认为：个人购买的车辆挂靠其他单位且以被挂靠单位的名义对外经营的，根据 2008 年 1 月 1 日起实施的《劳动合同法》规定的精神，其聘用的司机与挂靠单位之间不具备劳动关系的基本特征，不宜认定其形成了事实劳动关系。实践中，运营性车辆挂靠行为比较普遍。尽管被挂靠单位对从业人员进行安全教育、职业道德教育，但只是每年向车辆实际所有人收取挂靠费，允许车辆实际所有人以其名义对外经营，其他的不再过问。对于车辆实际所有人具体聘用何人为司机、条件、经营管理、薪酬待遇等，均与被挂靠单位无关。车辆实际所有人聘用的司机与被挂靠单位之间没有建立劳动关系的合意。《民法典》第一千二百一十一条规定："以挂靠形式从事道路运输经营活动的机动车，发生交通事故造成损害，属于该机动车一方责任的，由挂靠人与被挂靠人承担连带责任。"据此，如果被挂靠单位与车辆实际所有人聘用的司机之间存在劳动关系，在发生交通事故的情况下，仅由被挂靠单位作为用工单位对外承担责任，而不是被挂靠单位与车辆实际所有人承担连带责任。因此，在司法实践中，不能认定被挂靠单位与车辆实际所有人聘用的司机之间存在劳动关系。如果认定车辆被挂靠单位与司机之间存在事实劳动关系，会过度加重被挂靠单位的责任，也会对整个劳动社会保障制度造成冲击。

点评：被挂靠单位对从业人员进行了安全教育、职业道德教育，已经有直接管理的动作了，肯定会产生风险。毕竟认定劳动关系仍然主要是依据 2005 年原劳动和社会保障部的《关于确立劳动关系有关事项的通知》，"劳动者受用人单位的劳动管理"是其中非常重要的判断标准之一，而且最高院 2023 年 5 月 26 日在与人力资源社会保障部联合发布的新就业形态劳动争议典型案例中也强调：劳动关系的核心特征为"劳动管理"，即劳动者与用人单位之间具有人格从属性、经济从属性、组织从属性。最高院和人力资源社会保障部通过新就业形态劳动争议典型案例中的第 3 个案例的"典型意义"指出："在仲裁和司法实践中，应当谨慎区分劳动关系与各类民事关系，对于此类'隐蔽劳动关系'，不能简单适用'外观主义'审查，应当根据劳动管理事实和从属性特征明确劳动关系主体，依法确定各方权利义务。"

挂靠过程实际上会有非常复杂的情况，并非"均与被挂靠单位无关""其他不再过问"。具体到经营管理、证件办理、收入分配细节时，被挂靠单位其实难以回避介入了相关管理，甚至存在名为挂靠、实为劳动关系的可能性，不能简单地认定为"车辆实际所有人聘用的司机与被挂靠单位之间没有建立劳动关系的合意"，毕竟也还会有"表见代理"的可能性。而《民法典》第1211条的规定，只是从挂靠人与被挂靠人是否承担连带责任的角度进行了规范，不能得出双方之间不存在劳动关系的结论，也不能以此作为支持双方不能存在劳动关系的依据。"在司法实践中，不能认定被挂靠单位与车辆实际所有人聘用的司机之间存在劳动关系。"这一观点笔者认为值得商榷，应当结合个案的具体案情进行研究。如果被挂靠单位确实实际支配、管理了车辆实际所有人聘用的司机，而且达到了"强管控"的程度，满足了《关于确立劳动关系有关事项的通知》所规定的条件，也应该认定双方之间存在劳动关系。此外，《解答》第3个问题其实也与本问题有关，对于该问题河南省高院尽管也主张"不认定双方存在劳动关系"，但也认可"表见代理原则"，还留了余地。

法条链接

2023年《河南省高院关于劳动争议案件审理中疑难问题的解答》

3. 问：建筑领域中包工头自行招用的农民工与具有用工资质的承包企业之间是否认定存在劳动关系？

答：不认定双方存在劳动关系……如果具有用工资质的建筑企业将建筑工程发包给自己的内部职工，其内部职工又以建筑企业的名义招用农民工，并且农民工有理由相信自己是被建筑企业所聘用，而不是被包工头所聘用，则此时可以按照表见代理原则，将建筑企业内部职工招用农民工的行为视为具有用工资质的建筑企业的招用行为，劳动者自用工之日起与建筑企业建立劳动关系。

5. 问：用人单位与劳动者"长期两不找"情形下的劳动关系如何认定？

答：不认定双方继续存在劳动关系。劳动者离开用人单位后，长期未提供劳动，用人单位亦未正式发出通知与劳动者解除劳动关系，双方处于"长期两不找"的状态。经过多年以后，劳动者请求确认其与用人单位存在劳动关系，或者请求用人单位继续履行劳动合同、安排工作的，对于劳动者的请求，不予支持。双方处于"长期两不找"的状态下，双方之间的劳动关系并非处于中止履行状态，而是已经解除。对于用人单位解除劳动合同的形式，不能局限于用人单位向劳动者发出解除劳动合同通知这一种方式。在实践中，一边是劳动者不辞而别，长期不提供劳动，一边是用人单位停发工资，双方之间的劳动合同在事实上已经解除。如果依据用人单位的规章制度，劳动者不辞而别，长期不在岗，属于旷工行为，此时也符合用人单位解除劳动合同的条件。双方之间解除劳动合同的时间可以从用人单位停止发放该劳动者的工资之日起计算。

点评："长期两不找"并非法律概念，实践中主要是指劳动者与用人单位曾建立过劳动关系，由于种种原因既没上班，也没发工资、缴社保，双方均对劳动关系没有明确的解除或终止行为，也没有办理离职手续，却又长期相互不联系，但又还有某些特定的连接点（比如保留了人事档案），因此成为历史问题，甚至可能产生劳动纠纷。

这类纠纷多见于国有企业，因为有一些员工原来是固定工或干部身份，1995年《劳动法》实施后未能进行"全员劳动合同制"改制，也就是没有签订劳动合同，所以关系模糊，再加上长期不联系，更加说不清楚。时间一长，新的社会关系已经形成或稳定，再回溯几十年，要求确认劳动关系并享受相关待遇确实不合适，难以支持。河南省高院意识到这类情形不属于"中止履行状态"，并创造性地提出了"事实解除"的概念，主张此类情形不认定双方之间继续存在劳动关系，双方解除劳动合同的时间可以从停发工资之日计算。这也为运用时效制度解决这类问题奠定了基础。虽然河南省高院没有注意到固定工、干部等特殊的历史身份问题，没有注意到不是所有劳动者都会有劳动合同，但基本上算是自圆其说了，也为这类案件的处理画上了句号。

无独有偶，2023年6月30日山东省高院发布了十大劳动争议案例。其中案例七就是"两不找"情形，山东省高院的观点是"长期两不找状态下劳动关系中止，用人单位不承担劳动法上的义务"。客观上讲山东省高院的观点在逻辑上存在问题，一方面主张是中止，另一方面却认可用人单位不承担劳动法上的义务，其实存在一定的矛盾。劳动者要是与原用人单位签订了无固定期限劳动合同，如果认定"两不找"为中止，则劳动者要求继续履行劳动合同的请求难以再驳回，毕竟此类劳动合同有始无终，无法主张期满自行终止。

笔者 20 年前曾在深圳代理过类似案件，当时《劳动法》实施没多久，法院确实不太了解此前各类用工政策，感到比较棘手，最后是以时效已过为由驳回了劳动者的请求。相关案例还作为典型案例入选最高院编写的第 42 期《人民法院案例选》，有兴趣的读者可以自行翻看查阅。

广东省高院和广东省劳动人事争议仲裁委 2012 年在《关于审理劳动人事争议案件若干问题的座谈会纪要》提出了另外一个解决方案："劳动者与用人单位均无法证明劳动者的离职原因，可视为用人单位提出且经双方协商一致解除劳动合同，用人单位应向劳动者支付经济补偿。"这样换了一个角度平衡双方的利益，既不支持劳动者"两不找"后要求恢复劳动关系或履行劳动合同，同时又引导劳动者主张补偿，也不失为一个思路。

延伸阅读

2023 年《山东法院十大劳动争议典型案例》

【案例 7】

**长期两不找状态下劳动关系中止，
用人单位不承担劳动法上的义务**

——某矿业公司与伊某确认劳动关系纠纷案

［新泰市人民法院（2021）鲁 0982 民初 4424 号民事判决书、
泰安市中级人民法院（2021）鲁 09 民终 3919 号民事判决书］

【基本案情】

某矿业公司于 1973 年 5 月成立，2018 年因长期经营不善及执行国家产能政策关停。伊某 1975 年到某矿业公司工作，自 1992 年起不再提供劳动。2020 年 11 月，伊某起诉请求：（1）确认伊某与某矿业公司自 1975 年 3 月至退休之日 2011 年 6 月 5 日止，双方存在劳动关系；（2）某矿业公司为伊某办理退休手续；（3）某矿业公司支付伊某自 1992 年 5 月至今的生活费 30 万元。

【裁判结果】

人民法院经审理认为，本案双方当事人的争议焦点为自 1992 年至伊某达到法定退休年龄期间双方是否存在劳动关系，即长期"两不找"状态下，双方劳动关系是否存续。本案中，伊某于 1992 年起未再向某矿业公司提供劳动，某矿业公司未安排其工作，亦未与其解除劳动关系，双方均无有效证据表明曾向对方主张过任何权利，长期处于"两不找"的状态。在此期间内，双方未实际履行劳动合同，劳动关系处于中止履行状态，双方不享有和承担劳动法上的权利义务，某矿业公司无需支付伊某劳动关系中止期间的生活费。判决确认伊某与某矿业公司自 1975 年 3 月至 2011 年 6 月 5 日（退休之日）双方存在劳动关系；驳回伊某的其他诉讼请求。

【典型意义】

司法实践中，长期"两不找"劳动争议，往往包含一定特殊历史因素，在企业改制过程中，有些用人单位与劳动者建立过合法劳动关系，但是用人单位长期不给劳动者安排工作、发放工资，劳动者亦长期未向用人单位提供劳动，"两不找"状态持续十几年甚至几十年。在这种长期"两不找"情形下，判断劳动关系是否存在，应从双方是否建立过合法劳动关系、用人单位是否履行法定程序解除劳动关系两方面分析判断。在举证责任的分配上，应由用人单位举证证明劳动合同已经合法解除，否则应当认定双方劳动关系仍然存续，但"两不找"情形下，双方并未实际履行劳动合同，劳动关系处于中止状态，双方不享有和承担劳动法上的权利义务。本案对长期"两不找"状态下劳动关系的认定进行了分析与研究，明确了两不找状态下用人单位的义务，有利于规范企业用工，维护劳动者合法权益。

2023-07-09

《天津市贯彻落实劳动合同法若干问题实施细则》创新规定点评

《劳动合同法》出台15年了，但纷争仍不断，新问题也持续涌现，令各方困扰。2023年7月29日，天津市人社局下发了《天津市贯彻落实劳动合同法若干问题实施细则》（以下简称《细则》），再次对司法实践中的劳动用工热点、难点问题给出了自己的答案。其中一些规则具有创新性，例如：未签书面劳动合同二倍工资计算基数排除支付周期不确定或超过一个月的待遇；加班工资计算基数可以约定，但不得低于"所在岗位应得的工资报酬"，没有约定可以重新协商；用人单位可以约定调岗，待遇和劳动条件不得明显不利变更，但医疗期满、不能胜任情形除外；用人单位以员工过错为由单方解除劳动合同时限为6个月；用人单位应在规章制度中明确严重违反规章制度的情形，未明确的，用人单位不得以劳动者严重违反用人单位的规章制度为由解除劳动合同；等等。现针对《细则》相关创新规定点评如下。

第六条　用人单位自用工之日起，超过一个月未与劳动者订立书面劳动合同，应当按照劳动合同法实施条例第六条、第七条规定向劳动者每月支付二倍工资，不足一个月的部分按日折算。二倍工资基数应按照劳动者正常工作时间应得工资计算，但不包括以下两项：

（一）支付周期超过一个月的工资报酬，如季度奖、半年奖、年终奖、年底双薪以及按照季度、半年、年结算的业务提成等；

（二）未确定支付周期的工资报酬，如一次性奖金、特殊情况下支付的津贴、补贴等。

点评：虽然国家统计局在 1990 年就通过《关于企业工资总额组成的规定》以及《〈关于企业工资总额组成的规定〉若干具体范围的解释》对工资的范围进行过规范，但也一直还存在理解分歧，2012 年财政部下发《关于企业加强职工福利费财务管理的通知》后，几乎所有福利都工资化了。即便如此，也不足以解决劳动争议中涉及工资的各类法律问题，事实劳动关系二倍工资中的工资具体范围就是其中的一个难点。《细则》明确了支付周期超过一个月的奖金、提成以及未确定支付周期的奖金等待遇不计为二倍工资的范围，以平衡各方利益。这确实是个突破，但是，加班工资其实也不是正常收入，就算每个月都有金额不等的加班工资，也不宜计为二倍工资的范围。笔者认为，二倍工资的目的本来就只是督促用人单位及时签订劳动合同而已，相关法律责任未免过重，应当对二倍工资作限定性理解：二倍工资限于劳动合同约定的或实际岗位对应的正常工作时间工资即可，不宜包罗万象，把所有待遇都纳入其中，不然多少有鼓励员工放任不签劳动合同情形存在的嫌疑。何况签订劳动合同系双方的义务，用人单位可能由于种种原因未及时签订，作为劳动者，同样有义务督促或提醒用人单位签订，不能厚此薄彼。

用人单位未依法缴纳社会保险的，《劳动合同法》规定劳动者有权解除劳动合同且获得离职经济补偿。但是，深圳立法明确规定此类情形还是要给用人单位机会，要求先通知用人单位补缴，用人单位在 30 日内未能依法补缴的，劳动者才得以行使解除权。这一规定也是对《劳动合同法》的突破，但却又比较务实，毕竟社保问题往往涉及全体员工，也涉及社会稳定。事实劳动关系的二倍工资同样可以借鉴这一思路，设置前置提示程序，对于提示后拒不改正的，再行承担二倍工资的责任可能会更合适。

现在司法实践中最糟糕的是对原来签订了劳动合同、期满后未再续签的事实劳动关系情形，相关部门基本上简单套用《劳动合同法》的规定，仍然要求用人单位支付二倍工资。要知道，《劳动合同法》的规定本来就只适用于"自用工之日起"的情形，而不是签了劳动合同在期满后未再签订的情形，毕竟用人单位此前的签订行为表明了没有违法拒签的主观故意，所以最高院在 2021 年的《最高人民法院关于审理劳动争议案件适用法律问题的解释（一）》中再次强调："劳动合同期满后，劳动者仍在原用人单位工作，原用人单位未表示异议的，视为双方同意以原条件继续履行劳动合同。一方提出终止劳动关系的，人民法院应予支持。"这一规定支持笔者的观点：劳动合同期满未签订新劳动合同情形不适用事实劳动关系的二倍工资罚则。

第八条 用人单位可以与劳动者在劳动合同中对加班加点工资计算基数进行约定，约定加班加点工资计算基数不得低于劳动者所在岗位应得的工资报酬。

前款所称劳动者所在岗位应得的工资报酬，不含支付周期超过一个月或支付周期不确定的工资报酬。

第九条 用人单位与劳动者在劳动合同中对加班加点工资计算基数没有约定或者约定不明确引发争议的，用人单位与劳动者可以重新协商；协商不成的，适用集体合同规定；没有集体合同或者集体合同未规定加班加点工资计算基数，以劳动者应得工资扣除加班加点工资后的数额作为加班加点工资计算基数。

点评： 加班工资如何计算的问题也一直争论不休。《劳动法》第 44 条的表述为"用人单位应当按照下列标准支付高于劳动者正常工作时间工资的工资报酬""不低于工资的百分之一百五十的工资报酬"等。为了避免分歧，原劳动部在 1994 年配套出台了《关于〈中华人民共和国劳动法〉若干条文的说明》，并明确规定："本条的'工资'，实行计时工资的用人单位，指的是用人单位规定的其本人的基本工资，其计算方法是：用月基本工资除以月法定工作天数即得日工资，用日工资除以日工作时间即得小时工资；实行计件工资的用人单位，指的是劳动者在加班加点的工作时间内应得的计件工资。"也就是说，加班工资的计算基数只是基本工资。从国家统计局《〈关于企业工资总额组成的规定〉若干具体范围的解释》第 5 点的规定来看，基本工资就是标准工资，"是指按规定的工资标准计算的工资（包括实行结构工资制的基础工资、职务工资和工龄津贴）"。这一规则在薪酬多元化、结构复杂化的新的用工环境下，确实出现了一些问题。

2004年深圳出台《深圳市员工工资支付条例》，对标准工资的范围重新进行界定，将标准工资定义为"员工在正常工作时间内为用人单位提供正常劳动应得的劳动报酬"。这样一来，标准工资（也就是基本工资）不限于基础工资、职务工资和工龄津贴这三项了，包括当月发放的任何名义的待遇，除非支付周期超过一个月或未确定支付周期的相关待遇。加班工资因此大幅上升，也引发了大量劳资纠纷。为了解决这些问题，2008年广东省高院和广东省劳动争议仲裁委出台了纪要，除了允许约定"包薪制"之外，还特别规定："劳动者加班工资计算基数为正常工作时间工资。""用人单位与劳动者约定奖金、津贴、补贴等项目不属于正常工作时间工资的，从其约定。但约定的正常工作时间工资低于当地最低工资标准的除外。"次年，《深圳市员工工资支付条例》删除了"标准工资"的概念，直接使用了"正常工作时间工资"的概念，并规定："正常工作时间工资由用人单位和员工按照公平合理、诚实信用的原则在劳动合同中依法约定，约定的正常工作时间工资不得低于市政府公布的最低工资标准。"虽然没规定可以约定奖金、津贴、补贴不属于正常工作时间工资，但结合广东省的纪要来看，其实就是调整了自己的思路。司法部门也统一按此理解并执行。尽管近年广东省废除了2008年的纪要，但司法实践中仍认可这一操作。自广东开了头之后，各省市陆续以纪要等方式出台了相关规则，原则上允许约定加班工资计算基数，也允许约定"包薪制"。不过最高院的态度比较微妙，一直没有确认允许约定加班工资计算基数，但是对"包薪制"则和人社部在2022年以发布指导案例的方式间接予以肯定。

允许双方当事人约定加班工资计算基数，显然对用人单位更有利，毕竟在签订劳动合同时用人单位占有优势，这样可能会导致员工加班待遇还不如原有工资水准，从而出现新的不平衡。《细则》一方面规定允许约定加班工资计算基数，另一方面又限定其下限："约定加班加点工资计算基数不得低于劳动者所在岗位应得的工资报酬。"这又回到了深圳2004年的模式了。尽管《细则》允许重新协商，但在出现纠纷时协商的机会不大。还不如参照上海的规则，直接规定下限为"不得低于劳动者所在岗位应得的工资报酬70%"。上海、北京目前都允许约定加班工资计算基数，但上海同时规定如果没有约定，则按工资70%作为基数，这也是一个办法。《细则》尽管有意平衡，但可能会走上深圳老路，在这几年内出现大量加班纠纷案件，将来也可能需要重新调整。

第十三条　用人单位与劳动者在劳动合同中可以约定根据生产经营情况单方调整劳动者工作岗位，岗位调整时应同时符合以下条件：

（一）用人单位生产经营的客观需要；

（二）调整后工作岗位的劳动报酬和劳动条件不存在明显不利变更，但依据劳动合同法第四十条第一项、第二项有关规定调整岗位的除外；

（三）调整工作岗位不具有歧视性、侮辱性；

（四）不违反法律法规的规定。

用人单位与劳动者签订的劳动合同未约定调整工作岗位有关内容，用人单位规章制度也未作相关规定的，除依据劳动合同法第四十条第一项、第二项有关规定调整工作岗位情形外，用人单位与劳动者协商一致，可以调整工作岗位。

点评：能否调岗、如何调岗，都是大问题。司法实践中的认识非常不统一。判你败诉时判词里写上一句"未与劳动者协商一致"就够了，判你胜诉时，才会想起用人单位有用工自主权这么一说。

《劳动合同法》第35条规定："用人单位与劳动者协商一致，可以变更劳动合同约定的内容……"可是很多人，包括个别法官和律师在内，居然解读成了"变更劳动合同必须与劳动者协商一致"！这些错误的认识，不只是带坏了节奏，更是给社会酿造了很多不和谐的案件。

实际上，除了协商一致可以变更劳动合同外，员工不能胜任工作或医疗期满情形下，用人单位完全可以依法单方调岗，依据就是《劳动合同法》第40条第1项和第2项。此外，劳动合同的必备条款中规定的只是"工作内容"，并非工作岗位，所以只要在劳动合同约定的"工作内容"范围内调整工作岗位，也是完全没问题的。当然了，相关薪酬是另外一个问题，虽然可能也有理解分歧，但至少应当肯定用人单位的用工自主权。即便是双方约定了工作岗位，用人单位也同样可以根据用工自主权依法调岗，这些都是正常的用工安排，完全不构成劳动合同变更，更谈不上什么需要与劳动者协商一致。

广东省高院和广东省劳动人事争议仲裁委注意到相关问题，在2012年的纪要中规定："用人单位调整劳动者工作岗位，同时符合以下情形的，视为用人单位合法行使用工自主权，劳动者以用人单位擅自调整其工作岗位为由要求解除劳动合同并请求用人单位支付经济补偿的，不予支持：（1）调整劳动者工作岗位是用人单位生产经营的需要；（2）调整工作岗位后劳动者的工资水平与原岗位基本相当；（3）不具有侮辱性和惩罚性；（4）无其他违反法律法规的情形。"这一规定虽然肯定了用人单位的用工自主权，但是广东省内各地法院在适用时却情况不一。只要有这类纠纷，用人单位仍然难求一胜，仍然无计可施，管理效果和社会效果都非常负面。

虽然广东省的纪要被废止了，但外省市高院基本上都照抄了上述规定，似乎成了"标配"。可是外省市法院对此类案件的理解仍五花八门，甚至连员工不能胜任工作、医疗期满情形都苛求用人单位与劳动者协商一致。所以天津《细则》的相关规定，算是难能可贵，其创新点一是不再要求"薪酬基本相当"了；二是使用了"明显不利"的概念，也就是说，即便是有所下调，也是可以接受的；三是员工不能胜任工作、医疗期满情形除外，可以作较大幅度调整。这才是应有之义，毕竟原来都不能胜任工作了，医疗期满且不能从事原工作了，难道还要保证原待遇？不过天津《细则》还是留了遗憾：劳动合同没有约定可以调岗、规章制度也没有规定的，似乎还是要与员工协商一致才能变更工作岗位，只是话没说得那么直白而已。这同样是错误的认识。

第十五条 劳动者有劳动合同法第三十九条第一项情形，在试用期间被证明不符合录用条件的，用人单位解除劳动合同的决定，应当在试用期内作出。

劳动者有劳动合同法第三十九条第二项、第三项、第四项、第五项、第六项情形之一，用人单位与劳动者解除劳动合同的，应自知道或应当知道劳动者存在上述情形之日起六个月内作出解除劳动合同的决定。

点评：劳动者在试用期内被证明不符合录用条件，一是要有明确且双方确认的录用条件，二是要有证据证明劳动者不符合录用条件，三是必须在试用期内作出解除决定。有些用人单位管理不到位，或者犹犹豫豫、拖拖拉拉，一旦错过时间，就会构成违法解除，确实需要改进管理，及时处理，避免风险。如果想给劳动者机会，双方还是需要书面确认延长试用期，以降低风险。当然了，这样操作的前提必须是试用期仍有空间，不能突破法定上限。

劳动者如有严重违纪等情形，用人单位依法解除劳动合同同样要注意时限问题。虽然《劳动法》《劳动合同法》对此没有明确规定，但1982年原《企业职工奖惩条例》是有处分时限要求的，而且2014年的《事业单位人事管理条例》也有相关规定。尽管这些规定都有特定的适用主体，无法直接引用，但这些规定有其合理性，所以天津《细则》规定要求用人单位在6个月内作出解除劳动合同的决定，是有相应理据的，也是实践所需。当然了，这一点也不能算创新，《安徽省劳动人事争议仲裁案例研讨会纪要》在2019年就规定："用人单位依据《劳动合同法》第三十九条解除劳动合同的，应当在合理期限内行使解除权；用人单位知道或应当知道劳动者具有《劳动合同法》第三十九条相应情形超过一年（相应情形呈连续或持续状态的，从相应行为终了之日起计算）解除劳动合同，且解除劳动合同前劳动者仍在用人单位工作的，应当认定为违法解除。"

第十七条 用人单位与劳动者签订的固定期限劳动合同期满，因未能维持或提高劳动合同约定条件，致使劳动者不与用人单位续订劳动合同的，用人单位应依法向劳动者支付经济补偿。

用人单位变更劳动合同约定条件，难以确定是提高或降低，劳动者不与用人单位续签劳动合同且终止劳动关系的，视为用人单位未能维持或提高劳动合同的约定条件。

……

点评：现在续签劳动合同、终止劳动合同成了新的劳动纠纷难点问题。除了"二次""三次"问题外，续订时用人单位提供的新岗位、新待遇因为管理体系不同，确实会有难以确定是提高还是降低原有条件的问题。因为这一条件涉及劳动者是否可以获得补偿的重大利益，所以纠纷不断。天津《细则》这一规定对劳动者有利，但"一刀切"也过于简单化了，尚可商榷。

第二十条　用人单位应当依法建立和完善劳动规章制度，明确严重违反规章制度的情形，未明确的，用人单位不得依据劳动合同法第三十九条第二项规定与劳动者解除劳动合同。

点评：天津《细则》这一规定对用人单位的压力很大。一是因为用人单位的规章制度确实难以包罗万象，二是有些小微企业可能就没有什么规章制度，这样规定的话让这些用人单位的风险明显放大。反过来看，用人单位不引用《劳动合同法》第 39 条第 2 项处理，而是引用《劳动法》第 25 条第 2 项行不行？《劳动法》第 25 条第 2 项明确规定了劳动者"严重违反劳动纪律或者用人单位规章制度的"，"用人单位可以解除劳动合同"，难道这也不行吗？至少深圳中院有纪要，确认了用人单位有权依据《劳动法》以劳动者严重违反劳动纪律为由解除劳动合同。天津《细则》第 20 条的规定虽然逻辑没问题，但也过于武断了。

2023 - 08 - 27

> # 《最高人民法院关于审理劳动争议案件适用法律问题的解释（二）（征求意见稿）》修改意见及具体理由

第一条　【股权激励争议的受理】用人单位基于劳动关系以股权激励方式为劳动者发放劳动报酬，劳动者请求用人单位给付股权激励标的或者赔偿股权激励损失发生的纠纷属于劳动争议，但因行使股权发生的纠纷除外。当事人不服劳动争议仲裁机构作出的裁决，依法提起诉讼的，人民法院应予受理。

修改意见： 建议将"用人单位基于劳动关系以股权激励方式为劳动者发放劳动报酬，劳动者请求用人单位给付股权激励标的或者赔偿股权激励损失发生的纠纷属于劳动争议，但因行使股权发生的纠纷除外"修改为"用人单位通过股权期权等方式对劳动者实施激励方案的，应结合劳动者是否支付对价、相关激励待遇是否与股票价格关联、是否属于股东转让分红等因素综合认定是否属于劳动报酬；如属于劳动报酬，用人单位与劳动者因该激励待遇发生的纠纷属于劳动争议"。

具体理由：《关于贯彻执行〈中华人民共和国劳动法〉若干问题的意见》第53点规定：《劳动法》中的"工资"是指用人单位依据国家有关规定或劳动合同的约定，以货币形式直接支付给本单位劳动者的劳动报酬，一般包括计时工资、计件工资、奖金、津贴和补贴、延长工作时间的工资报酬以及特殊情况下支付的工资等。由此可见，国家明确规定工资只能以货币形式支付。

股权期权激励对应的对象通常是有价证券，且股权期权的收益源于市场，并非由用人单位支付；股价具有波动性，不具有劳动报酬的相对固定性，劳动者也可能因为行权而导致损失，此类股权期权激励所获待遇不应归属于劳动报酬。

各地司法部门在现行司法实践中多主张股权期权激励争议不属于劳动争议，具体可以收集各地法院的判决参看。上海市第一中级人民法院2021年4月在其发布的《涉高管劳动争议案件审判白皮书》案例七中特别指出：股权争议一般不宜作为劳动争议案件处理，理由在于"股权本身既不属于劳动报酬也不属于福利待遇。劳动争议调解仲裁法对劳动争议受案范围有明确规定，并不包含股权，且上述纠纷涉及股权激励约定效力如何认定、授予股票或者股票期权的主体是否适格、行权条件如何成就等问题，专业性较强，有专门的公司法、证券法等加以调整，一般不宜作为劳动争议案件处理"。

此外，股权期权授予、行权等事宜可能涉及多方主体，股权期权授予方与劳动者未必有直接的劳动关系，可能因为财务并表而实施股权期权激励。即便基于劳动关系实施股权期权激励，既可能是实际股权，也可能是虚拟股权或股东转让分红，还涉及税务问题，情况还比较复杂，要结合实际情况进行综合判断。综上，股权期权激励待遇不宜认定为劳动报酬，如果条件不成熟，建议此类纠纷如何定性暂不立法。

第六条 【达到法定退休年龄但是尚未享受基本养老保险待遇的劳动者的权益保护】达到法定退休年龄但是尚未享受基本养老保险待遇的劳动者为用人单位提供劳动，劳动者请求参照适用劳动法律法规处理劳动报酬、工作时间、休息休假、劳动保护、职业危害防护以及工伤保险待遇等争议的，人民法院应予支持。

修改意见： 建议将本条修改为"达到法定退休年龄但是尚未享受基本养老保险待遇的劳动者为用人单位提供劳动，劳动者请求参照适用劳动法律法规处理工伤保险待遇争议的，人民法院应予支持"。

具体理由： 《劳动合同法》第44条规定劳动者开始依法享受基本养老保险待遇的劳动合同终止，但这一规定存在漏洞，实践中不少农民工达到法定退休年龄时无法享受基本养老保险待遇，劳动合同因此无法终止，将严重冲击我国现行的退休制度。因此《劳动合同法实施条例》在第 21 条作了补充规定："劳动者达到法定退休年龄的，劳动合同终止。"这一方面解决了前述问题，另一方面也确定了劳动关系与劳务关系的"分水岭"，因此社会上不少达到退休年龄的劳动者由于无须适用劳动法律法规而得以被用人单位返聘"发挥余热"。用人单位愿意使用达到退休年龄的劳动者，正是因为用工成本相对较低，无须缴纳"五险一金"，且劳务合同适用民事法律规定，可以相对自由地约定双方的权利义务。规范的用人单位在使用这类劳动者的过程中，也都还会注意提供合理的工作时间、休息休假、劳动保护、职业危害防护等，毕竟这类劳动者年纪较大，相关风险相对年轻的劳动者本身就比较大，发生人身损害时用人单位作为受益人也需要承担责任。因此，如果达到退休年龄后仍参照适用劳动法律法规处理劳动报酬等争议，反而可能会损害这部分特殊劳动者的利益，他们很可能因此而丧失"就业机会"，尤其是农民工群体：他们既无法享受基本养老保险待遇，又难以参与市场竞争，岂不更加弱势？

此外，本次司法解释征求意见稿中这一条规定最后还有"等"字进行兜底，不仅将在劳动报酬上产生前述问题，也可能出现此类劳动者终止或解除聘用时是否需要支付经济补偿的争端。原劳动部《关于实行劳动合同制度若干问题的通知》（劳部发〔1996〕354 号）第 13 点规定："已享受养老保险待遇的离退休人员被再次聘用时，用人单位应与其签订书面协议，明确聘用期内的工作内容、报酬、医疗、劳保待遇等权利和义务。"次年，原劳动部办公厅在《〈关于实行劳动合同制度若干问题的请示〉的复函》（劳办发〔1997〕88 号）中进一步规定："聘用协议可以明确工作内容、报酬、医疗、劳动保护待遇等权利、义务。离退休人员与用人单位应当按照聘用协议的约定履行义务，聘用协议约定提前解除书面协议的，应当按照双方约定办理，未约定的，应当协商解决。"同时特别强调："离退休人员聘用协议的解除不能依据《劳动法》第二十八条执行。"而《劳动法》第 28 条即为补偿金条款："用人单位依据本法第二十四条、第二十六条、第二十七条的规定解除劳动合同的，应当依照国家有关规定给予经济补偿。"由此可见，劳动部门在《劳动法》时代已确定了返聘人员适用民事规则，而且不适用经济补偿的相关规定。尽管达到退休年龄但未享受基本养老待遇人员不属于"离退休人员"，但正是因为不属于"离退休人员"，反而更可能产生经济补偿方面的诉求，从而引发纠纷。

返聘人员是否享受工伤保险待遇一直以来也存在争议，广东地区在这方面进行了探索。《广东省工伤保险条例》第63条第1款规定："劳动者达到法定退休年龄或者已经依法享受基本养老保险待遇的，不适用本条例。"同时第2款规定："前款规定的劳动者受聘到用人单位工作期间，因工作原因受到人身伤害的，可以要求用人单位参照本条例规定的工伤保险待遇支付有关费用。双方对损害赔偿存在争议的，可以依法通过民事诉讼方式解决。"用人单位对此比较困扰，毕竟工伤责任重大，而劳动者达到法定退休年龄返聘时却无法通过缴纳工伤保险来降低风险。2020年12月31日，广东省人力资源和社会保障厅、广东省财政厅、国家税务总局广东省税务局联合下发了《关于单位从业的超过法定退休年龄劳动者等特定人员参加工伤保险的办法（试行）》（粤人社规〔2020〕55号），明确了按照属地管理和自愿参保原则，从业单位可在生产经营所在地为超过法定退休年龄的从业人员（包括已享受和未享受机关事业单位或者城镇职工基本养老保险待遇人员）办理单项参加工伤保险手续。尽管这个试行办法的有效期只有2年，但是随后2023年在此试行办法基础上，完善修改形成了《关于单位从业的灵活就业劳动者等特定人员参加工伤保险的办法（征求意见稿）》，同样规定返聘人员可以单项参加工伤保险。这些规定打开了局面，既解决了用人单位的困难，也保障了返聘人员的切身利益。无独有偶，上海市人力资源和社会保障局等四部门2023年11月9日联合发布《关于本市超过法定退休年龄就业人员和实习生参加工伤保险的试行意见》（沪人社规〔2023〕30号），跟进了广东的经验，规定用人单位招用已经达到或者超过法定退休年龄且不超过65周岁的就业人员可以为其单险种参加工伤保险。本次司法解释征求意见稿对返聘人员工伤待遇问题进行规范，可谓恰逢其时，还可以进一步推动其他省、自治区、直辖市的立法或出台相关政策，更好地保障返聘人员的相关权益，因此建议调整本条相关内容。

第十四条 【不予支付未订立书面劳动合同第二倍工资情形】因下列情形未订立书面劳动合同，劳动者请求用人单位支付未订立书面劳动合同第二倍工资的，人民法院不予支持：

（一）因不可抗力导致未订立的；

（二）因劳动者自身原因未订立的；

（三）因存在劳动合同法第四十五条、劳动合同法实施条例第十七条、工会法第十九条规定的情形，在劳动合同期满续延期内未订立的；

（四）法律、行政法规规定的其他情形。

修改意见：建议增加以下内容作为第2款："用人单位与劳动者签订的劳动合同期满后未订立书面劳动合同形成事实劳动关系，劳动者请求用人单位支付未订立书面劳动合同第二倍工资的，人民法院不予支持。"

具体理由：《劳动合同法》第82条第1款规定："用人单位自用工之日起超过一个月不满一年未与劳动者订立书面劳动合同的，应当向劳动者每月支付二倍的工资。"该规定的立法本意在于督促用人单位新招用劳动者后及时依法签订书面劳动合同，以规范管理并保障劳动者的合法权益。实践中出现了不少用人单位与劳动者签订的固定期限劳动合同期满后未及时续签的情形，既有用人单位管理疏漏的原因，也有劳动者因差旅、外派未及时配合等原因，但实际上都不属于用工之日起1个月未签订劳动合同的情形，不应当适用《劳动合同法》第82条。实践中不少法院通过纪要等方式将此类劳动合同期满后未签订新的书面劳动合同情形认定为违法，且参照《劳动合同法》第82条规定判决用人单位自第2个月起每月向劳动者支付2倍工资。这一做法既不符合立法本意，还因此引发了更多诉讼，甚至还出现了劳动者个人故意拒绝配合续签劳动合同以制造法外利益的案件，社会效果并不理想。

《最高人民法院关于审理劳动争议案件适用法律问题的解释（一）》第34条第1款规定："劳动合同期满后，劳动者仍在原用人单位工作，原用人单位未表示异议的，视为双方同意以原条件继续履行劳动合同。一方提出终止劳动关系的，人民法院应予支持。"本次司法解释征求意见稿第24条作了补充规定："劳动合同期满后，劳动者仍在用人单位工作，用人单位未表示异议超过一个月的，人民法院可以视为双方以原条件续订劳动合同，用人单位应当与劳动者补订书面劳动合同。"即意味着1个月内，双方仍可终止劳动关系，超过1个月的，视为双方以原条件续订劳动合同，与本次司法解释征求意见稿第15条规定的逻辑一样，因此不应支持劳动者要求支付2倍工资差额的请求。

第二十条　【用人单位单方调整工作岗位、工作地点的审查标准】劳动者因用人单位单方调整工作岗位、工作地点发生的劳动争议，用人单位对调整工作岗位、工作地点的合法性负举证证明责任。

劳动者主张调整工作岗位、工作地点违法，有下列情形之一的，人民法院应予认定：

（一）不符合劳动合同的约定或者用人单位规章制度规定的；

（二）非出于用人单位生产经营客观需要的；

（三）劳动者的工资及其他劳动条件存在不利变更且未提供必要协助或者补偿措施的；

（四）劳动者客观上不能胜任调整后的工作岗位的；

（五）存在歧视性、侮辱性等情形的；

（六）违反法律、行政法规等规定的。

用人单位违法调整工作岗位、工作地点，劳动者以用人单位不提供劳动条件为由，要求解除劳动合同并支付经济补偿的，人民法院应予支持。

修改意见一： 建议将第1款修改为"用人单位在劳动合同约定的工作内容范围内调整劳动者具体工作岗位的，劳动者应当服从相关安排，新工作岗位的薪酬待遇根据同工同酬原则确定。"

具体理由： 劳动合同必备条款中规定的是工作内容，而非工作岗位，两者不能等同，工作内容是指工作种类（比如人力资源工作），而工作岗位则是完成工作内容的具体岗位（比如从事人力资源工作的招聘岗、考勤岗等）。在劳动合同约定的工作内容范围内调整工作岗位是用人单位的用工自主权，这一单方调整无须与劳动者协商一致。《劳动合同法》第35条所规定的"用人单位与劳动者协商一致，可以变更劳动合同约定的内容"不能理解为"变更劳动合同约定的内容，必须用人单位与劳动者协商一致"，更不能理解为"变更工作岗位，必须用人单位与劳动者协商一致"，该条规定并不否定用人单位的用工自主权，尤其是在劳动合同约定的工作内容范围内对具体工作岗位的安排权，相关安排并不构成变更劳动合同约定的内容。

司法实践中对用人单位用工自主权的理解存在误区，往往体现为认为调整具体工作岗位必须与劳动者协商一致，此类能上不能下、能进不能出、能高不能低的"大锅饭"思维严重干扰了用人单位的正常用工管理，也与社会主义市场经济需求相悖。

除了调岗之外，调薪也是司法实践中的争议难点。"岗变薪变"这一基本常识在实践中却难以被认可，司法部门往往以调整工作岗位需不低于原待遇作为认定相关安排是否合理的标准，甚至还强调薪酬也需要协商一致才能够调整。这些都是错误的认识，与同工同酬的法律原则和管理要求背道而驰。在岗位发生调整的情况下，只要新岗位的薪酬待遇标准符合同工同酬原则，不应当以在新岗位也要保持原岗位薪酬待遇标准要求用人单位，否则不但会扰乱用人单位的薪酬标准体系，司法的边界也突破了用人单位用工自主权、薪酬决策权的底线。比如，人力资源招聘岗有外勤津贴，调整到考勤岗自然就不可能再享受该津贴，难道这样的工作安排也需要协商一致才行？

2023年5月8日，人力资源社会保障部办公厅下发了《国有企业内部薪酬分配指引》（人社厅发〔2023〕14号），不仅承接了2001年国家"三项制度"的改革精神，而且明确支持"建立有高有低、能升能降的分类差异化薪酬分配机制"，同时鼓励"企业定期对薪酬策略和水平进行评估，根据评估情况适时重点对薪酬水平进行调整，保持企业薪酬外部竞争力和内部公平性"。这个指引是数十年来改革有效经验的总结，对于我们司法实践具有极大的帮助，建议本次司法解释保持一致导向和精神。

修改意见二：建议删除第3款"用人单位违法调整工作岗位、工作地点，劳动者以用人单位不提供劳动条件为由，要求解除劳动合同并支付经济补偿的，人民法院应予支持"。建议增加"劳动者不能胜任工作的，用人单位可以在劳动合同约定的工作内容范围外安排工作岗位，但相关安排应当具有合理性且不存在歧视性、侮辱性等情形"作为第3款。

具体理由：工作地点为劳动合同的必备条款，调整工作岗位时如果涉及调整工作地点时，确实需要与劳动者协商一致，否则难以支持。不过司法实践中此类纠纷相对较少，相关裁判也相对统一，可以暂时不针对工作地点调整事宜出台司法解释。

《劳动合同法》第40条第2项规定，劳动者不能胜任工作，经过培训或者调整工作岗位，仍不能胜任工作的，用人单位可以解除劳动合同。这一规定赋予了用人单位在劳动者不能胜任时调整工作岗位的权力，而且在证明劳动者仍不能胜任新的工作岗位时解除劳动合同的权力。由此也可以得出一个结论：新的工作岗位并非以劳动者能够胜任为前提，只要相关安排是合理的，综合考虑了用人单位的实际情况以及劳动者个人的能力、学历、经验和知识水平等因素，则司法不应干预。"劳动者客观上不能胜任调整后的工作岗位的"如何评估和认定本身就很困难，最终还是法官在主观上进行判断；以劳动者不能胜任调整后的工作岗位认定为用人单位调整工作岗位违法，显然也不合理，劳动者不能胜任时要求用人单位安排一个劳动者客观上能够胜任的工作这一要求既没有任何依据，也不合常理逻辑，更是背离了《劳动法》和《劳动合同法》的立法本意。

需要特别指出的是，正是因为劳动者不能胜任工作，所以用人单位得以行使工作岗位调整权。调整工作岗位如果只是在原有的工作内容范围内调整，本就是《劳动合同法》规定的应有之义；即便调整后的工作岗位不属于劳动合同约定的工作内容范畴，只要相关安排具有合理性，不属于歧视性、侮辱性的安排，仍然应当支持，毕竟劳动者已经不能胜任原来的工作，应当允许用人单位结合实际管理需要和劳动者个人的具体情况自主安排，这其实是给劳动者更多的机会，同时也使劳动者获得时间缓冲，有助于稳定其就业。

用人单位调整劳动者的工作岗位存在诸多情形，也存在理解分歧，即便认定构成违法调整工作岗位，也不应认定属于不提供劳动条件，所以建议删除本次司法解释征求意见稿第20条第3款。另一个原因在于，目前劳动者主动解除劳动合同并主张经济补偿的案件增多，这个规定扩大了"推定解雇"的范围，也不利于创建和谐劳动关系。最高院2023年9月25日下发了《最高人民法院关于优化法治环境促进民营经济发展壮大的指导意见》，其中强调要"依法规范劳动者解除劳动合同的行为"，个中深意，耐人寻味。

修改意见三：建议增加"用人单位与劳动者签订期限三年以上的固定期限劳动合同或无固定期限劳动合同的，可以另行约定岗位期限，岗位期限一般为1~3年。在双方约定的岗位期限内，用人单位不得擅自调整双方约定的工作岗位，但协商一致或劳动者不能胜任工作的除外"作为第3款。

具体理由：工作岗位可以体现工作内容，但工作内容并非限于某一工作岗位，前者是劳动合同中的必备条款，后者国家法律并未进行规范。随着劳动合同中调岗争议的持续增加，确有必要对工作岗位管理进行适当规范，以避免产生纠纷，同时有效推动无固定期限劳动合同的签订与履行。

《新疆维吾尔自治区劳动合同管理办法》（1998年发布，2003年修正）第10条规定："用人单位与劳动者可以对劳动者的工作岗位签订岗位协议。岗位期限不得超过劳动合同期限。"该办法注意到劳动合同必备条款中的工作内容与工作岗位的区别，所以进行了相应探索，明确规定允许签订岗位协议，这是"岗聘分离"理论最早的实践，为"岗聘分离"立法积累了经验。笔者15年前的博士论文《劳动合同单方解除制度研究》也对此进行了研究和讨论，亦可供参考。

《劳动合同法》颁布实施后，关于无固定期限劳动合同与劳动合同单方解除制度的矛盾产生了不少争论。《劳动合同法实施条例》在起草过程中也曾有过一稿允许约定岗位合同的草案，但非常可惜，最终通过的《劳动合同法实施条例》删除了岗位合同的相关内容。可喜的是，2023年出台的《国有企业内部薪酬分配指引》对岗位序列分类进行了探索，提供了具体的建议，甚至认可了"岗聘分离"制度，在第24条规定："职业发展通道实行动态管理，即对职位职数标准、任职人员配置以及职位体系的动态管理。职位职级聘任一般应有任期规定，任期期满重新进行评聘……"如果司法解释能够响应相关规定，进一步进行规范，不仅能够有效缓解这一法律难题的压力，也可以起到更好的社会效果。

第二十二条　【职业病健康检查对解除劳动合同效力的影响】用人单位

未按照国务院安全生产监督管理部门、卫生行政部门的规定组织从事接触职业病危害作业的劳动者进行离岗前的职业健康检查，双方协商一致解除劳动合同后，劳动者请求继续履行劳动合同的，人民法院应予支持，但有下列情形之一的除外：

（一）一审法庭辩论终结前用人单位已经组织劳动者进行职业健康检查且经检查劳动者未患职业病的；

（二）用人单位组织劳动者进行职业健康检查，劳动者无正当理由拒绝检查的。

修改意见一： 建议将"双方协商一致解除劳动合同后"修改为"用人单位单方解除劳动合同后"。

具体理由：《职业病防治法》第35条规定，"对未进行离岗前职业健康检查的劳动者不得解除或者终止与其订立的劳动合同"，这一条规定中的"不得解除"系指用人单位"不得单方解除"之意，不宜将"解除"理解为"协商一致解除"，否则有违《职业病防治法》的立法本意。

修改意见二： 建议增加"用人单位与劳动者协商一致解除劳动合同，但劳动者离职后未接触职业病危害因素，在合理期限内检查并确认患有职业病，劳动者请求继续履行劳动合同的，人民法院应予支持"作为第2款。

具体理由： 对于协商一致解除劳动合同情形，需要平衡考虑，如果劳动者在合理期限内查出患有职业病，应当支持劳动者继续履行劳动合同的请求。但是，如果劳动者离职后接触了职业病危害因素，能够确定是新接触的职业病危害因素致使产生职业病的，则不应当支持劳动者继续履行劳动合同的请求。实践中还存在职业禁忌情形，此类情形不属于职业病，也不宜支持继续履行劳动合同。至于合理期限为多长，可由法院酌情认定，毕竟个案有别，不合适统一标准。

第二十四条 【劳动合同期满后继续用工责任】劳动合同期满后，劳动者仍在用人单位工作，用人单位未表示异议超过一个月的，人民法院可以视为双方以原条件续订劳动合同，用人单位应当与劳动者补订书面劳动合同。

符合订立无固定期限劳动合同的，人民法院可以视为双方之间存在无固定期限劳动合同关系，并以原劳动合同确定双方的权利义务关系。

用人单位解除劳动合同，劳动者请求用人单位依法承受解除劳动合同法律后果的，人民法院应予支持。

修改意见一：建议将第 2 款"符合订立无固定期限劳动合同的，人民法院可以视为双方之间存在无固定期限劳动合同关系，并以原劳动合同确定双方的权利义务关系"修改为"补订书面劳动合同的期限由双方协商确定，协商未果的，参照原劳动合同期限确定；符合订立无固定期限劳动合同且劳动者提出订立无固定期限劳动合同要求的，应当补订无固定期限劳动合同"。

具体理由：劳动合同期限是无法回避的劳动合同必备条款，补订过程中应当允许双方协商，但也需要设计协商未果情形下的法律规则，以促成协商并妥善解决双方的分歧。协商未果情况下以原劳动合同期限确定补订劳动合同的期限相对合理，也可以提前约束双方预期，化解矛盾。《劳动合同法实施条例》第 11 条除了规定协商一致可不签订无固定期限劳动合同外，同时调整了《劳动合同法》第 14 条第 2 款所规定的订立无固定期限劳动合同的规则，恢复了《劳动法》第 20 条第 2 款所规定的劳动者需提出订立无期限劳动合同的规则，但司法实践中一直对此认识不一，有必要通过司法解释予以澄清，所以建议修改相关内容为"符合订立无固定期限劳动合同且劳动者提出订立无固定期限劳动合同要求的"。

修改意见二：建议将第 3 款"用人单位解除劳动合同，劳动者请求用人单位依法承受解除劳动合同法律后果的，人民法院应予支持"修改为"用人单位在劳动合同期满后一个月内终止劳动关系的，应当支付劳动者经济补偿；用人单位解除劳动合同，劳动者请求用人单位依法承受解除劳动合同法律后果的，人民法院应予支持"。

具体理由：《最高人民法院关于审理劳动争议案件适用法律问题的解释（一）》第 34 条第 1 款规定："劳动合同期满后，劳动者仍在原用人单位工作，原用人单位未表示异议的，视为双方同意以原条件继续履行劳动合同。一方提出终止劳动关系的，人民法院应予支持。"这个规定源于 2001 年司法解释《最高人民法院关于审理劳动争议案件适用法律若干问题的解释》第 16

条的规定，内容完全一致。相关规定涉及用人单位是否需要支付经济补偿问题，深圳市中级人民法院曾就此向最高院请示，获口头答复无须支付经济补偿。但是，当年《劳动合同法》没有出台，劳动合同期满终止是否需要支付经济补偿尚有争议。2008年1月1日实施的《劳动合同法》规定除用人单位维持或者提高劳动合同约定条件续订劳动合同，劳动者不同意续订的情形外，劳动合同期满终止的用人单位应当向劳动者支付经济补偿，所以建议用人单位在此情形下终止劳动关系的应当支付劳动者经济补偿，以完善相关规则，同时衔接《劳动合同法》与此前司法解释的相关规定，既在劳动合同期满后1个月的合理期限内赋予用人单位终止劳动关系的权力，同时也保障劳动者的相关利益，得以两全。

2023-12-19

自动离职与用工管理

自动离职通常是指劳动者不辞而别，不再与用人单位保持劳动关系，但是不办任何手续。不少制造业企业的规章制度都有"自动离职"的规定，但是，这一规定的法律效力存疑，因此会影响用工管理。

首先是自动离职的法律依据并不充分。自动离职一词曾见于原《企业劳动争议处理条例》（以下简称《条例》），但该条例已失效，而且当时也没有关于自动离职的具体规定，所以这一管理手段缺乏法律依据。

其次是规章制度所规定的自动离职是否与现行法律冲突也有理解分歧。有人认为，虽然法律没有具体规定，但是用人单位通过规章制度作相应规定还是有空间的。只要履行了民主程序，而且不违反法律规定，相关规章制度的规定应该可以作为管理依据。但是，也有人认为劳动合同的解除与终止应当依照严格法定原则，用人单位不得自创处分类型，所以还是存在一定的法律风险。

现在离职补偿纠纷越来越多，而是否补偿与劳动合同解除或终止原因密不可分。广东省高院和省劳动人事仲裁委2012年就此专门形成过纪要："劳动者与用人单位均无法证明劳动者的离职原因，可视为用人单位提出且经双方协商一致解除劳动合同，用人单位应向劳动者支付经济补偿。"这样一来，自动离职的补偿风险就非常高了。

为了降低上述法律风险，需要规范自动离职在实践中的运用。一方面对自动离职的劳动者，用人单位需要进行联络沟通，劝说其回来办理离职手续，以便了结劳动关系，也有利于其本人将来寻找新的工作。如果劳动者听从劝说亲自回来进行书面辞职，这样自动离职就可以定性为劳动者由于个人原因主动辞职，将来就不会有补偿风险。即便是劳动者自己不能亲自回来，只要委托他人回来办理手续，也能降低风险。如果出现这一情况，可以要求劳动者手写委托书，完善相关程序。还有一类是劳动者口头表示自己辞职，但是嫌麻烦，不愿意回来办理手续，也不愿意委托他人，可以考虑通过录音固定证据，这也是一个有效的手段。实在不行，发个辞职邮件、短信或微信也行，这也可以作为证据。另一方面，如果劳动者确实联络不上，也不可以放任不管，不能认为规章制度规定了自动离职就可以不管了。从《劳动部办公厅关于自动离职与旷工除名如何界定的复函》（劳办发〔1994〕48号）的相关规定来看，自动离职是指擅自离职的行为。对此用人单位还是要做相关工作的，要考虑按解除劳动合同处理，以合法了结劳动关系。劳动者无故不上班，可以理解为旷工，达到一定期限，则构成严重违纪，用人单位以此为由解除劳动合同是能够成立的。但是，这样一来用人单位HR的工作量就加大了，要提前通知工会，要送达解除劳动合同通知，搞不好还会惹上官司。万一规章制度民主程序有瑕疵，就算是劳动者旷工，也还是有风险的。要是用人单位劳动者有一定数量且流动性较高的话，可能天天都需要面对此类问题，自动离职的善后管理会成为新的用工痛点。

综合法律风险和管理需要来看，自动离职可以作为管理工具运用，但确实需要细化管理，除了劝说引导劳动者辞职并办理手续外，针对存在管理风险的人员用人单位可以考虑按解除劳动合同处理。如果用人单位觉得风险不大，也可以考虑定期或不定期发布一份公告，通报自动离职人员名单等信息，或许这也可以证明离职原因，有机会降低补偿风险。如果个案中劳动合同已经期满，也可以不再做相关工作，因为这种情况还可以理解为因劳动合同期满且劳动者无意续约而终止劳动关系。

2018-10-27

离职证明上的博弈：到底该如何开具？

劳动者入职新用人单位时，往往需要提供一份离职证明，以此证明与原用人单位已经合法终结劳动关系，不会给新用人单位带来风险。原用人单位也经常以离职证明作为筹码，促成劳动者主动辞职以避免补偿或降低其他方面的法律风险。所以，如何开具离职证明，成了用人单位一个重要的管理问题。

从法律上讲，出具离职证明是用人单位的义务。《劳动合同法》第50条第1款规定："用人单位应当在解除或者终止劳动合同时出具解除或者终止劳动合同的证明，并在十五日内为劳动者办理档案和社会保险关系转移手续。"《劳动合同法实施条例》（以下简称《实施条例》）第24条则进一步规范了离职证明的内容："用人单位出具的解除、终止劳动合同的证明，应当写明劳动合同期限、解除或者终止劳动合同的日期、工作岗位、在本单位的工作年限。"

严格来说，离职证明只是通常称谓，法律上的表述是"解除、终止劳动合同的证明"。不少用人单位为了方便，简单地写成"解除/终止劳动合同证明"，试图把两类情形一并囊括。殊不知，这样反而会引发风险：到底是解除还是终止？两者不可同日而语，甚至影响失业待遇，毕竟法律规定非本人原因离职才可以享受失业保险，终止情形往往被理解为本人原因。有些用人单位严格根据实际情况出具解除劳动合同证明或终止劳动合同证明，但这样一来，不仅麻烦，而且也可能用错。综合法律要求和管理需求，笔者认为，简单概括为离职证明，会更合适。如果有劳动者非要较真，可以根据个案的实际情况出具解除劳动合同证明或终止劳动合同证明即可。

《实施条例》规定了离职证明应当写明的内容包括合同期限、工作年限、工作岗位和离职日期，却没有要求写明解除或终止原因。大部分劳动者更愿意原用人单位简明描述客观事实，以免新用人单位产生疑虑而影响其入职；也有劳动者因为要办理失业证而要求用人单位写清楚是用人单位主动解除或终止劳动合同，极端情况下甚至有劳动者为了"被解除劳动合同"获得失业金而恶意殴打主管的例子。

如果是劳动者主动辞职或不愿意续签劳动合同，用人单位不能按劳动者要求写成用人单位解除或终止劳动合同。否则，凭借这一离职证明，用人单位就可能需要支付离职经济补偿乃至赔偿！一些用人单位在出具离职证明时不注意文字表述，相关证明有可能被理解为，解除或终止劳动合同的原因在于用人单位，因而产生法律风险。

笔者认为，离职证明客观写明入职时间、离职日期和工作岗位即可，既可满足法律的基本要求，也可以避免分歧和风险，同时降低人力资源部门的工作量。写明劳动合同期限其实意义不大，一是写了反而会让新用人单位看出来是中途离职，就会在意原因；二是劳动合同可能签过很多次，全部写出没有必要，只写最后一份又不能反映工作年限，所以，不写劳动合同期限，反而可能更合适。至于工作岗位，据实填写即可。但有时双方对工作岗位性质的认识不一，也可能因此产生分歧（是否属于管理岗位会影响女性劳动者退休），可以考虑模糊表述相应的工作内容以避免冲突。

有些用人单位在出具离职证明时会增加一些内容。常见的有离职原因和保密要求，特殊时注明"尚有业务风险未化解""尚未还清欠款"，也有利用离职证明通知竞业限制期限的。不过上海有关部门要求统一使用格式化的退工单（退工证明），用人单位就难以增加相关内容。劳动者对离职证明增加内容不一定都能接受，甚至有可能因此申请仲裁，要求出具"干净"的离职证明。但只要描述的是客观事实，仲裁部门和法院不一定会支持劳动者的请求，毕竟法定要求之外的内容也不好干预。

用人单位在个别时候为了达到特定目的不愿意出具离职证明，这明显与现行法律规定不符，对此劳动者既可以向劳动监察部门投诉，也可以一纸诉状诉诸仲裁。这种情况下，用人单位比较被动。如果不是有管理上的特别考虑，建议用人单位还是出具相关离职证明为宜，毕竟这是法定义务。

总之，离职证明的内容体现了劳资双方的博弈，既要遵守相关法律规定，也需要考虑实际管理需求，要慎重对待。

2018 – 11 – 19

离职删微信

日前媒体报道了一则新闻，大意是某人寿保险公司员工辞职时领导要求其先删除同事微信，才能办理离职手续。员工事后指责公司领导侵犯隐私，但领导解释说是为了保护团队且已征得本人同意。为此员工还向政府监管部门投诉，闹得沸沸扬扬。

《宪法》第40条规定，中华人民共和国公民的通信自由和通信秘密受法律的保护。所以员工辞职，公司领导要求删除同事微信才给办离职手续确实不合适。不过所谓公司领导，也只是一个分公司管理部下属某处某课课长而已。从报道来看，公司领导表示只提了删除的要求，并未以此作为办理离职手续的条件，员工本人同意后而且马上进行了删除。公司领导进一步解释称，员工离职前，就已经在推销其他公司的产品，所以她要求或者说请求该员工将同事屏蔽或者删除。如果属实，公司主管的要求也还有情可原，毕竟员工尚未离职就开始销售其他公司产品不只是职业操守的问题，也已违反劳动合同和监管要求。

除了销售其他公司产品外，员工在离职前还到其他公司接受培训。接受培训尽管不是销售产品，但在一些地方也是建立劳动关系的一种体现，江苏省、天津市都有立法或纪要明确规定培训之日起就构成劳动关系，所以某律师认为这种行为很难鉴定的观点有待商榷。

员工既参加培训，又销售产品，很难说没有与其他公司构成劳动关系。《劳动合同法》第39条明确规定劳动者同时与其他用人单位建立劳动关系，对完成本单位的工作任务造成严重影响，或者经用人单位提出拒不改正的，用人单位可以解除劳动合同。也就是说，根据这一法律规定，公司完全可以解除员工的劳动合同。

当然，员工已经主动申请了辞职，好说好散批准其辞职即可，公司没有必要以其违纪为由解除劳动合同从而激化矛盾。但是，公司可以同时要求员工不得侵犯公司的商业秘密，不能违反竞业限制约定。如果员工和同事将微信作为工作平台，相关信息涉及公司的商业秘密，公司要求删除与工作有关的信息是合适的。如果相关信息不涉及商业秘密，则不应该要求删除。估计监管部门也意识到其中的合理性，所以在回复员工投诉时也请他通过司法途径解决。

除了删除微信内容外，还有屏蔽或者删除同事的微信问题。如果员工入职其他公司后通过微信正常推销产品，公司不可能要求其屏蔽或者删除同事的微信，可是这位员工还没有离职就通过原来的微信渠道销售产品了，这不只是涉及违反劳动法的问题，也可能涉及不正当竞争。只要员工与其他同事是因为工作关系而建立的微信通信，在出现明显违反监管要求迹象的情况下，公司要求其屏蔽或者删除同事的微信不能简单地认定为侵犯通信自由。

2018－11－20

二次劳动合同期满的几个重要法律问题

二次劳动合同期满涉及用人单位用工管理制度，近来不断出现相关案例，因此有必要梳理相关法律问题，厘清法律规范，以便用人单位能够结合用工实际进行规范管理，避免产生纠纷。

第一个问题是，二次劳动合同期满时用人单位是否有权利终止该合同？

《劳动合同法》第14条第2款第3项规定："连续订立二次固定期限劳动合同，且劳动者没有本法第三十九条和第四十条第一项、第二项规定的情形，续订劳动合同的"，"劳动者提出或者同意续订、订立劳动合同的，除劳动者提出订立固定期限劳动合同外，应当订立无固定期限劳动合同"。从字面上理解，"续订劳动合同的"应当指双方在达成续订意向的情况下，用人单位才需要与劳动者订立无固定期限劳动合同。也就是说，用人单位在第二次劳动合同期满时是有选择权的，可以根据自身需要决定是否续订。如果决定续订，除非劳动者提出订立固定期限劳动合同外，应当订立无固定期限劳动合同。

上海市高级人民法院2009年发布了《关于适用〈劳动合同法〉若干问题的意见》（以下简称《意见》），明确了《劳动合同法》的上述规定："应当是指劳动者已经与用人单位连续订立二次固定期限劳动合同后，与劳动者第三次续订合同时，劳动者提出签订无固定期限劳动合同的情形。"但是，各地司法实践中对此理解不一。比如，北京市高级人民法院与北京市劳动人事争议仲裁委员会2017年联合发布的《关于审理劳动争议案件法律适用问题的解答》(已失效)(以下简称《解答》)第16条第2款就规定:"在劳动者不符合《劳动合同法》第三十九条和第四十条第一项、第二项规定情形时,用人单位在二次固定期限劳动合同到期后直接发出终止劳动合同(关系)通知,不符合《劳动合同法》第十四条第二款第三项之规定,应认定为违法终止劳动合同(关系)。劳动者主张用人单位支付违法终止劳动合同的赔偿金,应予支持。"2012年《广东省高级人民法院 广东省劳动人事争议仲裁委员会关于审理劳动人事争议案件若干问题的座谈会纪要》(以下简称《纪要》,已失效)第19条则规定:"用人单位与劳动者已连续订立二次固定期限劳动合同,第二次固定期限劳动合同期满后,且劳动者没有《劳动合同法》第三十九条和第四十条第一项、第二项规定的情形,劳动者提出续订劳动合同并要求订立无固定期限劳动合同的,用人单位应当与劳动者订立无固定期限劳动合同。"这一规定与北京的基本一致,但是《纪要》第20条也留了余地,允许用人单位在一定条件下终止劳动合同,甚至可能连补偿都无须支付:"劳动关系符合《劳动合同法》第十四条第二款第(一)、(二)、(三)项规定的情形,用人单位在与劳动者协商订立无固定期限劳动合同时提出的劳动报酬、劳动条件、福利待遇等事项不低于订立无固定期限劳动合同前的标准,劳动者拒不接受的,用人单位可以终止合同,且无须向劳动者支付经济补偿。"

综上所述,从各地的规定来看,对于二次合同期满时用人单位是否可以直接终止该合同是存在理解分歧的。

第二个问题是,二次劳动合同期满时用人单位是否必须与劳动者签订无固定期限劳动合同?

有人认为,根据《劳动合同法》第14条第2款第3项的规定,除了劳动者主动要求签订固定期限劳动合同外,其他任何情形下都应当签订无固定期限劳动合同,并主张二次合同期满时用人单位必须与劳动者签订无固定期限劳动合同。笔者对此不敢苟同。笔者认为,一方面用人单位有权在二次合同期满时选择是否续订,同意续订时才需要讨论是否应当签订无固定期限劳动合同;另一方面,强制缔约还涉及合同其他必备条款,国家不可能也不应当干预诸如工作内容和薪酬待遇等内容,否则会回到"大锅饭"和"铁饭碗"

时代，不能满足市场经济要求。

《劳动合同法实施条例》的相关规定即可印证笔者的观点。《劳动合同法实施条例》属于国务院的行政法规，对《劳动合同法》上述规定作了明确的解释和补充。《劳动合同法实施条例》第 11 条规定："除劳动者与用人单位协商一致的情形外，劳动者依照劳动合同法第十四条第二款的规定，提出订立无固定期限劳动合同的，用人单位应当与其订立无固定期限劳动合同……"该规定一方面通过除外条款允许双方协商一致签订固定期限劳动合同，另一方面也调整了《劳动合同法》所规定的签订无固定期限合同的方式，《劳动合同法》规定只有劳动者提出签订固定期限劳动合同的情况下才可以不签无固定期限劳动合同，《劳动合同法实施条例》调整为只有劳动者提出签订无固定期限劳动合同要求的情况下，用人单位才应当签订，同样给签订固定期限劳动合同留了余地。《解答》对此设问："劳动者依照《劳动合同法》规定符合与用人单位签订无固定期限劳动合同条件，但已与用人单位签订了固定期限劳动合同的，现劳动者要求将其固定期限合同变更为无固定期限合同的，如何处理？"进而规定："劳动者与用人单位签订了固定期限劳动合同后，劳动者要求变更为无固定期限劳动合同的，不予支持，但有证据证明用人单位存在欺诈、胁迫、乘人之危等情形的除外。"《纪要》也同样规定："劳动者虽然符合《劳动合同法》第十四条第二款规定的可签订无固定期限劳动合同的条件，但与用人单位签订了固定期限劳动合同，在该固定期限劳动合同履行过程中又请求与用人单位重新签订无固定期限劳动合同的，不予支持。"这些地方性的规定也可以印证笔者的观点。

因此，二次劳动合同期满时用人单位并非必须与劳动者签订无固定期限劳动合同，双方仍然可以协商签订固定期限劳动合同，这也是意思自治的必然结果。

第三个问题是，二次合同期满时用人单位是否需要主动知会劳动者有权签订无固定期限劳动合同？

答案不言而喻：用人单位没有义务主动知会劳动者有权签订无固定期限劳动合同。

首先，是否需要签订无固定期限劳动合同本身就存在理解分歧，而且国家法律也没有规定用人单位必须主动知会劳动者相关法律。相关法律早已公之于众，任何人都应当知晓，法治宣传更应该是政府的工作而不是用人单位的责任。有些做审核的人认为，在与员工签订两次固定期限劳动合同后，用人单位没有主动告知员工可以签订无固定期限劳动合同，或没有主动与员工签订无固定期限劳动合同，与员工签订了固定期限劳动合同违反了《劳动合同法》，这种说法是不能成立的，明显对法律规定有误解，以"企业社会责任"作为这类观点的依据更是无稽之谈。

其次，《劳动合同法》第8条所规定的用人单位招用劳动者时的告知义务只包括劳动者的工作内容、工作条件、工作地点、职业危害、安全生产状况、劳动报酬以及劳动者要求了解的其他情况。用人单位履行了此义务即可，《劳动合同法》并没有要求用人单位告知劳动者应当订立无固定期限劳动合同。相反，《劳动合同法实施条例》第11条明确规定了双方可以协商签订固定期限劳动合同，因此，二次劳动合同期满后用人单位与劳动者协商订立新的固定期限劳动合同，并不违反法律规定。

需要提醒的是，江苏的用人单位比较麻烦，因为《江苏省劳动合同条例》是个例外。2013年颁布的《江苏省劳动合同条例》第18条第1款规定："在《中华人民共和国劳动合同法》实施后，用人单位与劳动者连续订立了二次固定期限劳动合同，且劳动者没有《中华人民共和国劳动合同法》第三十九条和第四十条第一项、第二项规定情形的，用人单位应当在第二次劳动合同期满三十日前，书面告知劳动者可以订立无固定期限劳动合同。"这一规定既无法理基础，也与上位法抵触，不仅加重了用人单位负担，还排斥了用人单位的重要权利，笔者也不敢苟同。

2019 – 07 – 15

新形势下经济补偿基数如何封顶？

《劳动合同法》第47条第2款规定："劳动者月工资高于用人单位所在直辖市、设区的市级人民政府公布的本地区上年度职工月平均工资三倍的，向其支付经济补偿的标准按职工月平均工资三倍的数额支付，向其支付经济补偿的年限最高不超过十二年。"这是经济补偿基数封顶规则的来源。

此前的争议主要是2008年前经济补偿的基数是否需要封顶。《劳动合同法》第97条第3款规定："本法施行之日存续的劳动合同在本法施行后解除或者终止，依照本法第四十六条规定应当支付经济补偿的，经济补偿年限自本法施行之日起计算；本法施行前按照当时有关规定，用人单位应当向劳动者支付经济补偿的，按照当时有关规定执行。"而当时劳动部颁发的《违反和解除劳动合同的经济补偿办法》并没有规定经济补偿基数需要封顶，所以存在理解分歧。2009年上海高院就规定2008年前的补偿基数不封顶，2012年广东高院却规定2008年前的补偿基数封顶，2018年又调整为不封顶了。

各地社保缴纳基数多年以来基本上与"上年度职工平均工资"挂钩，现在的新形势是国家为了降低社保缴费基数，另行规定以"全口径城镇单位就业人员平均工资"核定社保个人缴费基数上下限。于是2019年各地统计部门或人社部门的操作开始混乱起来，有的地方不再发布"上年度职工平均工资"，但是《劳动合同法》并没有修改，所以2008年之后经济补偿如何封顶出现了新问题：应该以哪项数据作为基数？

"全口径城镇单位就业人员月平均工资"与"上年度职工平均工资"从

法律上看并不是一个概念，也不是可以完全相互替代的数据。目前统计部门发布的"全口径城镇单位就业人员月平均工资"数据主要是作为社保缴纳上限或下限的计算基数，该数据与"上年度职工平均工资"并不一致，政府公布的"全口径城镇单位就业人员平均工资"会相对较低。比如北京前期公布的2018年度"全口径城镇单位就业人员平均工资"数据比2017年度的"职工平均工资"还低，而且明确不再公布2018年度的"职工平均工资"，相关数据严重影响了近期离职员工经济补偿的封顶标准，给全社会都造成了巨大困扰。随后北京的劳动部门不得不另行发布通知，规定经济补偿基数按相对高一些的"法人单位从业人员平均工资"计算，而不以"全口径城镇单位就业人员平均工资"作为基数。

上海则规定按照"城镇单位就业人员平均工资"作为补偿基数。上海地区综合了城镇私营和城镇非私营工资数据，加权计算上海市城镇单位就业人员平均工资，而且明确说明：根据国务院相关文件精神，自2019年起发布上年"上海市城镇单位就业人员平均工资"，原发布的"全市职工平均工资"不再发布。所以上海地区从2019年起就以"上海市城镇单位就业人员平均工资"取代了"上年度职工平均工资"。

深圳2019年在调整社保缴存基数的通知中采用了"2018年度全市在岗职工月平均工资"这一数据，也具有代表性。从各地统计部门公布的相关从业人员的工资情况来看，正常情况下"城镇非私营企业在岗职工平均工资"的数额会更高。如当地不再发布"上年度职工平均工资"，同时没有明确新的经济补偿基数，建议适用这一数据。《最高人民法院关于作出国家赔偿决定时适用2015年度全国职工日平均工资标准的通知》（法〔2016〕158号）中提及"城镇非私营单位在岗职工年平均工资"（即原"全国在岗职工年平均工资"），可以理解为这两个概念的性质相同，所以按统计部门发布的"城镇非私营企业在岗职工平均工资"作为经济补偿基数也算有依据。

2019－11－04

女职工退休年龄法律实务问题

职工退休年龄是个既复杂又敏感的话题，涉及方方面面，国家延长退休年龄计划一再推迟，足见艰难。女职工退休年龄因为涉及身份认定问题更是存在理解分歧，现阶段女职工退休纷争不断，有必要再梳理相关法律实务问题，以便用人单位避免风险，并规范管理。

1978年《国务院关于工人退休、退职的暂行办法》规定女工人50岁退休："全民所有制企业、事业单位和党政机关、群众团体的工人，符合下列条件之一的，应该退休。（一）男年满六十周岁，女年满五十周岁，连续工龄满十年的……"同年的《国务院关于安置老弱病残干部的暂行办法》则规定女干部55岁退休："党政机关、群众团体、企业、事业单位的干部，符合下列条件之一的，都可以退休。（一）男年满六十周岁，女年满五十五周岁，参加革命工作年限满十年的……"男工人和男干部没问题，统一都是60岁退休，但是，女工人和女干部就不同了，是工人还是干部身份成了判断是50岁退休还是55岁退休的重要标准。

在计划经济时代，是工人还是干部是比较清晰的，因为每个人都有人事档案，档案里会有清楚的记载，无论是转正定级，还是以工代干，非常翔实，极少出现争议。但是，随着进一步改革开放，市场经济迅速发展，原有的固定用工体系已经不能满足需求，劳动合同制用工开始出现，取代了原来的固定工模式，实现了用工管理从身份到契约的转变，打破了干部与工人的身份界限，也因此模糊了干部与工人的身份识别。1993年原劳动部办公厅向全国转发了深圳市《关于企业取消干部工人身份界限实行全员劳动合同制若干问题的意见》，拉开了全员劳动合同制的序幕。

1994年《劳动法》应运而生，在法律层面上肯定了劳动合同制。《劳动部关于贯彻执行〈中华人民共和国劳动法〉若干问题的意见》（劳部发〔1995〕309号，以下简称《意见》）第75条规定：用人单位全部职工实行劳动合同制度后，职工在用人单位由转制前的原工人岗位转为原干部（技术）岗位，或由原干部（技术）岗位转为原工人岗位，其退休年龄的条件，按现岗位国家规定执行。这一规定意图转变原有退休制度中的干部工人二元结构模式，转而以实际岗位作为标准。非常遗憾的是，国家自此之后并未对"现岗位"作出进一步规定，所以女职工的退休年龄在实务操作中仍按是否干部身份进行识别。而《意见》将技术岗位与干部岗位等同对待，因此职工是否从事专业技术工作也就成为认定是否干部的重要标准。

原劳动和社会保障部1999年发布了《关于制止和纠正违反国家规定办理企业职工提前退休有关问题的通知》（劳社部发〔1999〕8号），要求"严格执行国家关于退休年龄的规定，坚决制止违反规定提前退休的行为"，虽然强调了"国家法定的企业职工退休年龄是：男年满60周岁，女工人年满50周岁，女干部年满55周岁"，但是仍然没有对女职工的干部身份如何认定作出规定。广东省《转发劳动和社会保障部关于制止和纠正违反国家规定办理企业职工提前退休有关问题的通知》（粤劳薪〔1999〕114号，以下简称《广东通知》）则规定："对女职工现岗位的认定，以用人单位与劳动者签订的劳动合同为依据，即不论原身份是工人还是干部，其现岗位应以劳动合同中确定的岗位为准，凡在现岗位工作一年以上，均应以现岗位认定其身份。其退休年龄，在工人岗位工作的按50周岁，在管理岗位工作的按55周岁。"这一办法具有一定的创新性，不少地方在实践中也将劳动合同约定作为重要的判断依据。

2001年原国家经济贸易委员会、人事部、劳动和社会保障联合下发了《关于深化国有企业内部人事、劳动、分配制度改革的意见》（国经贸企改〔2001〕230号）规定："管理人员是指企业内部担任各级行政领导职务的人员、各职能管理机构的工作人员以及各生产经营单位中专职从事管理工作的人员。"这一规定是到目前为止国家层面上对管理人员身份认定最直接的依据,也是判断职工是否干部的最重要的标准,有助于在一定程度上解决前述争端。但是,此"三项制度"改革只对管理人员的范围进行了界定,并没有与岗位衔接起来,问题仍未在根本上得到解决。

换个角度来看,是否干部身份既影响女职工劳动合同的履行,也影响用人单位是否合法终止劳动合同。2008年的《劳动合同法实施条例》第21条规定:劳动者达到法定退休年龄的,劳动合同终止。根据这一规定,达到退休年龄属于劳动合同法定终止情形;反之,则属于违法终止。而违法终止劳动合同,需要承担严厉的法律责任。劳动者既有权要求恢复劳动合同履行并补发工资,也有权要求支付二倍赔偿金。而正常退休终止是没有任何补偿的,所以是否合法终止影响巨大,这也是近年来女职工退休年龄再起纷争的重要原因。

再往前追溯,《劳动法》和《劳动合同法》都没有规定劳动合同必须约定工作岗位,相反,两部最重要的劳动法律均只规定"工作内容"为劳动合同必备条款。因此,用人单位依法必须在劳动合同中约定工作内容,这样一来,无论是原劳动部的《意见》,还是《广东通知》,统统成为无本之源,这是女职工退休年龄问题的致命所在。

工作内容与工作岗位到底是什么关系,法律并未规定。从通常的逻辑关系角度理解,应该是包容关系,工作内容范围更广泛,强调的是工作的性质;而工作岗位更具体,通常是指所在的部门职位。两者既有区别,也有联系,工作岗位体现工作内容,工作内容可以分解、安排为不同的工作岗位,所以工作内容更为原则,是上位概念,而工作岗位相对具体,为下位概念,两者具有种属关系。在此基础上,用人单位往往在劳动合同中依法约定相关原则的工作内容,比如人事工作、财务工作等,同时也约定用人单位有权结合实际情况在劳动合同约定的工作内容范围内适当调整劳动者的具体工作岗位,这些条款都符合法律规定,也是用工自主权的体现。

正是因为工作岗位无法简单地在劳动合同中确定,使女职工是否为干部也难以认定。实践中还有一种情况,就是双方虽然通过劳动合同约定了具体的工作岗位,但最后退休前有过调整,所以判断是否干部还得看女职工实际从事的工作是否管理工作、是否专业技术工作。这一过程无疑加大了认定的难度。广东省规定"在现岗位上工作一年以上"以现岗位认定身份，无论此前是干部还是工人；浙江则规定在事业单位的女职工在专业技术或管理岗位工作满 5 年且 50 岁时仍在聘的，女职工可以选择 50 岁退休或 55 岁退休。江苏放得比较宽："45 周岁前在管理或技术岗位上工作、45 周岁后仍在管理或技术岗位上工作过的女工人"，55 岁退休；上海更简单："经单位出具有关证明后，可按其实际从事的岗位核定退休、退职年龄。"各地地方标准不同，尺度不一，但基本都以女职工是否在管理岗位或专业技术岗位工作作为判断依据。需要注意的是，根据国家的社保政策，职工在哪里退休不再以人事档案保管地为准，而以社保档案作为依据。社保档案其实就是社保缴纳记录，如果符合其他退休条件，在同一城市连续缴纳 10 年的，则以该城市作为退休地，其他各地的社保需归集到该地，由该地按当地政策核算退休金；如果有多个城市分别连续缴纳 10 年的，以最后一个连续缴纳 10 年的城市为退休地；如果没有任何一个城市连续缴纳 10 年的，则由职工户籍所在地办理退休。在哪里退休就得适用当地的干部认定规则，而各地观点不一，操作迥异，更是放大了女职工退休年龄问题的争议，这是实务中的另外一个风险点。

从现有的一些地方规定和判例来看，政府和法院都有把问题推给用人单位的趋势。这一操作其实是在回避责任，也把困难留给了用人单位和劳动者，双方更容易产生冲突，不仅因为问题本身存在理解分歧，而且用人单位也可能操作错误。因为社保系统的身份信息是由用人单位录入的，无论劳动者原来是否干部，都由用人单位根据自己的理解录入，而且社保部门在用人单位录入后也不会通知劳动者，因此除非用人单位录入时主动告知，否则劳动者一般不掌握本人在社保系统的身份信息，待劳动者事后发现社保系统身份信息录入有误时，个人是无法自行更改的，社保部门也轻易不会调整，毕竟涉及双方的重大权益，也可能引发行政诉讼。从用人单位的角度出发，身份确定后就决定了劳动合同终止时间及是否合法终止；而从女职工的角度来看，是干部还是工人不仅事关劳动合同是否合法终止，更事关自己未来 5 年的劳动就业权益。要是用人单位与劳动者双方存在分歧且无法协商解决，冲突是必然的，而且非常激烈，这一问题将成为劳动争议新的热点和焦点，并将席卷全国。

为了解决问题，深圳市进行了一些探索。2012 年深圳市社会保险基金管理局下发了《关于规范女职工按工作岗位认定退休年龄问题的通知》，一方面强调要严格执行《广东通知》，并补充规定："如在现岗位工作不足一年的，以之前工作满一年的最近劳动合同岗位确定职工身份，所有劳动合同岗位均不足一年的，根据女职工原始档案调令确定职工身份，作为认定其退休年龄的依据。"另一方面规定："劳动合同无法判别岗位身份或对岗位身份存在争议的，应由女职工和单位通过协商、劳动（人事）仲裁等途径解决，不服仲裁裁决的，可向人民法院提起诉讼。"但是，令人吃惊的是，深圳一些劳动人事仲裁机构居然无视上述规定，甚至对此类纠纷不予受理。无独有偶，其他一些地方的司法部门也有不予受理的案例。究其原因，是有些司法部门认为相关事务属于行政部门处理的范畴，内部没有协调好，谁也不想管。这让劳动者维权无门，只能另寻解决问题的渠道：一是上访，二是行政诉讼。

行政诉讼的路径是劳动者或用人单位向法院状告社保部门不作为或作为不当，由法院责令其整改，实现社保系统中身份变更的目的，从而确认女职工的退休年龄，维护自身权益。法院比较规范，通常会受理这类行政诉讼案件，但法院处理起来也非常为难，毕竟相关问题很棘手，如果根据案情认定社保部门存在不当行为，往往会给社保部门做工作，让他们调整身份，以争取原告撤诉。但是，这样操作不仅严重浪费司法资源，更是增加了当事人合法维护权益的难度，也不是个办法。

笔者认为，女职工是干部还是工人，虽然可以尊重双方当事人的合意，也应该尊重用人单位合理的用工自主权，但出现纷争时应该由国家认定，这既是国家的权力，也是国家的责任，不能完全交由用人单位自行确定，毕竟用人单位也是一方当事人，存在利益驱动的可能性。由于国情复杂，统一女干部女工人退休年龄恐怕在近期内难以实现，国家和地方都要面对并解决现阶段女职工退休年龄的问题。在这个过程中，政府和法院都要勇于担当，一方面地方政府要针对相关问题进行探索、出台指引，国家要及时总结地方经验，结合整体退休制度改革进程，适时制订政策，平息纷争；另一方面社保部门要履行审查义务，在用人单位申报录入身份时通过适当的方式审查，及时纠正错误，劳动人事仲裁部门和法院也应当从实体层面对个案进行处理，对个案进行实体审查，依法审理，避免行政和司法资源浪费，避免劳动者丧失法律救济权利。

为了避免产生纠纷，降低法律风险，笔者建议用人单位与劳动者在签订劳动合同（尤其是最后一份劳动合同）时，确认具体工作岗位是否干部岗位（包括管理岗位和专业技术岗位，下同），实际从事的工作是否属于管理工作或专业技术工作；此后工作岗位发生变化时，也通过适当的方式确认是否干部岗位、相关工作是否属于管理工作或专业技术工作及其实际从事相关工作的年限，并固定好相关证据。此外，建议有条件的用人单位结合组织架构、岗位体系以及用工管理需求等，对本单位的工作岗位进行归类，区分干部岗位和工人岗位，通过民主程序制订相关的管理制度并予以公示，以便规范管理，建立和谐的劳动关系。

法条链接

1. 上海市社会保险局《关于审核上海市企业职工办理退休退职手续若干问题的规定》（1996）

一、关于退休（职）人员年龄的核定：

（一）凡男职工年满60周岁、女职工年满50周岁（从事管理和技术岗位工作的年满55周岁），并已符合退休（职）条件的（下同），可按有关规定办理退休、退职手续。

（二）女职工原从事管理和技术岗位工作，后因合同期满或其他工作需要又改为从事生产服务工作岗位的，经单位出具有关证明后，可按其实际从事的岗位核定退休、退职年龄。

2. 浙江省人力资源和社会保障厅《关于事业单位女职工退休年龄有关问题的意见》（2009）

近来，市、县和省直单位来电来函询问事业单位女职工退休年龄问题较多。为进一步推动事业单位人事管理由身份管理向岗位管理转变，现就事业单位女职工有关退休年龄问题提出如下意见：由工勤岗位受聘到专业技术管理岗位的女职工，其50周岁时仍聘用在上述岗位且聘用已满5年的，用人单位应事先征求本人意见，按本人选择 50 周岁或 55 周岁办理退休手续，并享受相应的待遇。

3. 江苏省人力资源和社会保障厅《关于修改〈《江苏省企业职工基本养老保险规定》实施意见〉部分条款的通知》(2013)

经研究，决定将原江苏省劳动和社会保障厅《〈江苏省企业职工基本养老保险规定〉实施意见》(苏劳社险〔2007〕24 号)第十二条第一项修改为："男满 60 周岁，女干部满 55 周岁，女工人满 50 周岁（其中，45 周岁前在管理或技术岗位上工作、45 周岁后仍在管理或技术岗位上工作过的女工人，个体工商户和灵活就业的女参保人员，保留养老保险关系的女失业人员，年满 55 周岁）"。国家另有规定的，从其规定。

4. 广东省劳动厅、广东省社会保险管理局《转发劳动和社会保障部关于制止和纠正违反国家规定办理企业职工提前退休有关问题的通知》(1999)

二、对女职工现岗位的认定，应按原劳动部《关于贯彻执行〈中华人民共和国劳动法〉若干问题的意见》（劳部发〔1995〕309 号）第 75 条规定执行，即："用人单位全部职工试行劳动合同制度后，职工在用人单位内由转制前的原工人岗位转为原干部（技术）岗位或由原干部（技术）岗位转为原工人岗位，其退休年龄和条件，按现岗位国家规定执行"。对女职工现岗位的认定，以用人单位与劳动者签订的劳动合同为依据，即不论原身份是工人还是干部，其现岗位应以劳动合同中确定的岗位为准，凡在现岗位工作一年以上，均应以现岗位认定其身份。其退休年龄，在工人岗位工作的按 50 周岁，在管理岗位工作的按 55 周岁。

5. 深圳市社会保险基金管理局《关于规范女职工按工作岗位认定退休年龄问题的通知》(2012)

一、严格执行粤劳薪〔1999〕114 号文件规定："对女职工现岗位的认定，以用人单位与劳动者签订的劳动合同为依据，即不论原身份是工人还是干部，其现岗位应以劳动合同中确定的岗位为准，凡在现岗位工作一年以上，均应以现岗位认定其身份，其退休年龄，在工人岗位工作的按 50 周岁，在管理岗位的按 55 周岁。"对于劳动合同明确了现岗位身份且现岗位工作一年以上的，根据该岗位身份认定其退休年龄，如在现岗位工作不足一年的，以之前工作满一年的最近劳动合同岗位确定职工身份，所有劳动合同岗位均不足一年的，根据女职工原始档案调令确定职工身份，作为认定其退休年龄的依据。

二、劳动合同无法判别岗位身份或对岗位身份存在争议的，应由女职工和单位通过协商、劳动（人事）仲裁等途径解决，不服仲裁裁决的，可向人民法院提起诉讼。

三、对于未提供劳动合同的，根据女职工原始档案及调令确定职工身份，作为认定其退休年龄的依据。

6.《劳动合同法》（2008）

第四十八条　用人单位违反本法规定解除或者终止劳动合同，劳动者要求继续履行劳动合同的，用人单位应当继续履行；劳动者不要求继续履行劳动合同或者劳动合同已经不能继续履行的，用人单位应当依照本法第八十七条规定支付赔偿金。

7. 北京市高级人民法院、北京市劳动争议仲裁委员会《关于劳动争议案件法律适用问题研讨会会议纪要》（2009）（已失效）

24. 用人单位作出的与劳动者解除劳动合同的处理决定，被劳动仲裁委或人民法院依法撤销后，如劳动者主张用人单位给付上述处理决定作出后至仲裁或诉讼期间的工资，应按以下原则把握：（1）用人单位作出的处理决定仅因程序方面存在瑕疵而被依法撤销的，用人单位应按最低工资标准向劳动者支付上述期间的工资；（2）用人单位作出的处理决定因在实体方面存在问题而被依法撤销的，用人单位应按劳动者正常劳动时的工资标准向劳动者支付上述期间的工资。

8.《广东省工资支付条例》（2016）

第二十九条第一款　用人单位解除劳动关系的决定被裁决撤销或者判决无效的，应当支付劳动者在被违法解除劳动关系期间的工资，其工资标准为劳动者本人前十二个月的平均正常工作时间工资；劳动者已领取失业保险金的，应当全部退回社会保险经办机构。

外资企业如何合法地规模减员？

近年的中美关系严重影响了外资企业在华的正常运营，不仅有"制裁"因素，更因"脱钩"影响。再加上3年疫情，不少外资企业面临巨大困难，有些外资企业还担心将来的不确定性，因此持续缩减在华业务，也面临规模减员相关法律问题。

裁员虽然是规模减员的路径之一，但规模减员不等于裁员，也不宜以裁员的方式处理。根据《劳动合同法》第41条的规定，"依照企业破产法规定进行重整的"、"生产经营发生严重困难的"、"企业转产、重大技术革新或者经营方式调整，经变更劳动合同后，仍需裁减人员的"或"其他因劳动合同订立时所依据的客观经济情况发生重大变化，致使劳动合同无法履行的"，可以裁员。但是，裁员需要提前30日向工会或全体职工说明情况，要向劳动部门报备，还要有先后次序，要后来先裁、要留用老弱病残孕。表面上裁员的主动权在用人单位，可以一次性全部减员，解决相关问题，但实际上条件和程序都很严格，用人单位很难满足，而且如果有特定目标，需要保留精兵强将，更难实现。此外，裁员在舆论上比较负面，影响企业形象和声誉，所以除非情况特殊，原则上不宜通过裁员这一法律路径进行规模减员。

规模减员实际上是一个系统工程，要根据业务、管理、人员等具体情况进行评估和决策，也要综合运用各类法律路径。通常先检视近期是否存在劳动合同即将期满的员工，毕竟合同期满终止在法律上用人单位是比较主动的；再看看试用期的相关员工是否符合录用条件，要是不符合，也可以主动解除劳动合同。如果用人单位需要减员的对象主要分布在分支机构，也可以考虑通过董事会决议撤销分支机构，这样处理在法律上属于终止劳动合同情形，而且这种情形下的经济补偿可以自2008年1月1日起算，公司可以节约一定的成本。不过以上的方案都只是一些技术性方案，要在根本上解决问题，还得结合业务缩减情况以客观情况发生重大变化作为基础，通过"做加法"促成员工接受公司的方案，协商一致离职，以彻底消除风险。

所谓"做加法"就是在法律规定的基础上，适当提高待遇。相关待遇除了法定经济补偿金外，通常还会有"+1"的代通知金、签约奖励、与工龄匹配的额外补偿和适当的年终奖等，甚至可以考虑通过补偿年限与补偿基数双不封顶提高补偿金额，以平衡老员工和管理人员的利益诉求，具体待遇名称和标准需要用人单位结合实际需要再行确定。需要特别注意的是，外资企业总部所在国家的法律制度可能与中国差异巨大，中国有自己的国情，不能简单地以海外总部下发减员相关要求或通知作为理由，直接单方解除劳动合同。总部的要求或通知只能是背景信息，注册在中国的外资企业需要履行中国的法律程序，如以客观情况变化作为法律路径，也需对标客观情况变化致使原劳动合同无法履行而解除劳动合同的法定待遇，只有这样，才能让员工容易接受，顺利完成规模减员的目标。

客观情况重大变化是常用的规模减员路径，但什么是客观情况变化在实践中还存在理解分歧。原劳动部在《关于〈劳动法〉若干条文的说明》中确认客观情况是指"发生不可抗力或出现致使劳动合同全部或部分条款无法履行的其他情况，如企业迁移、被兼并、企业资产转移等"，而企业常见的业务缩减或整合、部门或岗位撤销等并没有明确列入，司法实践中此类情形还是存在一定的风险，这也是为何要通过"做加法"促成协商解除劳动合同的另外一个重要因素。

需要提醒的是，《劳动合同法》第40条第3项规定，劳动合同订立时所依据的客观情况发生重大变化，致使劳动合同无法履行，经用人单位与劳动者协商，未能就变更劳动合同内容达成协议的，用人单位提前30日以书面形式通知劳动者本人或者额外支付劳动者一个月工资后，可以解除劳动合同。这一规定明确了客观情况即便存在，用人单位仍需证明"致使劳动合同无法履行"，并且证明双方"未能就变更劳动合同内容达成协议"，才得以行使单方解除权。尽管在条件成就时用人单位以此为由单方解除劳动合同可以一次性规模减员，也不需要履行向劳动部门的报备手续，但涉及人数众多容易引发群体纠纷，用人单位也需要考虑形象因素和相关风险，应慎重行使相关权利。

为了降低风险，外资企业在落实总部规模减员要求时，除了需要满足前述国内法律相关条件或程序外，也还需要注意司法部门对这一问题的认识和倾向。业务缩减或整合建议要有第三方的外部协议证明业务外包或业务转移，如没有相关协议，建议外资企业在国外总部通知要求的基础上提前依法作出董事会决议，董事会决议最好能够对业务缩减或整合、业务部门甚至具体岗位撤销作出明确决议，如果决议内容比较模糊的话，还需要由管理层根据董事会授权结合管理实践另行下达相关明确的指令，以明确具体指向，进而证明特定岗位或部门相关人员的劳动合同受到影响，无法继续履行。

另外，外资企业在规模减员过程中不能仅"做加法"，还需要考虑"做减法"，通过这一措施形成利益差，让员工能够作出理性选择。具体操作主要是对不接受公司方案的员工，一是可以依法行使解除权，仅依法支付代通知金和法定经济补偿；二是可以不解除劳动合同，但是通过合理的工作安排并结合"岗变薪变"原则适当调整待遇，以时间换空间。前者主要针对条件成就、证据充分的情形，后者则适用于受到法定条件限制无法单方解除或协商未果等证据不充分的情形。

无论用人单位提供多少优于法律规定的待遇，仍可能会有员工不接受，甚至提出法律挑战。后续的应对策略既要合法合规，也要合情合理，只有这样，才能立于不败之地。如果员工在此过程中故意严重违纪，则需要考虑严肃处理，依法无偿解雇，制造出个人最大的"利益差"。虽然这样可能会引发纠纷，但是只要安排合理、程序规范，也有机会获得支持，更重要的是，这一特殊方案和应对过程能够发挥相应的管理价值，对其他员工既有警醒作用，也有引领、示范作用，这也是"做减法"的路径之一。

总之，外资企业具有自身的特点和特定的股权结构，确因业务需要进行规模减员时既要实事求是，也要遵守中国的法律，还要设计合理方案并平衡员工各方诉求，同时在操作过程中注意沟通技巧和方式，最大限度说服员工接受相关方案并促成协商一致离职，才能平稳地达成规模减员目标。

2023 - 05 - 17

用人单位处罚规则法律实务问题研究

　　用人单位在日常管理中为了规范员工行为，通常会针对劳动者的违纪行为规定一些处罚规则，也会制定相关制度。但是，国家在这方面缺乏具体规范，不仅处罚类型及其法律依据一直困扰着用人单位，而且认定何谓严重违纪也是司法实践中的难点。用人单位若想妥善管理、降低风险，需要提升对相关法律问题的认识，并制定良好的规章制度。

　　一、用人单位处罚规则的法律渊源

　　1995年《劳动法》第25条规定"严重违反劳动纪律或者用人单位规章制度的"，用人单位可以解除劳动合同。这是最重要的法律依据，但是，这一规定只是针对解除劳动合同情形的处分规则，对于没有达到严重情形的违纪行为如何处分，《劳动法》并没有进一步规定。1982年国务院颁发的《企业职工奖惩条例》（以下简称《奖惩条例》，2008年废止）倒是规定了处分类型："对职工的行政处分分为：警告、记过、记大过、降级、撤职、留用察看、开除。"而且借鉴了刑法中"主刑"和"附加刑"的模式，同时赋予了用人单位"罚款权"："在给予上述行政处分的同时，可以给予一次性罚款。"也就是说，既可以针对各类违纪行为予以相应的行政处分，也还可以同时予以"罚款"。《奖惩条例》还特别针对旷工设置了"除名"这一特殊的处分："职工无正当理由经常旷工，经批评教育无效，连续旷工时间超过十五天，或者一年以内累计旷工时间超过三十天的，企业有权予以除名。"1986年国务院颁发了《国营企业辞退违纪职工暂行规定》（以下简称《辞退规定》，2001年废止），在开除、除名之外又另外增加了一项辞退的处分类型。对于7类严重违纪行为的员工，"经过教育或行政处分仍然无效的"可以辞退，但符合除名、开除条件的职工，还是按照《奖惩条例》的规定执行。

需要注意的是，《奖惩条例》只适用于全民所有制企业和城镇集体所有制企业，而《辞退规定》只适用于国营企业，而且这两部行政法规也已废止，所以从国家层面来看，没有适用于所有企业的与处罚规则相关的法律规定。即便是2008年生效的《劳动合同法》，同样只有简单的一句：劳动者严重违反用人单位的规章制度的，用人单位可以解除劳动合同。对于解除劳动合同之外的违纪处分类型和具体适用范围，也没有作任何规定。

很多年来，作为企业的用人单位一直都是"摸着石头过河"，往往参照《奖惩条例》和《辞退规定》设计处分规则，但是对于开除、除名、辞退与解除劳动合同之间的衔接与关系，往往难以厘清，也因此产生了一些风险。原劳动部不得不通过复函的方式进行解释：开除处分就意味着解除劳动合同。

国家也在探索《劳动法》实施全员劳动合同制之后的处分规则，所以一方面废止了《奖惩条例》和《辞退规定》，另一方面又在《事业单位人事管理条例》（以下简称《人事条例》，2014年生效）中规定了适用于事业单位工作人员的处分规则："处分分为警告、记过、降低岗位等级或者撤职、开除。""事业单位工作人员连续旷工超过15个工作日，或者1年内累计旷工超过30个工作日的，事业单位可以解除聘用合同。"从《人事条例》这些规定可以看到，国家取消了"记大过""留用察看"两类处分类型，也没再提及"辞退"；同时将原来《奖惩条例》中的"除名"适用的旷工情形直接规定为"解除聘用合同"，以与《劳动法》《劳动合同法》中的"解除劳动合同"对应。2023年11月，中央组织部、人力资源社会保障部共同颁发了《事业单位工作人员处分规定》（以下简称《人事处分规定》），对事业单位工作人员的处分类型沿用《公职人员政务处分法》（以下简称《政务处分法》，2020年颁布）的相关规定，将"降低岗位等级或者撤职"调整为"降低岗位等级"，取消了"撤职"这一处分，也没再针对旷工作专门的规定。比较微妙的是，事业单位中从事管理工作的人员的处分不适用《人事处分规定》而适用《政务处分法》，《政务处分法》的处分类型中还有"记大过"和"撤职"这两类情形。

从以上40多年的立法变化来看，国家对用人单位处罚规则有一个由"管"到"放"的过程。但是"管"也只是针对国有企业、事业单位，而且现在更倾向于由用人单位自主用工，自主处分，除了特定主体、特定对象之外，对其他用人单位的处分类型、处分规则基本上不再干预，是一个"放"的态度。现在普遍适用的是《劳动法》和《劳动合同法》。也就是说，国家只设置了"解除劳动合同"这一最重要的处罚规则，其他的就不再作强制要求了。当然了，无论是已废止的《奖惩条例》《辞退规定》，还是只适用特定主体、特定对象的《人事条例》《人事处分规定》《政务处分法》，对用人单位自行制订处分规则和处分制度都还是有一定的参考价值。

二、严重违纪的认定标准

《劳动法》第25条规定：劳动者严重违反劳动纪律或者用人单位规章制度的，用人单位可以解除劳动合同。《劳动合同法》第39条规定：劳动者严重违反用人单位的规章制度的，用人单位可以解除劳动合同。这两条规定是用人单位处罚劳动者的最直接的法律依据，也是最严厉的处罚规则。

但是，什么情形是严重违纪这一问题一直困扰着用人单位和司法机构，毕竟事关重大，相关认定决定了用人单位以违纪为由解除与劳动者的劳动合同是否合法，也决定了劳动者是否可以获得两倍经济补偿或是否可以要求继续履行劳动合同。

用工管理过程中劳动者违纪情形千差万别，类型不一，而目前国家的相关立法缺失，尽管有基本的公序良俗和道德认知，但司法实践中只能依赖裁判人员个人结合个案情况进行判断，什么是严重违纪还是无法形成共同的认知，再加上案情差异等因素，经常出现同案不同判的情形，十分令人困扰。

在《劳动法》发布后正式实施前，原劳动部办公厅在下发的《关于印发〈中华人民共和国劳动法〉若干条文说明的通知》（劳办发〔1994〕289号）中特别指出："严重违反劳动纪律"的行为，可根据《奖惩条例》和《辞退规定》等有关法规认定。因此即便《奖惩条例》和《辞退规定》的适用对象特定，也对其他类型企业具有相应的参考价值。

《奖惩条例》第11条规定了7类违纪行为："（一）违反劳动纪律，经常迟到、早退、旷工、消极怠工，没有完成生产任务或者工作任务的；（二）无正当理由不服从工作分配和调动、指挥，或者无理取闹，聚众闹事，打架斗殴，影响生产秩序、工作秩序和社会秩序的；（三）玩忽职守，违反技术操作规程和安全规程，或者违章指挥，造成事故，使人民生命、财产遭受损失的；（四）工作不负责任，经常产生废品，损坏设备工具，浪费原材料、能源，造成经济损失的；（五）滥用职权，违反政策法令，违反财经纪律，偷税漏税，截留上缴利润，滥发奖金，挥霍浪费国家资财，损公肥私，使国家和企业在经济上遭受损失的；（六）有贪污盗窃、投机倒把、走私贩私、行贿受贿、敲诈勒索以及其他违法乱纪行为的；（七）犯有其他严重错误的。"对有这7类违纪行为且经批评教育不改的劳动者，《奖惩条例》规定可以给予行政处分或者经济处罚；情节严重，触犯刑律的，由司法机关依法惩处。但是，对哪些违纪行为属于严重违纪，《奖惩条例》也没有进一步区分。

为了进一步明确相关标准，解决用人单位在处理过程中的难题，《辞退规定》作了进一步梳理，规定了可以辞退劳动者的相关情形："（一）严重违犯劳动纪律，影响生产、工作秩序的；（二）违反操作规程，损坏设备、工具，浪费原材料、能源，造成经济损失的；（三）服务态度很差，经常与顾客吵架或损害消费者利益的；（四）不服从正常调动的；（五）贪污、盗窃、赌博、营私舞弊，不够刑事处分的；（六）无理取闹，打架斗殴，严重影响社会秩序的；（七）犯有其他严重错误的。"第2类至第6类情形以列举的方式将一些具体的违纪行为定性为严重违纪，用人单位可以辞退，比《奖惩条例》更具有可操作性。但是，在《劳动法》实施后，这一规定被废止了，即便是国营企业也只能"摸着石头过河"。究其原因，恐怕是在全员劳动合同制之后第4类"不服从正常调动的"是否属于违纪产生了争议，毕竟正常工作安排调整岗位与变更劳动合同之间的界限已经模糊。如果构成变更劳动合同，不仅不构成违纪，用人单位反而还要与劳动者协商；即便是正常工作安排而调整工作岗位，劳动者不服从相关安排的，也不合适认定为严重违纪，需要具体情况具体分析。

需要强调的是,《奖惩条例》规定了"除名""开除"这两个特定的处分类型,与《辞退规定》中的"辞退"还是有所区别的,因为《辞退规定》中规定:符合除名、开除条件的职工,按照《奖惩条例》的规定执行。在当时的年代里,除名、开除几乎是剥夺劳动者劳动权利的最严厉的处分,劳动者被除名、开除后将无法再进入国企、事业单位或国家机关工作,所以适用于特别严重的违纪情形,程序要求也特别严格;而辞退则适用于相对轻微一些的违纪情形,但也仍然属于严重违纪。实际上,在《劳动法》实施后,无论是除名、开除还是辞退,都相当于解除劳动合同,原劳动部还专门对相关问题进行过解释,明确了开除与解除劳动合同的关系。司法实践中一些裁判人员对这些概念把握并不准确,所以用人单位处分劳动者时最好使用解除劳动合同的表述,尽量避免使用除名、开除或辞退的概念。以旷工为例,不少用人单位规定连续旷工3天构成严重违纪,但如果对劳动者予以除名就会带来风险,就算有相关制度也难以避免,毕竟《奖惩条例》规定除名只适用于"连续旷工时间超过15天"这一情形,尽管《奖惩条例》已经废止,但相关规定还是会对裁判人员的思维产生影响,所以还是引用现行的《劳动法》《劳动合同法》解除劳动合同为宜。比较麻烦的是,就算使用解除劳动合同的表述,仍然无法排除风险,因为旷工多少天算是构成严重违纪没有任何法律标准,只能由裁判人员结合个人认识以及个案实际情况酌定。笔者曾在《深圳经济特区和谐劳动关系促进条例》立法时建言,建议对于几类常见的劳动者违纪情形进行梳理,归纳出严重违纪的要点,以便统一司法裁判,但可惜未获采纳。裁判人员在司法实践中需要面对这个难点,有时有意回避旷工几天构成严重违纪这一问题,如果不认可用人单位规定的标准,会在用人单位规章制度民主程序上找瑕疵,进而否定用人单位的相关制度并支持劳动者相关请求。

关于劳动纪律与规章制度的关系,《劳动法》和《劳动合同法》的规定略有不同,比较微妙,也因此产生了如何适用《劳动法》相关规定的法律问题。一方面,《劳动合同法》第39条对《劳动法》第25条作了修改,将《劳动法》所规定的"劳动者严重违反劳动纪律或者用人单位规章制度的"改成了"严重违反用人单位的规章制度的",删除了《劳动法》中的"劳动纪律或者"6个字；另一方面，《劳动合同法》在第 4 条规定用人单位在制定劳动纪律等直接涉及劳动者切身利益的规章制度时，应当履行民主程序，包括讨论程序、协商程序和公示程序。结合前述国家对用人单位的处罚规则由"管"到"放"的实际情况和相关条款表述的调整，可见《劳动合同法》希望通过民主程序的要求规范用人单位的劳动纪律管理和对劳动者的处罚规则，用人单位应当重视相关制度建设，依法履行相关程序，完善相关管理。但是这一调整，也困扰了裁判人员：如果用人单位没有规章制度，或者规章制度不完备，是否就不能再处罚劳动者？考虑到实践中不少中小微企业确实难以按照《劳动合同法》的要求建章立制，深圳市中级人民法院在 2015 年《关于审理劳动争议案件的裁判指引》第 89 条中规定：劳动者严重违反劳动纪律，用人单位可以依据《劳动法》第 25 条的规定解除劳动合同。深圳法院这一规定具有一定的参考价值，毕竟《劳动法》第 25 条并没有废止或修改，而且严格意义上讲《劳动法》其实是《劳动合同法》的上位法。当年本应由全国人大制订的《劳动法》，由于赶时间，最后是由全国人大常委会通过的，表面上的法律位阶与《劳动合同法》一样，但实际上仍然应当尊《劳动法》为上位法。此外，2019 年的《长三角区域"三省一市"劳动人事争议疑难问题审理意见研讨会纪要》中规定："劳动者存在违反法律、行政法规规定或者必须遵守的劳动纪律等情形，严重影响到用人单位生产经营秩序或者管理秩序的，应当认可用人单位解除劳动合同的正当性。对劳动者仅以用人单位规章制度未明确规定或者制定存在程序瑕疵、劳动合同未明确约定为由，主张用人单位解除劳动合同违法的，不予支持。"该规定实际上也是认可了深圳市中级人民法院的观点，只是换了一个角度进行表述而已。

三、严重违纪解除劳动合同的司法博弈

《劳动法》与《劳动合同法》规定只有劳动者严重违纪、严重违反规章制度的，用人单位才得以解除劳动合同，其立法本意在于避免用人单位滥用解雇权，保障劳动者的就业权，同时稳定劳动关系，避免社会不和谐。这一模糊立法，一方面让裁判人员有了更大的空间和自由度，另一方面让用人单位与劳动者可能对同一事件因为存在不同认识而出现司法博弈。《劳动合同

法》将违法解除劳动合同的法律责任设计为选择性的赔偿金或继续履行劳动合同，不同主体会有不同的利益驱动和考量，导致司法博弈更加复杂，因此此类案件日益增多。

《劳动合同法》在立法过程中，曾考虑过在同一用人单位工作年限越长，劳动者经济补偿越少的方案，以鼓励用人单位长期雇佣，既保障劳动者就业稳定，也有利于建立和谐劳动关系，同时减轻政府压力和负担。遗憾的是，最终通过的《劳动合同法》没有采纳这一方案，而且还设计了劳动者享受基本养老保险待遇或达到退休年龄时劳动合同终止且无任何补偿的退出模式。这样一来，反而会鼓励临退休的劳动者找机会"兑现工龄"，放大了用人单位与劳动者的博弈风险，毕竟工作30年对应的经济补偿相当丰厚，而且双倍经济补偿的赔偿金更加诱人。常见的表现为工龄较长的劳动者出现严重违纪情形时，用人单位担心诉讼风险而不敢轻易行使解除权，毕竟过错大小自己说了不算，而司法部门对此类签订了无固定期限劳动合同的老员工确实会有照顾或同情因素，稍有不慎，用人单位需要面对严重的法律后果和管理影响。甚至还有个别劳动者，为了获得相关利益，主动"博炒"，大错不犯，小错不断，用人单位反复警示劝说无果之后，被迫解除与劳动者的劳动合同，但打官司的结果通常对用人单位不太有利。因此一些用人单位对于此类违纪行为连警告也不敢轻易启用，以免自己没了退路；为了解决相关问题，用人单位往往通过调整岗位、岗变薪变的方式进行变通处理。劳动者也有自己的博弈手段，一是强调未经同意，用人单位不得擅自调岗，二是声称自己能力有限，不能胜任新的工作，甚至主张用人单位没有提供劳动条件。在博弈过程中，用人单位无论是以劳动者违纪为由解除劳动合同，还是以劳动者不能胜任工作经培训或调岗后仍不能胜任工作为由解除劳动合同，都难以避免官司和相关风险，除非妥协支付经济补偿甚至赔偿金以达成一致协商离职。

有的用人单位认为劳动者不服从安排的行为也构成严重违纪，但是，《辞退规定》已经废止，构成严重违纪的主张没有法律依据，就算是用人单位的规章制度有相关规定，也难以被认可，毕竟调岗调薪一事存在一定的理解分歧。需要特别注意的是，2023年12月的《最高人民法院关于审理劳动争议案件适用法律问题的解释（二）（征求意见稿）》不仅不理解、不支持用人单位的用工自主权，甚至扩张解释劳动条件的范畴，赋予劳动者在调岗过程中的推定解雇权以及经济补偿权，对用人单位而言，相关规定几乎是灾难性的规则，谁还敢创业开公司啊?！这与国家优化营商环境的大方向背道而驰，实不可取。

如果用人单位以劳动者严重违纪为由解除劳动合同，劳动者申请劳动仲裁时同样可以选择继续履行劳动合同。这类案件用人单位一旦败诉，后果同样严重：一是劳动关系具有人身依附性，劳动者回来上班，要双方都还有信任基础，才有机会继续正常履行劳动合同，如果劳动者出工不出力，不破坏生产却破坏生产程序，用人单位恐怕也难以再正常管理；二是打官司打了一两年，败诉后还得面对补发工资、补缴"五险一金"等成本，这也是用人单位需要面对的压力和风险。劳动者是否会选择请求继续履行劳动合同并补发工资，既与其工作年限、剩余劳动合同期限有关，也与其薪酬水准有关，还与其距退休年龄还有多少年、是否已经再就业等同样有关。总之，用人单位以劳动者严重违反劳动纪律解除劳动合同时，任何一种可能性都需要充分考虑后再决策，毕竟劳动者掌握主动权，有权选择不同的法律方案，以达成利益最大化。

为了解决用人单位的困扰，一些司法机构在实践中进行了探索。2010年东莞法院发布了《关于适用法律若干问题的统一意见》，其中第4条规定："用人单位违法解除或终止与劳动者的劳动合同后，劳动者请求继续履行劳动合同，而用人单位不同意继续履行，并且客观上亦不能继续履行的，则对于劳动者的请求，原则上不予支持。但下列情形除外：（一）患职业病或者因工负伤并被确认丧失或者部分丧失劳动能力的；（二）患病或者负伤，在规定的医疗期内的；（三）女职工在孕期、产期、哺乳期内的。""在一审开庭后，用人单位明确表示不同意继续履行劳动合同，法院认定该劳动合同客观上亦不能继续履行的，可以告知劳动者变更诉讼请求，请求用人单位支付赔偿金或经济补偿金。"虽然相关纪要规定了"客观上亦不能继续履行"作为条件，但东莞法院在司法实践中通常还是尊重用人单位不同意继续履行的意见，这样就避免了继续履行带来的难题。2016年浙江省高级人民法院民事审判第一庭、浙江省劳动人事争议仲裁院发布了《关于审理劳动争议案件若干问题的解答（四）》，其中第 7 条规定："用人单位违法解除劳动合同，且劳动合同客观上无法继续履行，劳动者要求继续履行劳动合同的，仲裁委员会和法院可询问劳动者是否要求用人单位支付赔偿金。劳动者坚持原请求的，不予支持；劳动者要求支付违法解除劳动合同赔偿金的，可予支持。"浙江的规定中没有询问用人单位意见的规定，只是认定劳动合同客观上无法继续履行后行使"释明权"，主动询问劳动者是否变更请求而已。深圳近几年受到这方面问题的困扰，也开始在此类案件开庭时询问用人单位是否愿意继续履行劳动合同，如果用人单位坚持不同意继续履行，轻易也不判决继续履行劳动合同。

继续履行劳动合同涉及劳动者打官司期间劳动报酬如何补发的问题。《广东省工资支付条例》第 29 条第 1 款规定得非常直接："用人单位解除劳动关系的决定被裁决撤销或者判决无效的，应当支付劳动者在被违法解除劳动关系期间的工资，其工资标准为劳动者本人前十二个月的平均正常工作时间工资；劳动者已领取失业保险金的，应当全部退回社会保险经办机构。"这一规定非常有利于劳动者，所以广东此类案件非常多，博弈激烈。用人单位以劳动者严重违纪为由解除劳动合同的案件尤其令人困扰：是否严重有很强的主观性，有时候其实就是一念之差。有时劳动者明显存在过错，甚至是重大过错，但裁判人员可能顾及其工龄较长、家庭困难等因素而不支持用人单位，用人单位需要支付劳动者打官司期间的全额工资，甚至是到退休前所有的待遇，可谓压力山大。笔者此前所在仲裁机构针对此类案件，曾创造性地以劳动者也有过错为由裁决支持部分经济补偿、裁决参照社平工资支付待遇、按照最低工资支付待遇、酌情支付一定生活费等，不一而足。

北京地区的思路是看程序还是实体原因：仅因程序方面存在瑕疵而被依法撤销解除劳动关系的决定的，按最低工资标准补发劳动者工资；因实体方面存在问题而被依法撤销解除劳动关系的决定的，按劳动者正常劳动时的工资标准向劳动者支付上述期间的工资。但这一方案并没有解决劳动者存在过错，但被认定为未达到严重程度如何支付劳动报酬的问题。《上海市企业工资支付办法》的规定倒是比较合理，一方面规定用人单位解除劳动合同决定被撤销的要补发工资，标准为解除劳动合同前 12 个月劳动者本人的月平均工资乘以停发月数；另一方面同时也规定"双方都有责任的，根据责任大小各自承担相应的责任"。这一规定善莫大焉。

最高院也终于看到这个问题，在《最高人民法院关于审理劳动争议案件适用法律问题的解释（二）（征求意见稿）》中一方面对"劳动合同已经不能继续履行"进行了列举，另一方面采纳了上海的立法思路，规定"用人单位应当按劳动者提供正常劳动时的工资标准向劳动者支付上述期间的工资。双方都有过错的，应当各自承担相应的责任。""人民法院可以根据劳动者怠于申请仲裁及提起诉讼、劳动者在争议期间向其他用人单位提供劳动等因素综合确定用人单位、劳动者的过错程度。"这一规则相对公平，但目前只是征求意见稿，最终走向如何，还需拭目以待。如果通过，对于广东地区来讲，应该有机会大幅降低严重违纪解除劳动合同案件中劳动者选择继续履行劳动合同的概率，减少用人单位在这方面的压力。

四、违纪罚款及相关问题

用人单位能否对违纪员工予以罚款，不仅事关用人单位用工管理和劳动者切身利益，还涉及行政部门执法和司法部门司法。

从国家层面的规定来看，用人单位是可以以劳动者违反劳动纪律为由对其进行经济处罚的。《奖惩条例》第12条规定：在给予行政处分的同时，可以给予一次性罚款。第16条规定：对职工罚款的金额由企业决定，一般不要超过本人月标准工资的20%。此后原劳动部1994年颁布了《工资支付暂行规定》，第15条规定"法律、法规规定可以从劳动者工资中扣除的其他费用""用人单位可以代扣劳动者工资"；劳动部还在相关补充规定中进行解释，强调依法签订的劳动合同中有明确规定的以及用人单位依法制定并经职代会批准的厂规、厂纪中有明确规定的减发工资不属于克扣工资，用人单位可以减发。

广东省相关行政部门在执法中却不太支持用人单位对违纪员工进行经济处罚的规定。问题主要出在如何理解《广东省劳动保障监察条例》第50条的规定："用人单位的规章制度规定了罚款内容，或者其扣减工资的规定没有法律、法规依据的，由人力资源社会保障行政部门责令改正，给予警告。

用人单位对劳动者实施罚款或者没有法律、法规依据扣减劳动者工资的，由人力资源社会保障行政部门责令限期改正；逾期未改正的，按照被罚款或者扣减工资的人数每人二千元以上五千元以下的标准处以罚款。"其实《广东省劳动保障监察条例》的这些规定也并非不许用人单位对违纪员工罚款，只是强调要有法律法规依据，而前述国家规定就是相关依据。但在实践中一些媒体宣传解读成广东省立法不允许对员工罚款，而且广东省一些地方的劳动部门在执法时自己也这么理解，所以除深圳外，广东省其他地区现在基本都不允许对违纪员工罚款。深圳则因有特区立法权，在《深圳经济特区和谐劳动关系促进条例》中明确规定了用人单位可以依照规章制度实施经济处分，只是要求不超过当月工资的30%即可。深圳市人力资源和社会保障局还专门就前述"冲突"向深圳市人大请示，深圳市人大专门回函确认适用深圳特区法规，才算在法律上解决了这一法律适用的问题，简单地说，在深圳的用人单位仍可以对违纪员工予以经济处罚。

尽管国家允许用人单位对违纪员工进行经济处罚，但仍然需要注意劳动者的基本保障和罚款程序问题，不能随意在工资中扣减相关罚款。一方面是要保障劳动者的生活所需，《工资支付暂行规定》第16条还规定，"若扣除后的剩余工资部分低于当地月最低工资标准，则按最低工资标准支付"；另一方面最好让员工签字确认，同意在工资中扣款或同意另行缴纳相关罚款。如果员工确有困难，应当允许分期扣款或分期缴纳，必要时也应当允许劳动者申请适当减免。

此外，需要注意的是，深圳2022年修正了《深圳市员工工资支付条例》，一方面除了规定"每月扣减后的员工工资余额不得低于本市最低工资标准"外，还强调用人单位扣减前应当书面告知员工；另一方面，将原来所规定的"用人单位按照依法制定的规章制度对员工进行的违纪经济处罚"可以从员工工资中扣减这一内容做了删除处理。尽管《深圳经济特区和谐劳动关系促进条例》还没有调整，但有向《广东省劳动保障监察条例》看齐的倾向，将来也可能因此产生新的纷争。

对违纪员工罚款一事还需要与赔偿损失以及行政处分引发的薪酬标准调整区别开来。《工资支付暂行规定》第16条规定："因劳动者本人原因给用人单位造成经济损失的，用人单位可按照劳动合同的约定要求其赔偿经济损失……"与此同时，《工资支付暂行规定》也规定："经济损失的赔偿，可从劳动者本人的工资中扣除。但每月扣除的部分不得超过劳动者当月工资的20%。若扣除后的剩余工资部分低于当地月最低工资标准，则按最低工资标准支付。"如果用人单位对违纪员工既有经济处罚，也要求赔偿损失，在法律上是没问题的，只是操作中要注意执行的问题，可以考虑先予以经济处罚，再要求赔偿损失，以避免出现扣除后劳动者的剩余工资部分低于当地月最低工资标准的情形。

对违纪员工的行政处分如涉及撤职、降级、降低岗位等情形，根据同工同酬原则，也根据岗变薪变规则，用人单位可以适当调整劳动者的薪酬标准。《人事处分规定》第6条第2款规定："事业单位工作人员受到降低岗位等级处分的，自处分决定生效之日起降低一个以上岗位和职员等级聘用，按照事业单位收入分配有关规定确定其工资待遇；对同时在管理和专业技术两类岗位任职的事业单位工作人员发生违规违纪违法行为的，给予降低岗位等级处分时，应当同时降低两类岗位的等级，并根据违规违纪违法的情形与岗位性质的关联度确定降低岗位类别的主次。"尽管这一规定只是针对事业单位及相关工作人员，但结合此前《奖惩条例》和《辞退规定》的相关规定，再从法无禁止即可为这一角度理解，任何类型的用人单位均可以通过规章制度合理地制定对违纪员工的处罚规则，也可以规定与撤职、降级、降低岗位相匹配的薪酬调整方案，这都属于用人单位用工自主权的范畴。

此外，2023年5月，人社部办公厅印发了《国有企业内部薪酬分配指引》，其中第66条规定："建立薪酬追索扣回机制，职工因违法违规行为给企业造成损失的，企业可依法依规要求赔偿，并停止发放延期支付薪酬以及追索扣回已发放的薪酬"。指引虽然不是部颁规章，但也是国家层面上的指导性规范，具有重要参考价值。而且该指引还确认了对劳动者薪酬可以进行"个别调整"：按照劳动者上年度或近几年绩效考核结果，适度调整薪酬水平；对于绩效考核结果较差的劳动者，可以降低薪酬。这一允许用人单位适当进行薪酬调整的最新精神，也可以理解为支持用人单位在劳动者因出现违纪行为考核结果较差时根据绩效进行降薪，这一运用即便不涉及撤职、降级、降低岗位等情形，也仍属于用人单位用工自主权的范畴，而不应理解为违法"克扣工资"。

五、处罚时限与处分期间

《奖惩条例》第 20 条对处罚时限有相应规定："审批职工处分的时间，从证实职工犯错误之日起，开除处分不得超过五个月，其他处分不得超过三个月。"这一规定还比较合理，值得借鉴。2014 年的《浙江省高级人民法院民事审判第一庭、浙江省劳动人事争议仲裁院关于审理劳动争议案件若干问题的解答（二）》中规定："劳动者违反用人单位规章制度，符合用人单位与其解除劳动合同的条件，用人单位一般应在知道或者应当知道之日起 5 个月内行使劳动合同解除权。"但是，《劳动法》与《劳动合同法》仅规定了严重违反劳动纪律或严重违反规章制度的可以解除劳动合同，并没有规定解除时限，所以实践中确实可能会出现违纪行为存在若干年后再"秋后算账"的情形。尽管在这类案件中裁判人员不会轻易支持用人单位，但似乎也不好否定，毕竟国家法律法规确实没有限定时间，就算当地有法院和仲裁的纪要也不能直接作为裁判依据，这也算是一个现行法律的盲点。

2019 年的《安徽省劳动人事争议仲裁案例研讨会纪要》再次进行了尝试，规定："用人单位知道或应当知道劳动者具有《劳动合同法》第三十九条相应情形超过一年（相应情形呈连续或持续状态的，从相应行为终了之日起计算）解除劳动合同，且解除劳动合同前劳动者仍在用人单位工作的，应当认定为违法解除。"与此同时，该《纪要》也规定："劳动者依据《劳动合同法》第三十八条主张解除劳动合同经济补偿的，应当在知道或应当知道用人单位具有《劳动合同法》第三十八条相应情形的一年（相应情形呈连续或持续状态的，从相应行为终了之日起计算）内提出；超过一年的，仲裁委员会不予支持。"相关规定公平对等，也值得参考。

劳动者如果以虚假学历等方式入职，依法应认定所签订的劳动合同无效，用人单位得以行使单方解除权。这一类特殊情况难以界定处分时限问题，或许只能自用人单位知道或应当知道之日起计算；如果劳动者主张用人单位应当知道，则应将举证责任配置给劳动者，毕竟以虚假学历欺诈入职确实非常恶劣，原则上不应当支持劳动者，否则社会效果比较负面。

与处分时限相关联的另外一个法律问题是处分期间问题，这个问题也是《劳动法》《劳动合同法》都没有涉及的细节。《奖惩条例》倒是对留用察看作了一个察看期间的规定："对职工给予留用察看处分，察看期限为一至二年。留用察看期间停发工资，发给生活费。生活费标准应低于本人原工资，由企业根据情况确定。留用察看期满以后，表现好的，恢复为正式职工，重新评定工资；表现不好的，予以开除。"这一规定算是处分期间的根源，但对于其他类型的处分期间，《奖惩条例》也没作相应规定。《人事条例》则进行了规范："受处分的期间为：警告，6个月；记过，12个月；降低岗位等级或者撤职，24个月。"《人事处分规定》沿用了《人事条例》的相关规定：警告处分期间为6个月、记过处分期间为12个月以及降低岗位等级处分期间为24个月，此外还进一步规定"处分决定自作出之日起生效，处分期自处分决定生效之日起计算"。另外，《政务处分法》因为还有记大过、降级、撤职的处分类型，所以另外规定了记大过的处分期间为18个月，降级、撤职的处分期间为24个月。国家的这些法律规定尽管仅适用于特定单位和特定劳动者，但同样可以作为其他用人单位规范自身处罚规则及其制度建设的参考。

从目前的操作实践来看，企业用人单位规定处分期间的非常少，即便是国有企业也不多见。一方面是国家在这方面确实没有明确的法律要求和依据，另一方面企业会觉得设置处分期间意义不大，甚至可能会"作茧自缚"。比如，劳动合同期满用人单位拟不再续签时，处分期间已满，再以2年前有过警告等为由进行解释时可能会被理解为不合理甚至歧视。如果是第一次劳动合同期满不续签还可能有机会过关，要是第二次劳动合同期满不再续签，恐怕就不太好办了，毕竟时至今日也只有上海明确规定了第二次劳动合同期满用人单位仍有主动终止劳动合同的权力。因此，如果用人单位此前对劳动者是从轻发落，建议也一定要明确劳动者构成严重违纪，最好是劳动者本人能够亲笔签名确认，再从轻处理，这样或许还有机会在第二次或第三次劳动合同期满时对抗劳动者要求签订无固定期限劳动合同的主张。

金融机构还有特殊的"事后追责"处罚规则，国家专门立法允许金融机构对违反金融纪律的离职劳动者予以处罚，且相应的处罚没有规定时限和期间，这是裁判人员不容易注意到的法律规定。国务院1999年颁布的行政法规《金融违法行为处罚办法》第4条规定："金融机构的工作人员离开该金融机构工作后，被发现在该金融机构工作期间违反国家有关金融管理规定的，仍然应当依法追究责任。"即员工即便离职了，仍可以被处罚。不过相关处罚比较特殊，金融纪律处罚类型包括警告、记过、记大过、降级、撤职、留用察看、开除，各类处罚后果不一，除了影响劳动法律关系外，还影响被处罚人员的职业生涯：金融机构的工作人员受到开除纪律处分的，终身不得在金融机构工作；高级管理人员依照本办法受到撤职纪律处分的，由中国人民银行决定在一定期限内直至终身不得在任何金融机构担任高级管理职务或者与原职务相当的职务。

  金融纪律处分是金融机构所特有的处分制度。因金融风险具有滞后性，国家对金融机构存在特殊的监管要求，所以国务院通过《金融违法行为处罚办法》设计了专门的金融纪律处分制度。除了上述处罚类型外，《银行业金融机构案件问责工作管理暂行办法》还规定了扣减绩效工资、降低薪酬级次、要求赔偿经济损失等经济处理方式，也规定了通报批评、责令辞职、解除劳动合同等其他问责方式，并强调案件问责方式可以合并使用，但对于应当给予纪律处分的，不得以经济处理或其他问责方式代替纪律处分。更特殊的是，金融纪律处分还可以适用于在金融机构工作或提供服务的派遣人员、外包人员等金融业务从业人员，《银行业金融机构从业人员行为管理指引》和《银行业金融机构从业人员处罚信息管理办法》均特别规定了"银行业金融机构聘用或与劳务代理机构签订直接从事金融业务的其他人员"属于从业人员。也就是说，非劳动关系的从业人员，只要违反了金融监管规则，金融机构同样可以直接予以金融纪律处分。

2024 - 01 - 02

人社部与最高院加班案例解读与建议

人社部与最高院近期联合发布了10个劳动人事争议典型案例，案例均与加班有关，可以理解为国家层面对加班法律问题进行了全面梳理，并统一了意见。人社部代表劳动争议仲裁机构，级别明显更高，而劳动争议通常是一裁两审制，最终还是法院说了算，所以此次人社部与最高院联合发布典型案例意味深长。虽然案例的相关分析既不是国家正式立法，也不是最高院的司法解释，但是代表了现阶段国家在这些问题上的共识，具有明显的倾向性，用人单位需要仔细研究，并相应调整管理制度，避免法律风险。

针对相关案例，笔者逐一进行解读，并结合用工需求提出相关管理建议，供大家参考。

案例1 劳动者拒绝违法超时加班安排，用人单位能否解除劳动合同（案情等其他内容略）

本案的核心观点：用人单位安排超时加班违法，劳动者有权拒绝，不构成违反公司规章制度的规定，用人单位不得以此为由解除劳动合同。

解读与建议：除非抢险救灾，通常情况下用人单位安排加班受限于劳动法的相关要求，即一天不能超过3小时，每个月不能超过36小时。此外，即便用人单位安排的加班符合法律规定的时限要求，也须经与工会和劳动者协商后方可安排，这是《劳动法》第41条的明文规定。这就意味着用人单位安排加班的前提是要经过协商，甚至有人理解为要获得劳动者的同意，所以加班无论是否超过法定上限，劳动者均有权拒绝。有些用人单位通过劳动合同约定或签名确认排班的方式提前让劳动者确认，在一定程度上能够避免被认定为强迫劳动，具有管理价值和法律意义，即便劳动者提前确认同意加班，但是对于法定上限之外的加班，仍有权以相关安排违法为由拒绝。对于法定上限之内的加班安排，如果员工因故无法参加，也不宜认定为不服从工作安排或违反劳动纪律，更不应该认定为旷工给予处分，毕竟加班时间不是正常工作时间。要是劳动者患病或另有适当理由，相关处分或解除劳动合同更是不能成立的。

案例2 劳动者与用人单位订立放弃加班费协议，能否主张加班费（案情等其他内容略）

本案的核心观点： 放弃加班费协议无效，用人单位仍应支付加班费。

解读与建议： 本案涉及如何理解奋斗者计划或奋斗者协议。本案只交代了劳动者月薪2万元这一事实，没有查明是否另有奋斗者计划的对价，是重大遗漏。《劳动合同法》第26条确实明确规定用人单位免除自己的法定责任、排除劳动者权利的条款无效，而且最高院也规定相关条款有重大误解或显失公平的，当事人可以申请撤销。加班费确实是法定待遇，如果用人单位另外支付了对价，简单认定奋斗者计划无效或显失公平并不合适。用人单位为了与劳动者分享发展成果，在约定不享受加班费待遇时，往往会推出"期权计划"或"长期服务计划"，无论期权是真实股权还是分红权，只要劳动者满足一定条件即可获得相应的待遇，即便相关待遇另附有考核达标或服务年限要求，也不应当轻易认定为排除了劳动者权利；相反，换个角度来看，劳动者为了与用人单位共同成长，愿意一起奋斗，以获得期权等待遇或更好的发展机遇，因此放弃加班费，属于自由处分权利的范畴，事后再反悔并主张相关待遇，实属有违诚信的行为。

此外，本案"案例分析"声称"约定放弃加班费的协议免除了用人单位的法定责任、排除了劳动者权利，显失公平，应认定无效"逻辑混乱，也与合同法的基本法理相悖，既然认定为显失公平，应当撤销，何来无效？

案例3 用人单位未按规章制度履行加班审批手续，能否认定劳动者的加班事实（案情等其他内容略）

本案的核心观点：对用人单位不合理的加班审批制度不予认可，有证据证明劳动者加班的，用人单位应支付加班费。

解读与建议："加班申请审批制度"是一项非常有效的用工管理制度，既可以管控加班成本，也可以固定证据、减少诉争。但是，这一制度在实际操作中不能完全消除法律风险，毕竟劳动者在有足够证据证明自己存在加班的情况下，用人单位仅以加班需要申请审批作为抗辩理由是不够的。如果产生加班费纠纷，用人单位不仅要证明公司有"加班申请审批制度"，还要证明该制度履行了民主程序且劳动者知悉并同意遵守执行。除此之外，用人单位最好能够证明劳动者本人或同部门其他同事此前有过加班申请并获得审批的情形，而且相关证据能够与薪资明细逐一印证，这样才能构成完整的证据链，避免本案的风险。本案的用人单位直接安排劳动者每天早上9点工作到晚上9点，每周工作6天，明显与"加班申请审批制度"有出入，用人单位自己不批准劳动者的申请，实际上并未执行相关制度，自然无法避免败诉的结果。

需要提醒的是，用人单位的工作时间安排显然违法，即便中午晚上各用餐1小时，每天工作时间达到10小时，一个月的加班时间必然超过36小时，何况每周还工作6天，每个月的加班时间可能达到80小时，这样的安排法律风险非常大，不仅会有加班费问题，而且还可能会面临行政处罚。要解决加班费问题，需要同时利用案例4所确认的"包薪制"以降低加班费的法律风险。此外，本案例虽然确认了加班要同时符合"用人单位安排"和"法定标准工作时间以外工作"的条件，但实践中劳动者往往只要能证明超时工作，司法部门会酌情认定并判决支付加班费，用人单位是否主动进行相关工作安排并非必要条件，这是另外一个风险点。钉钉系统将8小时之外的考勤打卡时间自动统计为加班时间，更是自证加班，非常不合理也非常被动，需要考虑配套实施"考勤异常确认制度"，以降低相关风险。

案例4 用人单位与劳动者约定实行包薪制，是否需要依法支付加班费（案情等其他内容略）

本案的核心观点：认可"包薪制"，但包不住的情况除外。"包薪制"最低应以当地最低工资标准核算加班费。

解读与建议： 人社部和最高院终于通过本案例确认了"包薪制"，明确了"包薪制"是在劳动合同中打包约定法定标准工作时间工资和加班费的一种工资分配方式。"包薪制"一方面要有约定，另一方面，也必须符合法律的规定，"实行包薪制的用人单位应严格按照不低于最低工资标准支付劳动者法定标准工作时间的工资，同时按照国家关于加班费的有关法律规定足额支付加班费"。"包薪制"的表述很简单，通常表述为"甲方发放给乙方的薪酬福利中已包含乙方所有加班待遇"，也有些用人单位在最后加上"（如有）"两字。最好是以书面的方式约定"包薪制"，除了劳动合同外，还可以通过《薪资确认单》等方式确认，如果出于管理原因无法再以书面方式确认的，可以通过邮件确认的方式进行变通处理，但特别要注意不能简单地以单方通知替代约定，无论是采取何种书面形式，都要让劳动者签名确认；如果是邮件，则需劳动者回复邮件，确认同意遵照执行"包薪制"，这样才具有法律效力。

"包薪制"一直以来存在理解分歧，因此到目前为止，无论是国家层面还是地方层面，没有任何立法确认这一制度，只是有一些地方法院通过纪要等方式认可这一制度。此前最高院曾在起草关于劳动争议审判司法解释草案时将广东省高院相关纪要中的"包薪制"内容纳入，但最终未果，此次人社部与最高院共同发布"包薪制"的判例，应该是就此达成了共识，对全国各地的劳动争议仲裁机构和法院系统均有指导意义，建议用人单位通过劳动合同等方式约定"包薪制"，以减少加班费纠纷。不过需要提醒的是，"包薪制"不能包罗万象，例如对于制造业的普通劳动者，这一制度不利于调动其积极性，需要慎重考虑各方因素进行综合决策。有些用人单位双管齐下，一方面约定"包薪制"，另一方面还同时保留原有待遇，以优于法律的方式处理，既保障了劳动者的利益，又平衡了管理需求，还降低了法律风险。

"包薪制"也不能一包了之，加班时间仍然要依法统计，这样才能进一步判断是否会出现包不住的现象，否则"包薪制"也会有如本案一样被否认。本案的焦点在于劳动者的月薪只有4000元，减掉最低工资后估计只有2000元左右，即便按最低工资作为加班工资的计算基数，通常只能包住80

小时左右的加班费,所以出现纠纷时,审判机关会审查加班时间,以核实"包薪制"是否足以包住。用人单位在日常管理中仍然需要实行"加班申请审批制度",仍然需要做好加班时间统计工作,甚至需要定期与劳动者确认具体的加班时间,以便将来万一产生纠纷时能够举证证明包得住。

还要注意的是,即便实行"包薪制",也要同时约定加班工资计算基数,大部分地区的司法部门在实践中认可双方约定加班工资计算基数,只要不低于最低工资即可。有些用人单位的薪酬没有实行结构化管理,没有约定加班工资计算基数,在一些地区可能会认定整体薪酬就是加班工资计算基数,这对"包薪制"是非常不利的,等于是没有包的空间了。即便是有薪酬结构的用人单位,也要注意相关风险,通常也是约定以基本工资或正常工作时间工资作为加班工资的计算基数,但是如果基本工资或正常工作时间工资定得过高,也影响包住的空间。其实"包薪制"在逻辑上一直是存在一定的矛盾的,既然要包,薪酬就不应该结构化,但不结构化又难以确认计算基数;而一旦结构化,其他的待遇其实都有特定的名称,或为津贴或为补贴或为奖金,不一而足,各有归属,何来加班费?所以"包薪制"在不同的地区和不同的部门一直还存在争议,即便是此次人社部和最高院共同发布了相关案例,仍要注意操作细节,以避免相关风险。

案例5 用人单位未与劳动者协商一致增加工作任务,劳动者是否有权拒绝(案情等其他内容略)

本案的核心观点:工作量大幅增加构成劳动合同变更,应与劳动者协商一致。

解读与建议:《劳动法》规定了7项劳动合同必备条款,《劳动合同法》规定了9项,工作内容都是其中之一。但具体到工作量方面,都没有明确提及,或许是因为具体工作量难以统一要求。

《劳动合同法》第35条规定双方协商一致可以变更劳动合同,但并非必须协商一致才能变更劳动合同,实践中不少司法机构仍然依据这一规定对用人单位的正常工作安排予以否定,殊为不智,原因在于对劳动合同工作内容的理解产生了偏差。一方面劳动者不能胜任工作时,用人单位有权调岗,另一方面即便是劳动者不存在不胜任工作的情形，用人单位因生产经营需要也仍有权适当安排具体工作。前者即便变更了工作内容，也属于法定情形；后者只要不涉及工作内容变更，则不构成变更劳动合同，亦无须协商一致。

本案只是工作量增加了，但工作内容与工作性质并未发生变化，谈不上劳动合同变更问题。因为工作量增加而导致加班的，依法支付加班工资即可，劳动者甚至有权拒绝超过 36 小时的加班。即便用人单位实施计件制薪酬，法律同样提供了相应的保护。《劳动法》第 36 条规定："国家实行劳动者每日工作时间不超过八小时、平均每周工作时间不超过四十四小时的工时制度。"第 37 条规定："对实行计件工作的劳动者，用人单位应当根据本法第三十六条规定的工时制度合理确定其劳动定额和计件报酬标准。"《广东省工资支付条例》第 21 条第 1、2 款规定："实行计件工资的，用人单位应当科学合理确定劳动定额和计件单价，并予以公布。确定的劳动定额原则上应当使本单位同岗位百分之七十以上的劳动者在法定劳动时间内能够完成。"

本案涉及工作量增加的问题，而且从案情看幅度确实较大，如果简单认定为违反了关于"协商一致"变更劳动合同的法律规定则明显欠理，模糊了用人单位用工自主权的边界，既不符合立法本意，社会效果也不理想。笔者认为，如果劳动者能够在法定工作时间和法定加班时限内完成工作，用人单位依法支付加班工资即可，也不宜轻易认定为强迫劳动。当然了，劳动者确实有拒绝加班的权利，如果没有事先约定且同意加班，则用人单位连 36 小时内的加班安排都可能会有风险。作为用人单位，应当注意劳动者因为工作量大幅增长而承受的工作压力和劳动付出，最好能够将工作量分解并分配给数名劳动者，同时也通过适当方式增加劳动报酬（比如临时性提高固定待遇、依法支付加班费），以争取获得劳动者的理解并配合相关安排，同时降低风险。

本案判决引用了《劳动合同法》第 31 条的规定："用人单位应当严格执行劳动定额标准，不得强迫或者变相强迫劳动者加班……"但需要注意的是，该条还有一句"用人单位安排加班的，应当按照国家有关规定向劳动者支付加班费"，这一句被忽略了，因此用人单位的用工自主权也被忽略了，或许是案情没有交代齐全面，或许是裁判者为了追求结果而选择性放弃，但无论如何，本案的一些观点是值得商榷的。

案例 6 处理加班费争议，如何分配举证责任（案情等其他内容略）

本案的核心观点：加班费争议遵循"谁主张，谁举证"原则。劳动者举证证明用人单位掌握加班相关证据但用人单位不提供的，可以推定存在加班事实。

解读与建议：加班费争议虽然也需要遵循"谁主张，谁举证"原则，但是劳动者举出初步证据证明可能存在加班时，举证责任可以适当倒置，用人单位应当举证证明劳动者的考勤情况、管理制度及薪酬信息，毕竟这也是管理职责所在。本案用人单位简单主张劳动者每周工作 5 天，没有进一步提供相关证据，而且明显与劳动者提供的证据不符，自然需要承担举证不能的不利后果。

需要注意的是，管理规范的用人单位通常是会保留考勤电子记录的，这样能够向司法部门提供相关证据，但劳动者有时并不确认，反而以用人单位管控后台记录，能够自行操作甚至变更系统数据及相关信息为由否认其真实性，此时案件会陷入举证责任再次分配的困境。如果仍然简单倒置要求用人单位提供劳动者没有加班的证据，对用人单位而言无疑是非常困难的，用人单位很可能要面对不利后果。笔者认为应当结合案情以及双方陈述进行综合判断，原则上还是应当由劳动者进一步举证，证明存在加班的事实，毕竟用人单位已经提供了考勤记录。

考勤记录通常都是电子证据，为了提高证明力，建议用人单位进行公证或固化处理，通过第三方的介入证明相关证据客观存在，没有经过篡改，并避免进一步的举证责任。如果相关电子证据另有邮件或其他形式确认的信息印证，则可以进一步获得认可，所以相关信息需要与加班管理制度、劳动者的薪酬发放记录相匹配，这也是此类案件裁判人员关注的重要细节。因此，用人单位在应对此类案件的过程中，对劳动者的相关主张和提供的证据不能只是简单否定，即便是打印件的信息，也要逐一核实并据实陈述，同时据理力争，合理解释，以争取说服裁判人员。

此外，有些用人单位对门禁记录与考勤记录没有进行区别管理，一旦发生案件，裁判人员往往会以门禁记录作为工作时间的核实证据，即便用人单位百般解释，也可能会被酌情认定存在一定的加班事实而被裁判支付相关的加班费。为了解决这一问题，除了以门禁出入时间不等同于工作时间作为抗辩理由外，还需要有其他的证据进一步支持，因此需要注意加强日常管理：一是要有明确的作息规定，二是要实施加班申请审批制度，三是对加班时间要让劳动者定期或不定期通过书面或邮件等方式确认，只有综合提升管理水平，才能降低法律风险。如果用人单位自己的系统里将离开公司的门禁时间记录为加班时间，或者以加班到晚上9：00为由审批报销回家出租车费，这些系统信息即便只是打印件，也对用人单位非常不利，要是没有更强有力的证据反驳，基本上是要败诉的，所以用人单位一定要注意自己的管理动作是否会存在这类反向证据，尽量提前消除管理漏洞。

还有一些用人单位，因为客户遍布全球，劳动者需要在正常的作息时间之外开会、审批系统业务或回复工作邮件，这些都属于劳动者主张存在加班的证据。尽管用人单位可以以邮件发送时间不代表工作时间、邮件发送时间也可以由系统预先设定等理由进行抗辩，但这些主张只是弱解释，不一定能够被采信，每封邮件都要结合往返的时间进行合理解释才具有更高的采信力，同时还要结合劳动者的工作特点以及劳动合同的约定进行抗辩。此类劳动者即便没有获得审批实行不定时工作制，仍然可以在实行标准工时工作制的情况下主张弹性工作，这一弹性工作最好要有书面约定或制度规定，同时也因为弹性工作而无须考勤，模糊考勤的边界，这样才有机会把举证责任重新配置给到劳动者。在弹性工作制的情况下，劳动者具有一定的工作安排自主性，所以需要自行证明工作时间每天工作超过8小时、每周工作超过40小时，这样用人单位的风险就会降低。需要注意的是，有些用人单位一方面规定劳动者弹性工作，另一方面却仍然要求劳动者考勤打卡，这样的操作会加重用人单位的举证责任，放大风险。不过，要是考勤打卡的记录每天少于8小时或比较随意，可以印证弹性工作制，则风险可控。

现在比较流行移动考勤，该考勤方式虽然管理便利，但是也放大了加班费纠纷的风险：一方面劳动者有考勤记录，另一方面劳动者其实并没有实际进入职场，反而有了可乘之机。实行移动考勤的用人单位，除采取上述其他管理手段外，最好能够再要求劳动者在考勤打卡后的合理时间段内通过门禁闸机，进行指纹或人脸再次打卡并比对，以管控风险并避免弄虚作假。

此外，无论实行哪种考勤方式，无论实行哪类工作制，为了减少加班费纠纷，建议用人单位对管理人员、技术人员和销售人员都约定实行"包薪制"，这也是一个有效的管理措施。人社部与最高院已通过判例的方式对"包薪制"作了确认，应该会有助于统一各地司法部门的认识，认可此类约定。

案例7 劳动者超时加班发生工伤，用工单位、劳务派遣单位是否承担连带赔偿责任（案情等其他内容略）

本案的核心观点：劳务派遣中，劳动者超时加班发生工伤，用工单位和派遣单位均有过错，承担连带赔偿责任。工伤认定前签订的协议显失公平，应当补足法定待遇。

解读与建议：2007年通过的《劳动合同法》第92条规定了用工单位对派遣单位给劳动者造成的损害承担连带责任："劳务派遣单位违反本法规定的，由劳动行政部门和其他有关主管部门责令改正；情节严重的，以每人一千元以上五千元以下的标准处以罚款，并由工商行政管理部门吊销营业执照；给被派遣劳动者造成损害的，劳务派遣单位与用工单位承担连带赔偿责任。"《劳动合同法实施条例》第35条同时规定了派遣单位对用工单位给劳动者造成的损害承担连带责任："用工单位违反劳动合同法和本条例有关劳务派遣规定的，由劳动行政部门和其他有关主管部门责令改正；情节严重的，以每位被派遣劳动者1000元以上5000元以下的标准处以罚款；给被派遣劳动者造成损害的，劳务派遣单位和用工单位承担连带赔偿责任。"

但是，2012年修正后的《劳动合同法》对此进行了调整，相关内容修改为："用工单位给被派遣劳动者造成损害的，劳务派遣单位与用工单位承担连带赔偿责任。"只规定了派遣单位对用工单位给劳动者造成的损害承担连带责任，修法时没专门对此进行解释，但从修法本意来看，应当是为了强调派遣单位的责任，避免劳务派遣野蛮生长，同时也可能是考虑到用工单位属于第三方，另有法律责任规制。2014年3月1日起施行的《劳务派遣暂行规定》则规定"劳务派遣单位、用工单位违反劳动合同法和劳动合同法实施条例有关劳务派遣规定的，按照劳动合同法第九十二条规定执行"，与修改后的《劳动合同法》保持一致。

回到本案，用工单位安排超时加班显然违法，存在过错，但由于劳动关系存在于用人单位，而用人单位没有依法缴纳工伤保险，"李某所受伤害被社会保险行政部门认定为工伤"，用人单位自然应当承担法律责任、支付所有的工伤待遇。而从案情介绍得知，是用工单位与劳动者近亲属签订了赔偿协议，由用工单位支付了劳动者工亡待遇42万元，并约定不得再就劳动者工亡赔偿事宜或在派遣工作期间享有的权利，向用工单位提出任何形式的赔偿要求。从这一案情来看，劳动者完全有权要求派遣单位依法支付所有工伤待遇，毕竟现有赔偿方案只是用工单位与劳动者家属达成的协议，与用人单位没有关系。此类情况通常应该会由三方一起签订协议，一并解决各类法律问题；即便是两方签订协议，也要同步约定劳动者死亡涉及第三方的权利义务均告终结，以尽量避免将来继续产生纠纷。本案并没有介绍相关信息，是否有此类约定，我们不得而知。其实无论有无此类约定，家属均有权请求用人单位赔偿所有工伤待遇，至于用工单位实际已支付的赔偿待遇能否用于抵扣，则另当别论，毕竟合同具有相对性。

本案没有交代仲裁请求及仲裁结果，但是从双方均起诉到法院的情况来看，双方应该对仲裁结果都不满意。家属一审的请求是用人单位与用工单位承担连带责任，支付工亡待遇；而用人单位的请求是不应支付供养亲属抚恤金，相关赔偿应扣除用工单位已支付款项，用工单位承担连带责任。因用人单位未为劳动者参加工伤保险，一审法院判决用人单位赔偿全部工亡待遇；用人单位与用工单位承担连带赔偿责任。笔者认为，由用人单位承担赔偿工亡待遇没问题，但判决用工单位承担连带责任没有法律依据。即便用工单位存在过错，也应当只是对用人单位的赔偿承担补充清偿责任，而不能认定为连带赔偿责任，毕竟连带赔偿责任只能由法律确定，何况用工单位还可能因为过错而承担人身损害赔偿责任。

一审法院这样判决，是为了"有效避免劳务派遣用工中出现责任真空的现象，实现对劳动者合法权益的充分保障"。但是这一理由并不能成立，国家法律的规定非常清楚，裁判人员不应擅自扩张立法本意。本案除了用人单位的工伤赔偿责任外，还涉及用工单位对劳动者人身损害的侵权赔偿责任，并不存在责任真空问题，只是法律路径有所区别而已。

　　为了最大限度保护劳动者，工伤赔偿责任被定义为无过错责任，也就是说用人单位不能因劳动者受伤是用工单位过错或劳动者过错而免责。2003年《最高人民法院关于审理人身损害赔偿案件适用法律若干问题的解释》（2003年发布，2020年修正）第3条第2款规定："因用人单位以外的第三人侵权造成劳动者人身损害，赔偿权利人请求第三人承担民事赔偿责任的，人民法院应予支持。"而用工单位明显属于"用人单位以外的第三人"，用工单位因自身过错致使劳动者工伤或工亡的，需要对劳动者另行承担人身损害侵权赔偿责任。人身损害侵权赔偿责任属于过错赔偿责任，与无过错的工伤赔偿责任有所区别，各方根据过错比例承担相应的责任。从本案来看，如果能够证明安排超时加班与劳动者工亡之间的因果关系，则用工单位基本上要再按人身损害标准赔偿一遍。也就是说，即便是用工单位出钱让派遣单位买了工伤保险，自己仍然要承担劳动者人身损害侵权赔偿责任。作为用人单位，只有出现职业病以及涉及安全生产事故的工伤才可能需要承担人身损害侵权赔偿责任，各地对此规定不一，理解也有分歧。如果用工单位要承担人身损害侵权赔偿责任，根据修改后的《劳动合同法》的规定，用人单位对这一赔偿也还得承担连带责任。

　　根据以上分析，家属的诉讼请求及诉讼策略不一定周全，而法院的裁判也还有探讨空间。作为用工单位，与家属签订相关协议时不解决用人单位的法律问题，同样会给自己带来风险和麻烦，因此建议此类情况最好还是三方签订协议，争取彻底解决所有法律问题，毕竟不只是有工伤问题，也还有人身损害侵权问题以及用人单位的连带赔偿责任问题等。此外，本案家属在签订协议后的反悔行为有违诚信，如果不是用工单位赔偿标准较法定工亡标准低不少，恐怕也不宜支持家属的请求，毕竟家属有权处分相关权利，也应当预见被认定为工亡的可能性。如果不允许双方当事人在工亡认定前协商处理，岂不浪费更多司法资源？岂不会产生更多社会不和谐现象？这一判决的社会效果可能因此而受到影响。《最高人民法院关于审理劳动争议案件适用法律问题的解释（一）》（法释〔2020〕26号）第35条规定："劳动者与用人单位就解除或者终止劳动合同办理相关手续、支付工资报酬、加班费、经济补偿或者赔偿金等达成的协议，不违反法律、行政法规的强制性规定，且不存在欺诈、胁迫或者乘人之危情形的，应当认定有效。前款协议存在重大误解或者显失公平情形，当事人请求撤销的，人民法院应予支持。"即便是法院认定为协议违反法律强制性规定，也只有同时出现欺诈、胁迫或者乘人之危情形时才能认定协议无效，如果法院认为协议显失公平，则应当行使释明权，引导当事人请求撤销协议。但是，如何理解并运用这一条规定，需要裁判人员结合案情酌定，如果简单理解为违反法律强制性规定的都无效，则当事人协商达成的所有协议都可能被推翻，这并不是什么好事。

有些用人单位为了平息问题，通过购买商业保险中的人身意外险作为解决方案。需要特别提醒的是，无论是用人单位还是用工单位，均无法通过这一办法免除工伤赔偿责任和人身损害赔偿责任，因为投保人无论是用人单位还是用工单位，人身险的受益人只能是劳动者及其家属，而不能是用人单位或用工单位，否则会有道德风险，这有悖于保险的理论基础和立法规则。不过购买商业保险并非不可取，至少可以通过这一渠道给予劳动者和家属更多利益，有助于创造更好的沟通环境，争取顺利解决相关问题。

法条链接

《深圳市中级人民法院关于审理劳动争议案件的裁判指引》（2015年9月2日深圳市中级人民法院审判委员会民事行政执行专业委员会第11次会议讨论通过）

五十五、劳务派遣关系中，用工单位违反法定义务，造成劳动者损害的，由用工单位承担赔偿责任，劳务派遣单位承担连带责任。

《深圳市中级人民法院关于〈审理劳动争议案件的裁判指引〉的说明》

10、第五十五条是关于劳务派遣关系中连带责任的问题。

修改前的《劳动合同法》第九十二条规定"劳务派遣单位违反本法规定，给被派遣劳动者造成损害的，劳务派遣单位与用工单位承担连带赔偿责任"。同时，《劳动合同法实施条例》第三十五条规定"用工单位违反劳动合同法和本条例有关劳务派遣规定，给被派遣劳动者造成损害的，劳务派遣单位和用工单位承担连带责任"。因此，综合上述两个条款，在《劳动合同

> 法》修改前，劳务派遣单位与用工单位是相互承担连带责任的。任何一方存在违反劳动法行为的，另一方均需承担连带责任，即双连带原则。
>
> 2013年7月1日实施的修改后的《劳动合同法》第九十二条仅规定"用工单位给被派遣劳动者造成损害的，劳务派遣单位与用工单位承担连带责任"。依据该条规定，仅是劳务派遣单位对用工单位的违法行为承担连带责任，而对于劳务派遣单位的违法行为，用工单位不再承担连带责任，即单连带原则。由于《劳动合同法》并没有明确表述此项修改内容，必须通过对比修改前后《劳动合同法》相关条文才可得出上述结论。因而，本裁判指引规定此条加以明确，起到提醒注意的作用。

案例8 用人单位以规章制度形式否认劳动者加班事实是否有效（案情等其他内容略）

本案的核心观点：认可"加班申请审批制度"，但法院有权审查与加班相关的具体规定的合理性并确定其效力。

解读与建议：在本案中法院认可了用人单位的"加班申请审批制度"，确认其具有合理性，但也同时否定了用人单位《员工手册》所规定的晚上9:00之后才起算加班时间的制度。

本案用人单位下午6:00下班，《员工手册》却规定晚上9:00才起算加班，法院认为在下班3小时后再加班，不具有合理性，再加上劳动者通过系统申请了加班，已有证据证明晚上9:00之前也在工作，所以法院判决用人单位支付劳动者加班费差额部分。如果下午6:00到晚上9:00之间用人单位除了安排就餐外，还另有自愿性的文体活动或休息安排，也不是完全没有机会，但用人单位需要就此充分举证，本案用人单位不能举证证实该段时间为劳动者晚餐和休息时间，败诉也是情理之中的结果。

《劳动合同法》第4条规定了涉及劳动者切身利益的劳动报酬、工作时间、休息休假、劳动安全卫生、保险福利、职工培训、劳动纪律以及劳动定额管理的规章制度，需要履行讨论、协商以及公示的民主程序。但这一规定并不意味着履行了这些程序的规章制度就当然地具有了法律效力，司法机关在处理个案时，除了有权对相关制度进行程序审查外，还有权对相关制度进行实质审查，既审查相关规定的合法性，也审查相关规定的合理性。有法律明确规定的，以合法性作为标准；法律没有明确规定的，则以合理性作为标准。

一些用人单位规定劳动者申请加班必须以半小时作为申请单位，结合本案精神，如果劳动者有证据证明确实存在半小时之内的加班，则这一规定并不能保障用人单位获得胜诉。有些用人单位还规定加班不到半小时的工作时间均不计发加班工资，这一规定更不合理，同样会被否定。

案例9 劳动者在离职文件上签字确认加班费已结清，是否有权请求支付欠付的加班费（案情等其他内容略）

本案的核心观点：不认可离职结算权利义务终结的格式文本。

解读与建议：本案的分歧应该较大，一审判决驳回劳动者所有诉讼请求就是证明。二审虽然判决用人单位支付劳动者加班费，但相比仲裁的结果明显也少了很多，两个司法机关的计算差异耐人寻味。

劳动者在离职时确认了："现单位已经将我的工资、加班费、经济补偿结清，我与单位无其他任何争议。本人承诺不再以任何理由向某科技公司及用工单位主张权利。"随后主张这并非本人的真实意思表示，强调用人单位有胁迫行为，要是不签字，就不给办理工作交接，进而要求用人单位支付加班费。案情中并没有交代用人单位是否有胁迫行为，但二审法院只是以用人单位没有提供与劳动者就加班费等款项达成的协议及已向劳动者支付相关费用的证据为由认可了劳动者的确认并非本人真实意思表示的主张，可以判断法院并未查实用人单位有胁迫行为，否则直接认定协议无效即可，犯不着兜这么一大圈来改判。二审法院的理由其实很牵强。

本案用人单位在劳动者加班期间并非没有支付待遇，有"少则46.15元、多则115.40元的出勤补款或节假日补助"，如果双方约定了"包薪制"且包得住，这些补款或补助相当于额外的待遇；即便没有约定"包薪制"，这些待遇是否达到法定加班标准进行核算即可，要是没有达到标准，法院要判决补差不是不可以，但得以理服人。即便用人单位确实没有足额支付加班费，即便劳动者离职确认是格式文本，只要没有欺诈、胁迫或乘人之危情形，则不宜认定无效。《最高人民法院关于审理劳动争议案件适用法律问题的解释（一）》（法释〔2020〕26号）第35条第1款规定强调："劳动者与用人单位就解除或者终止劳动合同办理相关手续、支付工资报酬、加班费、经济补偿或者赔偿金等达成的协议，不违反法律、行政法规的强制性规定，且不存在欺诈、胁迫或者乘人之危情形的，应当认定有效。"所以，本案最多只能认定为显失公平，并引导劳动者主张撤销此确认，进而再判决补差。

用人单位在管理过程中最好与劳动者正式签订协议或由劳动者手写相关确认，避免被认定为格式文本以降低风险。此外，尽管存在被否定的可能性，但在离职结算或签订协议时还是尽可能把劳动关系项下的具体争议事项写全写清楚，并明确双方不再有劳动争议，同时强调系本人真实意思表示，这在管理上和法律上都还是具有相应价值的。如果可能，建议签订这类协议或确认书时明确用人单位需支付的待遇，以体现相应的对价，这些对价对应解决的问题最好以"包括但不限于"的方式表述，以免写得不周全而留下漏洞。

法条链接

《深圳市中级人民法院关于审理劳动争议案件若干问题的指导意见（试行）》（2009）

102、劳动争议发生后，劳动者与用人单位达成了解决纠纷协议，一般应认定该协议有效。但个别确实显失公平，劳动者在法定期限内申请撤销的，应当支持。[①]

案例10 加班费的仲裁时效应当如何认定（案情等其他内容略）

本案的核心观点： 加班费的时效适用特别仲裁时效，在职期间无时效，离职后为1年。司法实践中一般只计算两年加班费的操作可能会受影响。

解读与建议： 对加班费属于劳动报酬这一点没有争议，劳动报酬的争议

---

① 此条在2015年的《深圳市中级人民法院关于审理劳动争议案件的裁判指引》中未再体现，但司法实践中仍具有一定的指导意义。

在劳动关系存续期间不受一年仲裁时效的限制，这也是法律的明文规定。但是，劳动者可能在同一用人单位工作长达数十年，因加班费产生纠纷时司法机构要审查数十年的加班信息和薪酬明细，这也不太现实。《工资支付暂行规定》第6条第3款规定，用人单位必须书面记录支付劳动者工资的数额、时间、领取者的姓名以及签字，并保存两年以上备查。所以司法实践中相关机关常以此条规定分配举证责任，两年内的由用人单位举证，两年以外的由劳动者举证。如果劳动者能够举证证明两年之前存在加班，则司法机构也会结合案情适当予以支持，所以对于加班费纠纷，用人单位不能仅以时效为由抗辩，需要综合应对，更主要的还是要依法规范，同时杜绝管理漏洞，做好预防工作，而不是寄希望于时效。

在实践中，如何理解劳动者离职后可追索的加班费的期间是存在一定分歧的，有的人认为只能追索自劳动者提出主张之日往前推算两年内的加班费，有的人认为只要在1年的时效内，可以追索在职期间所有的加班费。本案判决明显是后一种观点。

2021 - 10 - 11

热点解读

社保费率下调促进营商环境优化

2019年3月15日，李克强同志在会见中外记者并回答记者提问时明确表态：5月1日就要降社保费率，全面推开；对基本养老保险单位缴费率，可以从原规定的20%降至16%。这一举措真是善莫大焉！

年前税务局征收社保一事闹得沸沸扬扬，最终国家在实施前夕紧急叫停了，仍通过原渠道对企业征收社保，原因就在于担心地方政府借机清旧账填补社保不足。实话说，不少企业确实由于历史原因未能足额缴纳社保，尤其是基本养老保险，如果清旧账的话，很多企业将承受很大的压力。本来经济就在下行，中美贸易谈判仍未果，企业生存都不容易，再清旧账就会严重影响就业了。李克强同志说得很明白，首先是要保就业，"民生本身就是天大的事"，所以要"放水养鱼"，因此才有了这次减税降费的政策。

可是，基本养老保险本来就不够，一些地方甚至空账运转，再降怎么维持？李克强同志宣布：政府要过紧日子，压缩一般公共预算的支出，增加特定金融机构和央企上缴利润。同时告诉大家：我们筹集了1万亿元资金！国家已经意识到不能"大水漫灌"，也不能再由地方杀鸡取卵了，需要国家统筹解决。国家这次不只号对了脉，而且也开对了方。

表面上看国家亏了，还得找钱补窟窿，但实际上企业成本降低了，不只保了就业，而且也提高了企业缴纳基本养老保险的意愿，有助于提高参保率。如果不参保，将来相关劳动者无从养老，都是社会大问题，最终还得国家解决。降低基本养老保险单位缴费率还有助于提高企业足额缴纳基本养老保险的积极性，反而可以增加社保收入，同时不再形成新的遗留问题。这是以退为进的战略安排，李克强同志讲得也很明白："我们这样做，不是说在预支未来，恰恰是在培育未来。"

其实这一政策早就有风声。国务院办公厅 2018 年 11 月 8 日发布了《关于聚焦企业关切进一步推动优化营商环境政策落实的通知》（以下简称《通知》），要求"进一步减轻企业税费负担，降低企业生产经营成本"，其中就明确提及要"规范降低涉企保证金和社保费率，减轻企业负担"。李克强同志宣布的政策就是落实优化营商环境的最好措施，刚刚通过的《外商投资法》也是改善营商环境的有力保障。李克强同志强调"有关部门和各级政府都要去落实"，地方马上有了反应。湖北省领导近日表态：谁破坏营商环境，就砸谁的饭碗！看来国家确实下了功夫，只要政策能落实，作用一定非常大。

需要注意的是，降基本养老保险费率并非一刀切，李克强同志表示"可以"降至 16%，没说一定降到 16%，毕竟各省市情况不一，需要结合各地的实际情况安排，也需要国家统筹分配"真金白银"。至于深圳，由于基本养老保险单位缴纳比例仅为 13%（另有 1% 地方补充养老保险费），看来是没办法享受到"福利"了。国家规定参保人员跨省流动就业转移基本养老保险关系时，按 12% 的缴费比例转移，下调空间非常有限，何况还有各类成本费用需要开支。2012 年修改《深圳经济特区企业员工社会养老保险条例》时，就是由于这个原因，才不得不将用人单位缴纳的基本养老保险费率从 10% 上调至 13%。不过话要说回来，这不正是深圳竞争力的体现吗？全国最低的基本养老保险单位缴纳比例正是深圳营商环境良好的最好注释。

2019 - 03 - 18

"996工作制"中的法律问题

近日舆论再次聚焦"996工作制",社会各界对此众说纷纭,意见不一。作为一名劳动法专业律师,笔者更关注的是"996工作制"中的法律问题,本文从法律的角度对"996工作制"及相关问题进行探讨,以期抛砖引玉。

首先,强迫劳动肯定是违法的。《劳动法》规定得很清楚,加班要员工同意,用人单位要与工会和劳动者协商后才可以延长工作时间。如果强迫劳动,劳动者可以随时通知用人单位解除劳动合同并获得经济补偿。但是,"996工作制"只要不是强制性要求,也不是没有法律空间。《劳动法》第44条规定加班如何支付加班工资和调休时,使用的概念是"安排",有人因此主张只有用人单位安排的延时工作才构成法律意义上的加班,劳动者自愿延长的工作时间既非强迫劳动,更不构成加班。

其次,"996工作制"涉嫌超过法定加班时间上限。《劳动法》规定加班每天不得超过3小时,每月不得超过36小时。"996工作制"从时间上算,朝9晚9去掉1小时或2小时吃饭时间,每天至少也加班了2小时,5天下来加班达到10~15小时,再加上第6天全天的加班时间,一周加班时间可以达到20小时以上,一个月至少80小时,远远超过了法定加班时间上限。劳动者可以就此投诉,劳动部门有权责令整改,甚至可以直接处罚。

再次,用人单位可以通过相应的办法避免"996工作制"的上述法律风险。虽然"996工作制"属于标准工时工作制的范畴,但用人单位可以通过申请综合工时工作制或不定时工作制以化解风险。另外一个办法就是实行弹性工作，弹性工作既能满足用人单位的管理需求，也能让员工照顾家庭，还能错峰出行，节约通勤时间。如果能够在家办公，应该会更受劳动者欢迎，就算真的要"996"，劳动者估计也更容易接受，但不是所有的员工都能够实行弹性工作，也不是每个行业都能够提供在家办公条件，毕竟用人单位还有管理压力。

最后，"996工作制"涉及加班工资是否足额支付的问题。如前所述，"996工作制"每个月加班至少80小时，除了周末加班可以安排调休外，其他加班需要支付相应比例的加班工资：平常工作日延时加班需要支付150%的工资报酬，法定休假日支付不低于300%的工资报酬。这对劳动者来讲是一笔很可观的收入，对用人单位来讲却是一笔很大的成本。但是，实行"996工作制"的用人单位可以通过约定"包薪制"的办法避免这一成本和相关风险。虽然国家层面的法律对"包薪制"并没有明确的规定，但司法实务中各地劳动部门和法院已基本认可这一操作。不过如果用人单位没有这样约定，劳动者可以通过法律手段争取这个待遇。

其实"996工作制"不只是劳动法的问题，也涉及公司法的问题。

劳动法倾向于保护劳动者，所以通过立法限制加班，也通过劳动合同约束用人单位。劳动合同双方有天然的利益冲突，想要从根本上解决问题，就必须变"合同"为"合作"以转换身份，这就属于公司法的范畴了。现在期权很热，可以理解为在劳动合同基础上建立的合作制度，若劳动者自己有了股份，分配制度就从约定工资进化为按股分红了，对"996工作制"自然就容易接受了，毕竟有了更好的对价。一旦雇员身份变化成为雇主，就需要反过来承受劳动法的压力了，创业的劳动者应该体会得更深刻，毕竟利益诉求完全不同了。

如果股份和收入都是自己的，就不存在什么"996"的问题了。最极端的法律形式是个体工商户和一人制公司，这时劳动者在劳动法上是自雇者，在公司法上也是独立的主体，自己给自己打工，自己对自己负责，既可以朝九晚五，也可以"996"，甚至"007"，你见过谁向自己要加班费的？

合伙是另外一种通过公司法解决劳动法问题的法律途径。合伙各方对外共同承担责任，对内相互承担连带责任，律师事务所和会计师事务所经常采用这一模式（公司制的除外）。合伙人都是自雇者，都在一个平台上为自己工作，每个人都可以根据自己的实际情况决定工作强度和工作时间，也就无所谓"996"了。

但是，自雇在中国并非普遍现象，甚至在中国的法律里都找不到这个概念，更不用说什么独立合同人了。劳动法上的劳动者对用人单位存在人身依附性，是被安排工作的员工，所以是相对被动的。要想劳动者从被动到主动，充分发挥创造性和积极性，除了设计有吸引力的薪酬制度外，还需要考虑合适的合作形式，这就不仅需要劳动法有所突破，而且也要求公司法能够有所建树。

每个人都渴望自由，但是财富需要通过拼搏才能创造出来。财务自由与人身自由往往不可兼得，是否"996"，不只是法律的问题，也是个人的选择。

2019-04-16

海尔"午休开除门"中的休息权

《宪法》第43条第1款规定:"中华人民共和国劳动者有休息的权利。"《劳动法》第3条也规定了劳动者享有"休息休假的权利",并在第四章相关条款中进一步规定"国家实行劳动者每日工作时间不超过八小时、平均每周工作时间不超过四十四小时的工时制度。""用人单位应当保证劳动者每周至少休息一日。"但是,确实没有法律规定劳动者的午休权。

《国务院关于修改〈国务院关于职工工作时间的规定〉的决定》也只是进一步明确了职工每周的休息时间标准是工作5天、休息2天,只有国家机关、事业单位实行统一的工作时间,星期六和星期日为周休息日,企业和不能实行国家规定的统一工作时间的事业单位可以根据实际情况灵活安排周休息日。为了消除部分人对休息休假相关规定的误解,人力资源和社会保障部在2019年7月29日特别下发了《我国法定年节假日等休假相关标准》,将现行有效的休息休假相关的规定进行了整理汇总,但同样没有规定劳动者的午休权。

由此看来,是否安排午休属于用人单位的用工自主权,海尔相关制度规定11点半至13点之间"员工自主安排就餐时间"并无不妥,可见媒体广为报道的"只有30分钟午餐时间"并不准确。当然了,不排除有人工作繁忙,只能安排出30分钟吃午餐;或许员工较多,上下电梯等候时间过长,原来一个半小时的就餐时间因此被浪费了一部分,所以有了"只有30分钟午餐时间"的说法。如果用人单位提供了食堂,绝大多数人中午30分钟应该是可以完成用餐的，但这并不是重点，重点在于员工利用用餐时间午休是否构成了违反规章制度？答案显然是否定的。所以，如果中午用餐时间有巡查人员检查并不准员工午休确实欠妥，员工由于各种原因利用中午用餐时间休息是其自由处分的权利，只要休息方式相对体面，不至于影响他人作息或影响企业形象即可。如果员工因为利用午餐时间休息而被解除劳动合同当然无法成立，因为员工的行为并不构成违纪。

但是，海尔发布的《关于四名违规员工处理情况的说明》强调4名员工并非在休息时间午睡，而是于工作时间在公共接待场所睡觉。如果所述属实，性质就完全不一样了，4名员工的行为确实可以被定性为违反规章制度，而且在公共接待场所睡觉，应该有较大机会被认定为达到严重程度，只要规章制度的民主程序能够过关，员工以休息权主张用人单位解雇违法难以得到支持。

可能是社会不满情绪的宣泄，也可能是新媒体时代的特点，没几天时间，海尔成了众矢之的，各种批判蜂拥而至，完全掩盖了事实本身以及与之相关的基本法律常识，这对海尔并不公平，甚至有可能因此影响案件结果。在现在的大环境下，应该更多换位思考，既要保护劳动者的就业权等合法权益，也需要考虑用人单位的用工难处及管理需求，应该提倡建立和谐劳动关系，而不是相反。社会节奏的加速，确实也给大家都带来了更多的压力，社会各界应该一起面对压力和竞争，努力探索更好的管理模式，不仅推动企业和个人共同成长，也为国家克服当前困难、持续发展添砖加瓦。

2019 - 09 - 08

海尔能打赢"午休开除门"官司吗？

近日海尔解除了4名员工的劳动合同，被媒体炒作得沸沸扬扬，例如什么"千亿海尔深陷午休开除门""海尔开除'午休'员工，该有权威说法""海尔4名员工因饭后午休被开除：只有30分钟吃饭时间"等，各种报道不一而足，仿佛抓到了海尔的痛处，一时间大有站在道德和法律的高地上"痛打落水狗"的架势。

海尔面对众多非议，发布了《关于四名违规员工处理情况的说明》（以下简称《说明》）。从该《说明》披露的信息来看，海尔是"解除劳动合同"，并不是什么"开除"，前者是《劳动合同法》的规定，后者是已经废止的原《企业职工奖惩条例》的用词，或许媒体记者不太清楚两者的区别，以讹传讹简称为"开除"了。

海尔主张4名员工并非在休息时间午睡，而是于工作时间在公共接待场所睡觉，所以是否因为午休而被"开除"显然是有分歧的。没有调查就没有发言权，此事事关基本事实，事关员工是否违纪，各方大可不必马上下定论，更不应该马上打板子，毕竟大家都不是审判官。从法律的角度来看，员工对于被解除劳动合同完全可以通过申请劳动仲裁打官司解决相关问题，海尔作为用人单位，应当举证证明解除员工劳动合同的相关事实和依据，仲裁员和法官再根据事实并结合相关法律规定依法裁决即可。

问题在于，海尔能打赢这场"午休开除门"官司吗？

根据相关法律规定，劳动者严重违反规章制度的，用人单位可以依法解除劳动合同，而且无须支付任何经济补偿。但是，职代会通过的制度就能够确保万无一失了吗？从《说明》来看，海尔自称制度经过职代会讨论通过。但是，无论海尔是否被认定为国企，规章制度只履行了讨论程序是不够的，还要履行与工会或职工代表的协商程序，并且需要进行公示。如果这些程序不到位，规章制度就算规定得很清楚，也难以作为处理依据，除非相关制度在2008年《劳动合同法》实施前就已颁发。此外，相关制度还需要接受司法部门的合法性及合理性审查，其内容不仅要满足没有违反法律法规的要求，而且要能够被认定为是合理的规范。是否合理就没有统一的标准了，只能由司法部门根据具体规定并结合案情判断了。

　　媒体介入进行监督无可厚非，但是现在引发的舆论风潮，对司法部门处理案件是会有影响的。虽然我们相信仲裁员和法官会尊重事实，也会依法判案，但是由于中国国情的特殊性，媒体舆论还真有可能对案件走向产生非常大的影响。就本案而言，就算是海尔的规章制度民主程序没问题，相关处分规定合法也合理，司法部门无法对此进行挑剔，但在舆论压力下，仍然可能找其他理由支持劳动者。比如说，司法部门庭审中可能调查被解除劳动合同员工离职前的加班情况，如果发现用人单位有违法超时加班现象，就可能被解释为员工睡觉的理由，进而推翻用人单位解除劳动合同的决定。

　　笔者认为，如果"午休开除门"4名员工诉诸法律而产生案件，海尔并非没有机会，但是确实会比较艰难，或许不得不在司法部门主持下适当支付一定经济补偿以调解方式结案，以免"媒体朋友"继续跟踪报道，对公司的影响更加负面。

2019 - 09 - 08

网易"暴力裁员"中的利益博弈

近日,《网易裁员,让保安把身患绝症的我赶出公司,我在网易亲身经历的噩梦》一文引发舆论关注,身为员工的作者详细描述了离职过程,指责网易无情且违法。面对压力,网易方面进行了回应,发布了《说明》,一方面解释了相关问题,另一方面也承认做错了并进行道歉。

"暴力裁员"的提法多少有点误解。从法律上讲,网易即便是单方解除劳动合同,也不属于法律意义上的"裁员",但从双方的沟通过程来看,网易确实存在一定的问题,所以被舆论冠名"暴力"。但无论如何,双方发生了严重冲突是个不争的事实。从双方披露的信息来看,网易一直在和员工博弈。从考核到劝退,从协商解除到单方解除,双方都有攻防。

双方博弈的一个重要原因是国家的保障缺位,把矛盾留给了用人单位和员工。一方面员工往往一病致贫,另一方面用人单位负担不轻,出于不同的利益诉求,双方经常因此产生纠纷。

员工患病是一个重要法律问题,不仅影响员工待遇,也影响用人单位处理的合法性。员工患病涉及医疗期,而医疗期的计算非常复杂,国家的规定如何理解存在一定的分歧,一些地方也另有规定。例如,上海此前规定休息日是剔除出医疗期的,与国家的规定明显不符,要是属于绝症的话,医疗期也不是按工作年限计算的,起点就是2年。

博弈过程并没有结束,事件已经进入了劳动仲裁程序,员工主张网易违法解除劳动合同,并要求支付61万余元。就该案而言,员工应该不止主张了违法解除赔偿金这一项请求，因为从相关信息来判断，员工在网易工作5年多，赔偿金是11个月工资，而上海2019年补偿基数的封顶标准是26295元（8765元×3），赔偿不会超过30万元。员工应该另外请求支付医疗补助费，这样才有可能放大金额。员工自述所患疾病为"扩张型心肌病"，估计不容易按"绝症"计算医疗补助费，但是可以理解为"重症"，这笔费用会有9个月工资，且不受3倍封顶限制，如果员工工资较高，这一请求标的额可能达到30万元以上，如果员工工资低于封顶标准，则赔偿金和医疗补助费的诉请金额都会相应下调。

员工在文章中也主张存在大量加班，如果加班高达2400小时的话，这笔加班费的金额会很高，按员工月薪3万元且没有约定加班工资计算基数计算的话，诉请标的额将超过300万元（3万元×70%/21.75×1.5×2400，上海市加班工资计算基数有约定的从约定，没约定的按应发工资70%计算），当然了，要是约定了基本工资作为加班工资计算基数，可能会大打折扣。不过这一请求并不会全部被支持，除了证据因素外，还有一个因素是司法实践中相关部门往往只支持2年内的加班费请求，这样操作并不是因为有时效限制，毕竟劳动报酬无时效，而是因为用人单位保管责任限于2年，且劳动监察部门原则上只查处2年内的违法行为，尽管相关规定存在理解分歧，但是时间久远的加班工资确实难以认定且加班费计算复杂，所以司法部门基本上这样操作，不过要是员工加班证据确凿的话，突破2年的限制也不是不可能。但是，如果双方的劳动合同约定了"包薪制"，就算存在加班的事实，员工的加班工资请求也可能完全被驳回，这一裁判趋势已经开始影响上海区域。

理论上讲，员工还可以主张2019年年终奖及年休假折算等待遇，但前者由于考核原因未必会被支持，后者倒是应该按2倍计发，除非相关部门认定员工休完了年休假。

如果只是请求赔偿，最终无论裁判结果如何，员工的医疗保险是不会有了，这可能严重影响员工疾病的治疗，所以从利益最大化角度出发，员工在主张公司违法解除的同时，应该选将恢复履行劳动合同并补发工资作为请求。如果胜诉，员工不仅可以获得补发的工资，进而还可以要求用人单位补缴医疗保险，社保部门对于此类情形是会网开一面的；未能缴纳医疗保险期间的医疗费用，可以继续要求用人单位赔偿损失。不过要是员工的劳动合同和医疗期已经期满，则无法再要求恢复履行劳动合同，只能选择双倍赔偿。

2019 - 11 - 29

椰树集团招聘启事的劳动法律问题

椰树集团确实是语不惊人死不休，2019年的广告事件刚刚平息，2020年又推出"雷人""学校"招聘启事，要求终身服务，承诺"顾事业不顾家""以房产作抵押"，引起轩然大波。

作为用人单位，尽管有管理压力，但合规是第一位的。《劳动合同法》第9条明确规定："用人单位招用劳动者，不得扣押劳动者的居民身份证和其他证件，不得要求劳动者提供担保或者以其他名义向劳动者收取财物。"所以从法律上讲，要求劳动者以房产作抵押，即便只是承诺，也构成要求劳动者提供担保，违反了上述强制性规定。担保的方式很多，不仅包括抵押，也包括保证、质押、留置、定金等，但这些都是商业活动中平等民事主体之间的法律规则，不能适用于具有人身依附性的劳动关系领域。

"跳槽"是劳动者的权利，是劳动者择业自由的体现，也是市场经济人才流动的需要，只要遵守保密规则、遵守竞业限制约定即可。要防止员工"学到经验后跳槽"，只能通过提高员工满意度，才能让员工自愿留任，以抵押作为手段，以赔偿作为要挟，显然是行不通的。这样的招聘和操作，还能招到理想的人才吗？家庭是社会稳定的基石，怎么可能要求员工"顾事业不顾家"呢？要留人、要"护角"，更应当尊重员工，营造良好企业文化，否则效果只会适得其反。

椰树集团在招聘启事中以"学校"名义"招生"，声称"学校不收一切学杂费，还按岗位实行计件发工资"，其中也涉及劳动法律问题，耐人寻味。

现在有一些企业，将自己内设的或独立注册的培训机构称为"大学"，这只是名称上的美化，实际上并非法律意义上的学校。椰树集团所谓"学校"，从招聘信息来看，恐怕连培训机构都不是，只是公司暗喻自己为"学校"而已，当然不可能收任何"学杂费"，更应当依法发放工资和缴纳社保。不过现在也有一些所谓"学校"与用人单位合作，通过"学校"名义招收学生，然后利用学生身份不构成劳动关系安排"学生""实习"，这样操作，无论是否"顶岗实习"，还真有可能绕开一些劳动法上的工资、社保等成本问题。当然了，如果按招聘要求达到"学习经历16年"的条件来看，"学生"至少已经本科毕业了，应该很难再通过"实习"规避法律了。

培训后约定服务期倒是一个合法的留任理由。不过培训只能是法律意义上的专业技术培训，自命为"学校"的培训或必要的岗前培训都不是专业技术培训，没有产生培训费用的专业技术培训也不能约定服务期。就算是约定了服务期，劳动者同样还是有辞职权的，就算是承诺"终身服务"，劳动者也可以依法解除劳动合同，无外乎按服务时间的比例支付违约金而已，相关违约金标准法律也有明确规定，不能超过培训费。所以，要实现长期服务的目标，只能是劳动者自愿，别无他法。

其实椰树集团也在想办法招聘到好人才，想办法留任好员工，所以才会有招聘启事中的"三重奖"：奖分红股、奖高级海景房、奖别墅。如果要求抵押的是奖励的房子，完全可以设计成长期服务计划的对价，既合法又合理：在高管达到一定服务年限且服务期间绩效达到一定标准时，奖励享有海景房或别墅的使用权，在达到更高标准后，予以办理产权过户，这样既兑现了承诺，又吸引了员工持续服务，还回避了法律风险。

非常遗憾的是，椰树集团可能事先就没有仔细研究相关的劳动法律问题，也没能构思好解决用工管理问题的路径，招聘启事最终演变成了一场公关危机，对企业形象和产品品牌造成了严重损害。

2020-08-23

美团骑手骑向何方？

近期美团在与北京市人社局的工作人员对话时，明确表示美团有1000万名骑手，但是这些人属于外包关系，并非美团员工。此言一出，舆论为之哗然，甚至严重影响了美团股价。

美团外卖的业务外包给了谁？是这些骑手吗？显然不是。此类以平台经济、共享经济为代表的新业态经历了最初的混沌发展后，基本上厘清了法律关系，大多数平台将一定区域的配送或服务通过商业合作的方式外包给配送合作商，配送合作商再行招用员工作为服务骑手或以其他方式获得劳动力完成相关业务。通过这一交易结构，美团将其与骑手之间的关系进行了切割，不仅不再有劳动关系，从而回避了用工主体责任，回避了劳动合同、"五险一金"和加班等劳动用工问题，甚至连劳务关系都没了，毕竟中间隔了一个法律主体。但是，骑手们同样会面对生病、退休等问题，更需要面对交通事故伤亡的风险，这给骑手保护、国家监管和社会和谐带来了重大隐患和严峻挑战。

为了保护劳动者，国家对如何认定劳动关系有相应的规范。2005年原劳动和社会保障部发布过《关于确立劳动关系有关事项的通知》，确定了认定劳动关系的三个要点：一是主体适格；二是接受管理、从事单位安排的劳动；三是劳动属于单位业务组成部分。为了回避这些要点，一些快递公司鼓励个人合作者注册成为个体工商户，从主体身份上进行切割，这样双方从劳动关系转换成了民事关系；美团则是将管理进行切割，通过中间增加配送合作商进行业务外包回避劳动关系。实际上，美团模式只是将劳动关系中的直接管理切换成了通过合作协议方式（通常是外包）间接控制和管理，同时将劳动关系转移给了其他主体而已。这一模式与苹果将手机制造业务发包给富士康没有本质区别，但是，富士康此前发生了 12 连跳，苹果却全身而退，殷鉴不远，令人深思。据笔者所知，当年苹果手机的制造业务另有备选商业合作伙伴，但该合作商测算成本后发现每部手机的利润不足 1 美元，遂拒绝了与苹果合作。如果富士康的合作利润也只有这么一点，你能指望富士康提供更好的劳动条件吗？现在骑手交通事故频发，难道不是另外一种形式的悲剧？

必须看到的是，无论骑手是"专送骑手"还是"众包骑手"，无论配送合作商穿透后的股东是谁，美团是骑手工作的最大受益人！美团通过复杂的交易结构获得了最终的利益和最大的利益，上市年报的利润数据即可证明此事实。在资本利益最大化的驱动下，骑手们的权益显然被忽视了。

现行劳动法给特殊用工安排了劳务派遣和非全日制用工两个法律路径，但劳务派遣受限于三性（临时性、辅助性和替代性）、受限于 10% 比例以及同工同酬等条件，更主要的是难以回避直接管理带来的法律风险和成本；而非全日制用工不仅因为小时工资远高于全日制用工，而且平均每天工作时间不能超过 4 小时，无法持续提供服务，无法适应市场需求，因此外包成了主流方案。上海大学法学院、上海大学 ADR 仲裁研究院、中国上海司法智库 2020 年 4 月发布了《网络餐饮平台用工责任承担实证研究报告》，并指出："平台出于其自身经济利益的考量，越来越多地倾向于采用代理商模式。这极大地损害了众包模式带来的对就业的促进和社会整体经济的发展。"

国家对劳动关系的保护给予了足够的重视，也有足够的立法保障劳动者的各项权益；但是非劳动关系中的劳动提供者或从业人员却被隔离在劳动法保护之外，甚至是连最基础的保障都没有。他们和平台之间的关系通常被认定为非劳动法调整下的雇佣关系和劳务关系，相关权利义务主要依靠双方约定，基本适用民法双方意思自治原则。但是，骑手作为普通劳动者，没有任何选择余地，签订的全是格式合同，也只能被动接受所有交易模式，使用已经安排好的工具和软件。配送合作商的介入，更是给平台提供了防火墙，至少在现行法律规范中，骑手们的所有用工问题都被完美回避。所以，尽管新业态带、新技术来了新的就业机会，但也给原有的用工模式带来了新的挑战，需要注意的是，诸多正常用工正在异化成非劳动关系，因此亟须对新问题进行研究并合理规制，否则将来更多的行业将受此影响，更多的正式员工会成为各类骑手。

平台虽然回避了问题，但问题并没有解决，只是留给了配送合作商、骑手和其他社会成员，社会无法回避这些问题。配送合作商通常与骑手建立劳动关系，同样需要面对"五险一金"等劳动用工问题，同时还会增加管理成本和税收等费用，这些"羊毛"从哪里来？答案非常简单，同样出在骑手身上。现有的模式下平台通过法律关系和责任主体的转移，以商事合同的方式合法地取得了最大利益，同时把管理问题和用工风险都推给了配送合作商，也把事故责任和法律纠纷推给了骑手本人。

现行劳动法律体系确实不健全，相应的法理研究也不到位，因此对这些问题束手无策。这些问题不妨借鉴公司法的"透视理论"进行研究，"公司人格否认制度"完全可以移植到劳动法体系中，毕竟新业态中除平台外其他交易各方完全没有谈判余地，甚至就只是平台回避劳动关系的道具，不能只从企业社会责任角度研究问题，因为社会责任并非法律义务。我们需要更深层次地审视现行的劳动法律体系，同时也检视现有的民商事法律体系，以更合理的方式解决问题，既满足新业态、新技术的需求，也保障各方权益，实现社会利益整体平衡。

令人欣慰的是，近年来国内不少地方已经从不同角度对上述问题进行探索，也提供了一些解决方案。比如北京明确规定劳务派遣单位不得以具备经营劳务派遣业务资质为由，开展劳务外包、服务外包、劳务分包等其他承揽业务；广东则规定互联网平台可自愿为新业态从业人员单项参加工伤保险、依托新业态平台实现就业且未与新业态平台企业建立劳动关系的新型就业形态从业人员可以参加养老保险；南京则出台了《关于规范新就业形态下餐饮网约配送员劳动用工的指导意见（试行）》，以维护骑手的劳动权益。这些都是有益的尝试，或许将来可以成为立法基础。我国保险业有保险代理人，证券业有证券经纪人，相关从业人员都不是劳动关系，但国家都有专门的立法进行规范管理，将来条件成熟时，国家也完全可以结合新业态和新经济的实际情况，就骑手们的法律地位和用工保护进行专项立法，既保障骑手劳动权益，也促进经济发展，维护社会和谐稳定。

2021–05–24

复旦大学王某某事件中的劳动法律问题

2021年6月7日下午,复旦大学数学科学学院党委书记王某某不幸遇害身亡,举国震惊。人们在讨论凶手姜某华何其凶残的同时,也把矛头对准了高校中的"非升即走"制度。相关事件涉及劳动法的诸多问题,笔者结合复旦大学2021年6月17日发布的《关于王某某遇害案件的几点情况说明》(以下简称《说明》)所披露的信息探讨其中的劳动法要点,希望大家能够更理性地思考相关问题。

一、聘用合同是不是劳动合同?

《劳动合同法》第96条规定:"事业单位与实行聘用制的工作人员订立、履行、变更、解除或者终止劳动合同,法律、行政法规或者国务院另有规定的,依照其规定;未作规定的,依照本法有关规定执行。"2014年7月1日生效的国务院《事业单位人事管理条例》(以下简称《条例》)则规定:"事业单位与工作人员订立的聘用合同,期限一般不低于3年。"从以上规定可以看出,聘用合同属于劳动合同,只是期限一般不低于3年而已。

二、姜某华签了几次聘用合同?

《说明》显示学校与姜某华签订了一份为期3年的聘用合同,期限自2016年9月1日至2019年8月31日。2019年7月经姜某华本人申请,学校与姜某华续签1年期聘用合同;2020年11月经姜某华本人再次申请,学院再一次与其续签了 1 年期聘用合同。从上述信息来看，姜某华很可能与学校签订了三次固定期限的聘用合同。不过 2020 年 11 月才再次申请，具体期满日是哪天并不明确，既可能是 2021 年 8 月 31 日，也可能是此后的某个日期。

是否能够认定双方签了三次固定期限聘用合同也要看"续签"的具体情形，如果只是变更聘用合同期限，则也可能只认定为签了一次固定期限聘用合同。《上海市事业单位聘用合同管理办法》（以下简称《办法》）第 25 条第 1 款规定："聘用合同当事人协商一致，可以变更聘用合同。"《办法》虽然只是中共上海市委组织部和上海市人力资源和社会保障局所发布的地方规范性文件，并非法律或行政法规，也不是国务院的规定，但相关规定对当地事业单位具有约束力，也符合基本法理。

即便双方协商变更合同期限，次数认定也可能会有分歧。国家在这方面没有具体规定，各地规定不一。《深圳经济特区和谐劳动关系促进条例》第 18 条第 2 款规定："用人单位与劳动者协商延长劳动合同期限累计超过六个月的，视为续订劳动合同。"《北京市高级人民法院、北京市劳动争议仲裁委员会关于劳动争议案件法律适用问题研讨会会议纪要（二）》（已失效）第 42 条第 2 款规定："用人单位与劳动者协商一致变更固定期限合同终止时间的，如变更后的终止时间晚于原合同终止时间，使整个合同履行期限增加，视为用人单位与劳动者连续订立两次劳动合同。对初次订立固定期限合同时间变更的，按连续订立两次固定期限劳动合同的相关规定处理，对两次及多次订立固定期限合同时间变更的，按订立无固定期限劳动合同的相关规定处理。"在笔者所知范围内，上海没有类似规定或纪要，因此如何认定协商变更聘合同期限一事还有空间。

三、学校是否可以终止聘用合同？

《办法》第 37 条第 1 项规定，聘用合同期满的，聘用合同终止。这也是常识。但是，学校有可能已经和姜某华签订了三次固定期限的聘用合同，姜某华也可能向学校提出了签订无固定期限聘用合同的要求，此时能否期满终止已经出现法律问题了。因为《条例》没规定的得适用《劳动合同法》，而

《劳动合同法》第 14 条规定：连续订立 2 次固定期限劳动合同，且劳动者没有该法第 39 条和第 40 条第 1 项、第 2 项规定的情形，续订劳动合同的，劳动者提出或者同意续订、订立劳动合同，除劳动者提出订立固定期限劳动合同外，应当订立无固定期限劳动合同。这一规定在司法实务中长期存在理解分歧，上海市高级人民法院《关于适用〈劳动合同法〉若干问题的意见》第 4 点对此理解为："应当是指劳动者已经与用人单位连续订立二次固定期限劳动合同后，与劳动者第三次续订合同时，劳动者提出签订无固定期限劳动合同的情形。"但是，《江苏省劳动合同条例》持完全不同的观点：在《劳动合同法》实施后，用人单位与劳动者连续订立了 2 次固定期限劳动合同，且劳动者没有《劳动合同法》第 39 条和第 40 条第 1 项、第 2 项规定情形的，用人单位应当在第二次劳动合同期满 30 日前，书面告知劳动者可以订立无固定期限劳动合同。所以，姜某华签订了几次聘用合同可能会成为法律争议焦点。

不过学校也有法律空间。《劳动合同法实施条例》第 11 条其实对《劳动合同法》的上述规定作了修正："除劳动者与用人单位协商一致的情形外，劳动者依照劳动合同法第十四条第二款的规定，提出订立无固定期限劳动合同的，用人单位应当与其订立无固定期限劳动合同……"也就是说，双方协商一致的情况下是可以签订固定期限劳动合同的，无论此前签订过几次固定期限劳动合同。本案可以适用这一规则。此外，《条例》第 14 条规定："事业单位工作人员在本单位连续工作满 10 年且距法定退休年龄不足 10 年，提出订立聘用至退休的合同的，事业单位应当与其订立聘用至退休的合同。"这一规定是特别规定，也可以理解为排斥了《劳动合同法》其他签订无固定期限劳动合同的规则。这样无论签订几次聘用合同，都可以在期满时依法终止。

学校在《声明》中表示："截至 2021 年 6 月 7 日，姜某华与学校签订的 1 年聘期合同尚未期满，学校并未作出与姜某华解除或终止聘用合同的决定。"这句话虽然是事实，但是大有深意，可能是对签订了 3 次聘用合同的法律风险有所顾虑。或许当时王某某只是向姜某华传递学校将在期满时不再续聘的意向，结果就出现了悲剧。

四、考核及其他

《条例》规定了事业单位考核义务：事业单位应当根据聘用合同规定的岗位职责任务，全面考核工作人员的表现，重点考核工作绩效；考核结果作为调整事业单位工作人员岗位、工资以及续订聘用合同的依据。如果当事人对考核结果不服，可以按照国家有关规定申请复核、提出申诉。发生人事争议的，依照《劳动争议调解仲裁法》等有关规定处理。

无论对考核制度是否有不同意见，即便是王某某代表学校通知期满不再续聘，都不能成为姜某华行凶的理由。"非升即走"本身就是考核结果的应用，这也是社会竞争的合理要求。合同制是从身份到契约的进步，也是我们国家打破"大锅饭"以来保障市场经济持续发展的制度基础和法律基础，事业单位及其职员，无论是否在编，同样要适用这一规则。如果不能就此达成共识，只能说明全面依法治国还任重道远。

2021 - 06 - 21

浦发银行信用卡中心"劳资纠纷"中的薪酬管理及用工模式问题

近日浦发银行信用卡中心"降薪"事件舆情汹涌,引发社会关注。但是,事情真相如何不易得知,恐怕各方都有所隐晦。大家还需要仔细观察,才能了解得更清楚。

结合一些严肃媒体的报道和浦发银行发布的声明来看,浦发银行"降薪"一说其实并不准确。一方面存在与浦发银行子公司建立劳动关系员工的绩效运用个案问题,另一方面是浦发银行信用卡中心外包服务商上海外服杰浦企业管理有限公司(以下简称外包公司)在"派遣转外包"过程中可能调整了派遣模式下派遣员工的薪酬结构"固浮比"或绩效待遇计算办法,引发原派遣员工不满,从而产生群体"劳资纠纷"。

整体而言,银行系统的薪酬并不低,至少比制造业强很多。比较特殊的是,银行分内外勤,外勤员工的绩效不仅影响浮动待遇,甚至也会影响考核对应的下一周期内的基本工资。从这个角度来看浦发银行个案,或许存在理解分歧或法律风险,但这确实是行业特点,如果制度规范、民主程序到位且已公示告知或员工确认接受这一规则,也无可厚非,所以浦发银行声称"经沟通,目前该员工已对上述调整表示理解"。

至于群体"劳资纠纷",似乎也应该是外包公司与其派遣员工或外包员工之间的"劳资纠纷"。但是,劳务派遣与业务外包属于不同法律关系,也是不同的用工模式,派遣员工、外包员工与浦发银行的关系确实不一样,不可混淆，法律责任也不相同。

信用卡中心历史上只是银行的内设部门，后来金融改革后允许信用卡中心注册为银行分支机构，因此具有了相对独立的用工权，可以以自身名义招用员工、签订劳动合同。但是，信用卡中心业务繁多，流程复杂，人员流动大、稳定性低，如果都招用行员，成本较高，因此基本上所有银行的信用卡中心一方面保留骨干人员的劳动关系身份，另一方面通过劳务派遣或业务外包的方式降低成本，同时回避劳动法的压力。

劳务派遣始于《劳动合同法》的特别规定，可以理解为是对我国劳动合同用工体制的补充和探索。简单地说，劳务派遣是由派遣机构作为用人单位，与接受派遣的用工单位签订合作协议，将派遣机构的员工派到用工单位工作，法律上的劳动关系归于派遣机构，劳动者与用工单位之间只构成用工关系，且受合作协议约束。这样一来，给部分用工单位留了空间，也避免了无固定期限劳动合同等诸多管理问题，所以近10年来，劳务派遣发展迅猛。与此同时，为了保障派遣员工的利益，除《劳动合同法》之外，国家还专门出台了《劳务派遣暂时规定》，强调劳务派遣需要满足"三性"要求：用工单位只能在临时性、辅助性或者替代性的工作岗位上使用被派遣劳动者；而且使用的被派遣劳动者的数量不得超过其用工总量的10%；还要求派遣员工与用工单位的劳动者同工同酬等。如此一来，如果规范管理的话，劳务派遣未必能够节约成本，再加上诸多限制，不少单位转而寻求通过业务外包解决管理问题并降低法律风险。浦发银行信用卡中心应该就是在这一过程中产生了群体事件，引发了舆情。

业务外包通常是指承包商以自有资金、技术和设备，承接发包方的相关业务或服务，并按承包合同的约定指派服务人员完成相关工作，同时对相关活动进行管理，按质按量交付成果以获取对价。如果浦发银行信用卡中心是从原来的劳务派遣转为业务外包，就不仅仅是用工模式的调整了，既涉及原有劳动关系终结，也涉及相关人员与承包方重新建立劳动关系。如果相关利益不能得到保障，派遣员工或正式员工有权拒绝与新用人单位建立劳动关系，也就谈不上什么"降薪"。传闻中的"降薪"存在两种可能性，一是外包公司的薪酬模式不具有吸引力，派遣员工因此不满，不愿意去外包公司，甚至采取了群体行动给浦发银行施加压力；二是已经去了外包公司的派遣员工成为外包员工后发现待遇不如派遣期间，因此主张外包公司构成"降薪"，并认为浦发银行也侵害了他们权益，因此找浦发银行"讨说法"。从浦发银行的声明来看，似乎后者的可能性更大，但也不排除浦发银行仍有存量的派遣员工也刚好在"换签"过程中，因此产生了本公司的"劳资纠纷"。

其实信用卡业务外包是受到国家监管限制的。"发卡银行不得将信用卡发卡营销、领用合同（协议）签约、授信审批、交易授权、交易监测、资金结算等核心业务外包给发卡业务服务机构"。也就是说，即便做业务外包，也得遵守监管管理要求，也同样受到约束。当然，由于业务复杂，通过流程控制，银行是可以与承包商做好配合并满足监管要求的。但是，市场中缺乏真正的具有专业能力的承包商，这才是最大的问题，毕竟银行业务不是简单的安保或清洁服务，银行业务服务需要较高的专业能力和管理水平。最新的趋势是一些较大的人力资源服务商开始探索金融外包的市场化，开始应客户要求或主动注册项目公司，一是积累金融外包服务经验，真正做成符合市场需要，也能满足监管要求的服务商；二是以此作为防火墙，切割风险。

值得注意的是，这类机构源于人力资源服务商。有如上海外服杰浦企业管理有限公司是上海外服（集团）有限公司（以下简称上海外服）设立的下属机构一样，容易将派遣与外包混淆。即便法律上做足了手段，外包员工仍然可能会觉得自己就是银行的员工或派遣员工，将问题和矛头仍然指向银行，于是便有了浦发银行现在的"劳资纠纷"。

从现有信息来看，似乎有些维权人员曾经是上海外服或外包公司的派遣员工，现在浦发银行信用卡中心因为管理需要或者意识到劳务派遣的法律风险，不再使用这一用工模式，转而通过业务外包这一市场化运作解决用工问题，毕竟相关业务确实需要大量的人手。这些原来的派遣员工如果愿意转签外包公司的劳动合同，并改为外包人员继续从事原有工作，工龄续认即可；如果派遣员工不愿意接受，则原用人单位另行安置或依法解除劳动合同，支付经济补偿即可。或许外包公司提供的待遇可以预见地不如过往，维权人员主张是被"降薪"了，也因此通过媒体或自媒体寻求帮助。不过有些媒体披露了维权人员要求用人单位支付2倍经济补偿金作为赔偿金，这是用人单位难以接受的，或许也是此次"劳资纠纷"的另外一个导火线吧。

如果这些维权人员原来就是浦发银行员工，后来被安排到派遣公司提供派遣服务，则构成"逆向派遣"，派遣员工对于可能进一步减损将来利益的业务外包确实会产生抵触，毕竟可能是个假外包，实际上还是派遣服务。最高院注意到"假外包真派遣"的问题，曾提出过以下认定双方为劳务派遣关系的标准：（1）工作时间、工作场所由发包方决定或控制；（2）生产工具、原材料由发包方提供；（3）承包方的生产经营范围与承包的业务没有关系；（4）其他符合劳务派遣的特征的情形。要是管理不到位，就算用人单位将业务外包给了所谓的"供应商"，仍然会存在法律风险。

浦发银行 2022 年年报披露信用卡中心的人数为 11975 人，包含正式和非正式用工数量。但多少是正式用工、多少是非正式用工？这才是秘密，也才是这次"劳资纠纷"的起源。原有劳务派遣如何合理合法地转为业务外包？如何在市场化探索的过程中实现各方规范用工，也是值得深思的问题。保险业有代理人制度，证券业有经纪人制度，这都有专门的立法，确定了此类外部营销人员的法律地位，但是银行业没有这一"尚方宝剑"，或许只能综合运用现有的用工模式，在劳动合同用工的基础上结合劳务派遣、非全日制用工，并通过规范的业务外包解决问题，以摆脱窘境。笔者 2015 年就此撰写过《劳务派遣转型业务外包的法律路径》一文，至今仍可供参考。但是，即便存在相关法律路径，同样要关注相关人员的切身利益，要有合作思维，设计合适方案，不然浦发银行信用卡中心的问题仍将持续存在，矛盾和冲突随时可能爆发，"劳资纠纷"难以消除，既影响企业形象，更影响企业发展。

2023－05－15

税务部门征收社保的利益博弈

新年来临之前，有关部门终于刹车了：之前沸沸扬扬的税务部门统一征收社保一事因为矛盾重重而有所调整，除机关事业单位外的其他企业的社会保险仍由社保部门征缴，此事暂时告一段落。

2018年用人单位最关心的事莫过于税务部门统一征收社保一事了。自从《国税地税征管体制改革方案》出台后，用人单位立即感受到了压力，不只是将来会因此增加成本，甚至可能会被追究过往社保缴交不足额的责任。

用人单位依法缴纳各项社会保险为其法定义务，社保部门依法征收也是其法定职责。本来都是天经地义的事，各自依法执行即可。但是，实践中一些用人单位为了节约成本，利用信息不对称或理解分歧，没有足额缴纳各项社会保险，尤其是养老保险。国家用工制度改革时把原来的固定工全部合同化，并转由国家社保承担退休待遇，可是社保制度才刚刚开始实施，入不敷出，所以一直以来养老保险就是"寅吃卯粮"，有些地方甚至是空账运转。现在老龄化提前到来，整个社会未富先老，养老保险基金肯定是不够用的。

为了解决这一问题，国家正在调整退休制度，推迟退休已成定局。提高缴费比例也是个办法，但是社保比例，尤其是养老保险的比例已经非常高了，国家不可能再提高了，再提高只会导致更多企业不缴或少缴。除此之外，另外一个办法就是加大征缴力度，以做实社保账户，在此背景下才有了税务部门统一征收社保的制度改革。

税务部门统一征收的秘诀就是税务部门掌握用人单位代扣代缴个人所得

税的信息，如果用人单位还是按照原有办法缴纳社保，非常容易被查，但用人单位不敢得罪税务部门。不缴社保或少缴社保并无刑事责任风险，但税务部门一旦介入，就可能同时查税，一旦查到税有问题，轻则补税，重则入刑。尽管个人所得税缴交基数和社保缴交基数之间的差额也有一定的解释空间，但长期如此肯定过不了关。这么一来，用人单位躲无可躲，只能自觉调整社保缴纳办法。

现在市面上有很多应对招数，有设立关联公司两头发钱的，有把矛盾转移到派遣公司或外包公司的，也有通过报销方式走成本路线的，甚至还有发现金的。不过这些都只是雕虫小技，并不能解决根本问题和实质问题，甚至还可能带来其他用工风险，只有依法缴纳才是出路。

其实很多用人单位知道国家的难处，也愿意将来规范缴纳社保。但是，最令用人单位害怕的不是将来要依法缴纳，而是税务部门介入后出现的对历史上社保缴交不规范问题进行"秋后算账"。要知道，目前可能只有深圳等少部分地区只追缴两年的养老保险，更多地区由于现实需要，追缴年限往往不受任何限制。一些地方政府动辄通过法院直接执行，不只是要补缴，还要按5‰计算滞纳金，被追缴的用人单位固然是咎由自取，但确实也是苦不堪言。本来经济形势就不好，中美贸易纠纷还未结束，怎么经得起再这样折腾。

可是开公司容易注销难，所以企业无计可施，人心惶惶。其实就业很大程度上依靠中小微企业，而中小微企业缴纳社保时确实又不那么规范，这些企业一方面国家在帮忙减负以提升其竞争力，另一方面却又不得不面对税务部门征缴社保的压力，所以出现了两难困境。

为了避免恐慌情绪蔓延，时任国务院总理李克强特别强调"总体上不增加企业负担""严禁自行集中清缴"，临门一脚的暂缓措施也是意识到了问题的复杂性。但是，这一措施也没有从根本上解决问题，需要考虑垄断性国企利润直接划转以充实社保账户的办法，不然恐慌还会持续下去。

2019-01-02

深圳"40年礼包"特殊工时法律问题探究

2020年10月,中共中央办公厅、国务院办公厅印发了《深圳建设中国特色社会主义先行示范区综合改革试点实施方案(2020－2025年)》(以下简称《试点方案》),民间俗称深圳"40年礼包",其中涉及多项劳动用工法律问题,最引人注目的是第5点所规定的"允许探索适应新技术、新业态、新产业、新模式发展需要的特殊工时管理制度"。

《试点方案》一出来,网上立即就有人将上述规定理解为深圳要将"996工作制"合法化。这显然是对我国工时制度相关法律规定不了解而产生的误读。我国工时制度包括标准工时工作制、不定时工作制和综合计算工时工作制,标准工时工作制为主要模式,通常理解为每周工作5天,每天工作8小时;不定时工作制和综合计算工时工作制属于特殊工时工作制,不定时工作制主要适用于工作无法按标准工作时间衡量、需机动作业的职工;综合计算工时工作制适用于因工作性质特殊、需连续作业行业或受季节和自然条件限制行业的职工。特殊工时工作制需要人社部门审批,一直以来把关比较严,尤其是综合计算工时工作制,更是难以获批。此前深圳人社部门在实务操作中还附加了一些法外条件,比如要所有员工签名同意实行特殊工时工作制,比如申请单位要提供集体合同等,不一而足,令用人单位望而生畏,也有不少用人单位确实因此"知难而退"。所以在深圳的用工管理中,特殊工时工作制的审批一直为人所诟病。

深圳2009年曾出台《深圳市实行不定时工作制和综合计算工时工作制审

批管理工作试行办法》，对特殊工时工作制的审批有所放宽，其中的亮点为"实行年薪制或劳动合同约定工资高于深圳市职工上年度平均工资三倍以上，且可以自主安排工作、休息时间的人员"可以适用不定时工作制，对原劳动部所规定的"高级管理人员"进行了细化。但是，这一规定在2018年被深圳市人社局自行废止了。

整体而言，自1995年以来，在长达25年的时间里，深圳人社部门对特殊工时工作制的管理过于严苛，既没能解决用人单位的困难，也不敢探索实践中的问题，甚至还额外要求用人单位提供没有法律依据的材料。深圳后来把审批权下放到各区，表面上是简政放权，其实也是为了减少行政诉讼，各区更是严格把关，连普通用人单位正常的特殊工时工作制都难以获批，更不用说新经济中用人单位的特殊工时工作制了。

笔者由于工作原因接触到全国各地人社部门特殊工时工作制审批相关事宜，了解到的各地情况与深圳大同小异；甚至还有总部在所在城市人社部门获得批准后各地分支机构还得由各地人社部门重新审批的情形，真是困难重重。

笔者相信，中央的《试点方案》就是冲着上述弊端和问题来的，要探索的不只是适应新技术、新业态、新产业、新模式发展需要的特殊工时管理制度，也还包括对原有的管理理念和办法进行梳理和调整，不解决原有的问题，何来探索新的制度？

"春江水暖鸭先知。"2020年8月14日，深圳市人大发布了《深圳经济特区优化营商环境条例（草案）》，公开征求意见，其中第41条第2款规定："用人单位因生产经营特点不能实行国家规定的标准工时制度且符合特殊工时制度实行范围，经集体协商实行不定时或者综合计算工时工作制度的，可实行告知承诺制。"承诺制是一次重大的审批制度改革，简单说就是用人单位以书面形式承诺符合审批条件，审批部门直接作出行政审批决定，不再进行事先审查，而是事后对用人单位履行承诺情况进行监督检查，发现用人单位未履行承诺的，审批部门再责令其限期改正；改正后仍不满足条件的，则撤销行政审批决定。当然了，仅有承诺制还是不够的，还需要根据中央的指示对特殊工时管理制度进行系统研究，提出既能解决既有问题，又能满足新技术、新业态、新产业、新模式发展需要的各类具体管理措施和办法。这些管理措施和办法在深圳先行先试之后,再总结经验并推向全国,这才是中央的本意,而不是什么将"996工作制"合法化。

《试点方案》再次吹响了深圳全方位深入改革的号角,各个部门、各行各业都在行动。笔者相信,深圳一定能够圆满地完成这一光荣的历史使命!

2020-10-26

深圳"40年礼包"特殊工时及其他劳动法律问题

国务院《深圳建设中国特色社会主义先行示范区综合改革试点实施方案（2020-2025年）》（以下简称《试点方案》）发布后，深圳迅速行动起来。2020年10月29日深圳人大通过了《深圳经济特区优化营商环境条例》，对特殊工时管理制度展开了初步探索，将草案所规定的"用人单位因生产经营特点不能实行国家规定的标准工时制度且符合特殊工时制度实行范围，经集体协商实行不定时或者综合计算工时工作制度的，可实行告知承诺制"调整为"用人单位因生产经营特点不能实行法定标准工时制度且符合特殊工时制度适用范围，经协商实行不定时或者综合计算工时工作制度的，可以实行告知承诺制"。这一调整虽然仍有商榷空间，但至少是一次有益的尝试。

其实，深圳"40年礼包"不只包括《试点方案》，也还包括《深圳建设中国特色社会主义先行示范区综合改革试点首批授权事项清单》（以下简称《授权清单》），要将两者结合起来看，才能更清楚地理解中央精神。《试点方案》和《授权清单》除提及新技术、新业态、新产业、新模式发展需要的特殊工时管理制度外，还涉及其他劳动用工相关的法律问题，值得大家仔细研究学习。

《试点方案》第9点"健全要素市场评价贡献机制"中提及"率先探索完善生产要素由市场评价贡献、按贡献决定报酬的机制，增加劳动者特别是一线劳动者劳动报酬""深入推进区域性国资国企综合改革试验，支持建立和完善符合市场经济规律与企业家成长规律的国有企业领导人员管理机制，探索与企业市场地位和业绩贡献相匹配、与考核结果紧密挂钩、增量业绩决定增量激励的薪酬分配和长效激励约束机制"。虽然后者强调的是国企改革，但与前者要求探索"按贡献决定报酬的机制"的精神是一致的。简单地说，就是要由市场决定待遇，不能吃大锅饭。此前深圳公布了《深圳市员工工资支付条例（修正征求意见稿）》，要将原来的第14条第2款由"劳动关系解除或者终止时，员工月度奖、季度奖、年终奖等支付周期未满的工资，按照员工实际工作时间折算计发"修改为"按照劳动合同约定或者用人单位规章制度规定发放"。这一修改，与《试点方案》的精神完全契合，既尊重用人单位的用工自主权，也体现按劳取酬，还可以大幅降低奖金纠纷，利莫大焉！

《试点方案》第14点"建立具有国际竞争力的引才用才制度"中提及"按程序赋予深圳外国高端人才确认函权限，探索优化外国人来华工作许可和工作类居留许可审批流程"。这一规定显然将进一步降低门槛，有利于用人单位引进外籍人才。

《授权清单》其实是对《试点方案》的细化，不仅有上述劳动用工方面的授权内容，更有所突破。《授权清单》在第4点"开展特殊工时管理改革试点"不只是规定要"扩大特殊工时制度适用行业和工种岗位范围，探索适应新技术、新业态、新产业、新模式发展需要的特殊工时管理制度"，同时也提及"允许修订促进和谐劳动关系的相关经济特区法规"。而深圳恰好正在修改《深圳经济特区和谐劳动关系促进条例》，个中深意，耐人寻味。

《试点方案》要求"坚持市场化、法治化、国际化"的原则，同时提出"在遵循宪法和法律、行政法规基本原则前提下，允许深圳立足改革创新实践需要，根据授权开展相关试点试验示范"。最高院积极响应中央的号召，在2020年11月4日特别发布了《最高人民法院关于支持和保障深圳建设中国特色社会主义先行示范区的意见》，其中第5点规定："适应新技术、新业态、新产业、新模式发展需要，加快完善特殊工时管理制度下劳动关系构成要件、加班认定依据、薪酬计算标准等司法政策和审判规则。加强跨境用工司法保护，准确认定没有办理就业证件的港澳台居民与内地用人单位签定的劳动合同效力。推动完善劳动争议解决体系。加强促进劳动力和人才社会性流动、企事业单位人才流动、人才跨所有制流动等法律问题研究。"不仅针对特殊工时提出了具体的研究方向，也提出了加快推动完善与特殊工时息息相关的其他劳动用工难点问题，同时还涉及港澳台人员就业性质等问题。

上述劳动用工法律问题虽然并非全面完整的体系，但都是司法实践中的热点难点，既有薪酬问题，也有就业问题，还有绩效考核等问题。这些问题串在一起，隐约可见新的劳动用工改革思路，深圳的胆子可以再大点，步子可以再快点，既要为自己闯出新的天地，也要引领全国走向新的未来。

2020 - 11 - 16

电子劳动合同时代的到来

《劳动法》第16条第2款规定："建立劳动关系应当订立劳动合同。"《劳动合同法》第10条第2款规定："建立劳动关系，应当订立书面劳动合同。"这一调整确立了劳动合同必须以书面形式签订的法律要求，目的在于保护劳动者，避免劳动者因为没有书面形式的条款而受到不公正的对待。为了确保落实到位，《劳动合同法》在第82条第2款还特别规定了严厉的法律责任："用人单位自用工之日起超过一个月不满一年未与劳动者订立书面劳动合同的，应当向劳动者每月支付二倍的工资。"

《劳动合同法》的新规定有效提高了劳动合同签订率，也有力地保护了劳动者，但是，随着办公电子化的发展，新的法律问题也随之产生了：用人单位与劳动者以电子形式签订的劳动合同是否属于书面劳动合同？是否会因此而承担不利的法律后果？

上述问题确实存在理解分歧。一方面是原《合同法》规定："书面形式是指合同书、信件和数据电文（包括电报、电传、传真、电子数据交换和电子邮件）等可以有形地表现所载内容的形式。"新生效的《民法典》也进一步确认了："书面形式是合同书、信件、电报、电传、传真等可以有形地表现所载内容的形式。"甚至还规定："以电子数据交换、电子邮件等方式能够有形地表现所载内容，并可以随时调取查用的数据电文，视为书面形式。"因此有人主张只要符合法律要求，可以签订电子劳动合同，但是，另一方面是劳动法有其特殊性，毕竟劳动者的构成复杂，部分劳动者的文化程度较低，当年立法就是为了更好地保护这些劳动者，所以有人认为书面形式应当作狭义理解，特指纸质劳动合同。司法部门对此一直没有正面回应，只在个案中倾向于认可电子劳动合同属于书面劳动合同，所以此类问题一度成为近年的讨论热点。

相关问题几经争论，现在终于有了定论。2020年3月4日，人力资源和社会保障部办公厅函复北京市人力资源和社会保障局《关于订立电子劳动合同有关问题的函》（人社厅函〔2020〕33号），首次明确"用人单位与劳动者协商一致，可以采用电子形式订立书面劳动合同"。这一意见打开了方便之门，平息了分歧，体现了与时俱进的精神。2021年7月1日，人力资源和社会保障部办公厅发布了《电子劳动合同订立指引》（以下简称《指引》），将电子劳动合同定义为"用人单位与劳动者按照《中华人民共和国劳动合同法》《中华人民共和国民法典》《中华人民共和国电子签名法》等法律法规规定，经协商一致，以可视为书面形式的数据电文为载体，使用可靠的电子签名订立的劳动合同"，并进一步明确了"依法订立的电子劳动合同具有法律效力"。至此，电子劳动合同时代宣告到来。

确认电子劳动合同的法律地位，既避免了法律上的纠纷，适应了时代的要求，也更有利于保护劳动者。一方面，电子劳动合同便于双方存储保管；另一方面，《指引》同时要求以征得劳动者同意为条件，劳动者可以选择是否签订电子劳动合同，这样便可以消除对文化程度较低劳动者保护不力的顾虑。《指引》同时还要求，签订电子劳动合同要使用符合要求的电子签名，具备条件的，可使用电子社保卡开展实人实名认证，并优先选用人力资源社会保障部门等政府部门建设的电子劳动合同订立平台以增加公信力。《指引》还强调不得非法收集、使用、加工、传输、提供、公开电子劳动合同信息，未经信息主体同意或者法律法规授权，电子劳动合同订立平台不得向他人非法提供电子劳动合同查阅、调取等服务。此外，《指引》规定签订电子劳动合同后用人单位要以手机短信、微信、电子邮件或者App信息提示等方式通知劳动者，提示劳动者及时下载和保存电子劳动合同文本，告知劳动者查看、下载电子劳动合同的方法，并提供必要的指导和帮助，并要确保可随时查看、下载、打印电子劳动合同的完整内容，并配合提供纸质文本（劳动者需要电子劳动合同纸质文本的,用人单位要至少免费提供一份,并通过盖章等方式证明与数据电文原件一致)。

有了电子劳动合同,尤其是存放在第三方的电子劳动合同,用人单位也不必再担心遗失或损毁而承担法律责任了。此前个别劳动者利用国家法律的规定谋取2倍工资,用人单位屡屡败诉,确实苦不堪言,《指引》出台后基本上可以杜绝这类案件了,善莫大焉。

2021-07-30

劳动用工中个人信息处理相关法律问题

《劳动合同法》对个人信息的规定比较简单，只是规定用人单位有权了解劳动者与劳动合同直接相关的基本情况，没有涉及劳动者个人信息处理的问题。后来因为独生子女政策调整，国家强调不允许询问劳动者的婚育信息，以保护女性就业，这算是一个特别要求。2021年11月1日生效的《个人信息保护法》（以下简称《个保法》）不仅提高了我国个人信息的法律保护水平，同时也对用人单位处理劳动者个人信息提出了更高的要求。

根据《个保法》的规定，个人信息的处理包括个人信息的收集、存储、使用、加工、传输、提供、公开、删除等，这一法律规定不仅针对科技企业，所有用人单位都需要遵照执行。尽管《个保法》考虑到用人单位的日常管理所需，特别规定"为订立、履行个人作为一方当事人的合同所必需，或者按照依法制定的劳动规章制度和依法签订的集体合同实施人力资源管理所必需"无须征得个人同意，用人单位作为个人信息处理者可依据此规定直接处理劳动者的个人信息，但是，用人单位同时需要承担相应的义务：一是在处理个人信息前，应当履行法定告知义务；二是处理敏感个人信息应当取得个人的单独同意；三是不得公开其处理的个人信息；四是还要设定保存期限。基于前述要求，目前常见的用人单位操作方式是在劳动者入职时或统一规范实施《个保法》的过程中结合法律规定向劳动者解释用人单位对个人信息保护的政策，同时让劳动者签署相关《确认书》或《授权书》，以满足相关法律要求，降低相关风险。

根据《个保法》的规定，敏感个人信息是一旦泄露或者非法使用，容易导致自然人的人格尊严受到侵害或者人身、财产安全受到危害的个人信息，包括生物识别、宗教信仰、特定身份、医疗健康、金融账户、行踪轨迹等信息，以及不满14周岁未成年人的个人信息。而此前2020年的《信息安全技术 个人信息安全规范》（GB/T 35273—2020）对个人敏感信息也作了例举（详见后文），用人单位在进行管理时需要参考这一规范，虽然这是《个保法》出台前的国家标准，但无论如何也是国家标准。如果将来有更新，则应适用新版规范。如果用人单位设计的《确认书》或《授权书》难以完整描述各类具体敏感个人信息或其他需要单独授权情形，建议对特别重要的情形写清楚，以免被理解为没有征得劳动者的单独同意；其他情形可以概括描述或约定具体敏感个人信息范围以《信息安全技术 个人信息安全规范》（GB/T 35273—2020）举例为准。这也是一种管理办法，也有机会过关，毕竟用人单位不同于其他个人信息处理者，还可以解释为系履行劳动合同所需。不过管理中也需要注意劳动者的感受因素，在《确认书》或《授权书》中要求劳动者预先同意用人单位处理所有敏感个人信息恐怕不容易被接受。

《个保法》还规定："个人信息处理者向其他个人信息处理者提供其处理的个人信息的，应当向个人告知接收方的名称或者姓名、联系方式、处理目的、处理方式和个人信息的种类，并取得个人的单独同意。"用人单位为了履行劳动合同，往往需要将部分个人信息甚至是敏感个人信息提供给第三方，才能进行管理或完成服务。比如，用人单位为劳动者依法缴纳社会保险或购买商业保险，肯定涉及将劳动者的个人信息提供给第三方，需要取得劳动者的单独同意。另外常见情形是用人单位实行集团化管理，相关个人信息同步会提供给集团或兄弟单位，或者公司将人事、财务等系统业务外包给第三方管理等，都需要劳动者预先签署《确认书》或《授权书》予以单独同意。

在境内注册的外资企业要提供劳动者个人信息给境外母公司（总公司）或兄弟单位则更复杂，因为往往涉及信息出境问题。针对个人信息出境，《个保法》规定除了履行告知义务、取得当事人单独同意外，还规定必须符合相应的条件：要么按照国家网信部门的规定经专业机构进行个人信息保护认证，要么按照国家网信部门制定的标准合同与境外接收方订立合同，约定双方的权利和义务等。最近国家发布了《个人信息出境标准合同办法》及其标准合同,进一步限定了适用此模式的对象,也规定了评估和报备的要求。规模较大的用人单位恐怕难以通过签订标准合同的方式简化处理个人信息出境问题,还得回到管理力度更大的认证模式上来。

不少外资企业由于管理习惯等原因,将邮箱服务器设置于境外,无论是租用第三方的设备,还是使用境外的集团公司或兄弟单位的设备,都涉及个人信息出境;无论是由第三方提供服务,还是关联公司代为管理,只要劳动者的个人信息出了境,就要遵守《个保法》等相关法律的各项要求,只有劳动者单独同意是远远不够的。除了日常管理中邮件发送等情形会涉及个人信息出境问题外,在华外资企业由于业务并购、人员优化等原因,也可能会涉及个人信息出境问题,所以并非"关键信息基础设施运营者"才涉及此类监管要求,其他的外资企业也需要注意这类法律问题,这些都是将来可能产生法律风险的事项,能否通过切割或一些技术手段满足境内监管要求,都还有待进一步观察与研究。在目前的环境下,业务并购、人员优化等与境外产生联系的管理事务或许可以通过匿名化、去标识化等办法避免个人信息出境问题。

境内非外资企业也同样可能产生个人信息出境的法律问题。如果有境外上市、财务报表合并、股票或期权信托计划由境外机构执行等情形,个人信息出境几乎是难以避免的,相关境内本土企业同样要遵守《个保法》和《个人信息出境标准合同办法》等法律法规的规定要求。

法条链接

《个人信息保护法》

第十三条 符合下列情形之一的,个人信息处理者方可处理个人信息:

……

(二)为订立、履行个人作为一方当事人的合同所必需,或者按照依法制定的劳动规章制度和依法签订的集体合同实施人力资源管理所必需;

……

第十七条 个人信息处理者在处理个人信息前,应当以显著方式、清晰易懂的语言真实、准确、完整地向个人告知下列事项:

(一) 个人信息处理者的名称或者姓名和联系方式；

(二) 个人信息的处理目的、处理方式，处理的个人信息种类、保存期限；

(三) 个人行使本法规定权利的方式和程序；

(四) 法律、行政法规规定应当告知的其他事项。

前款规定事项发生变更的，应当将变更部分告知个人。

个人信息处理者通过制定个人信息处理规则的方式告知第一款规定事项的，处理规则应当公开，并且便于查阅和保存。

第十九条　除法律、行政法规另有规定外，个人信息的保存期限应当为实现处理目的所必要的最短时间。

第二十三条　个人信息处理者向其他个人信息处理者提供其处理的个人信息的，应当向个人告知接收方的名称或者姓名、联系方式、处理目的、处理方式和个人信息的种类，并取得个人的单独同意。接收方应当在上述处理目的、处理方式和个人信息的种类等范围内处理个人信息。接收方变更原先的处理目的、处理方式的，应当依照本法规定重新取得个人同意。

第三十九条　个人信息处理者向中华人民共和国境外提供个人信息的，应当向个人告知境外接收方的名称或者姓名、联系方式、处理目的、处理方式、个人信息的种类以及个人向境外接收方行使本法规定权利的方式和程序等事项，并取得个人的单独同意。

第六十六条　违反本法规定处理个人信息，或者处理个人信息未履行本法规定的个人信息保护义务的，由履行个人信息保护职责的部门责令改正，给予警告，没收违法所得，对违法处理个人信息的应用程序，责令暂停或者终止提供服务；拒不改正的，并处一百万元以下罚款；对直接负责的主管人员和其他直接责任人员处一万元以上十万元以下罚款。

有前款规定的违法行为，情节严重的，由省级以上履行个人信息保护职责的部门责令改正，没收违法所得，并处五千万元以下或者上一年度营业额百分之五以下罚款，并可以责令暂停相关业务或者停业整顿、通报有关主管部门吊销相关业务许可或者吊销营业执照；对直接负责的主管人员和其他直接责任人员处十万元以上一百万元以下罚款，并可以决定禁止其在一定期限内担任相关企业的董事、监事、高级管理人员和个人信息保护负责人。

《信息安全技术　个人信息安全规范》（GB/T 35273—2020）

表 B.1　个人敏感信息举例

个人财产信息	银行账户、鉴别信息（口令）、存款信息（包括资金数量、支付收款记录等）、房产信息、信贷记录、征信信息、交易和消费记录、流水记录等，以及虚拟货币、虚拟交易、游戏类兑换码等虚拟财产信息
个人健康生理信息	个人因生病医治等产生的相关记录，如病症、住院志、医嘱单、检验报告、手术及麻醉记录、护理记录、用药记录、药物食物过敏信息、生育信息、以往病史、诊治情况、家族病史、现病史、传染病史等
个人生物识别信息	个人基因、指纹、声纹、掌纹、耳郭、虹膜、面部识别特征等
个人身份信息	身份证、军官证、护照、驾驶证、工作证、社保卡、居住证等
其他信息	性取向、婚史、宗教信仰、未公开的违法犯罪记录、通信记录和内容、通讯录、好友列表、群组列表、行踪轨迹、网页浏览记录、住宿信息、精准定位信息等

《个人信息出境标准合同办法》

第四条　个人信息处理者通过订立标准合同的方式向境外提供个人信息的，应当同时符合下列情形：

（一）非关键信息基础设施运营者；

（二）处理个人信息不满 100 万人的；

（三）自上年 1 月 1 日起累计向境外提供个人信息不满 10 万人的；

（四）自上年 1 月 1 日起累计向境外提供敏感个人信息不满 1 万人的。

法律、行政法规或者国家网信部门另有规定的，从其规定。

个人信息处理者不得采取数量拆分等手段，将依法应当通过出境安全评估的个人信息通过订立标准合同的方式向境外提供。

第五条　个人信息处理者向境外提供个人信息前，应当开展个人信息保护影响评估，重点评估以下内容：

（一）个人信息处理者和境外接收方处理个人信息的目的、范围、方式等的合法性、正当性、必要性；

（二）出境个人信息的规模、范围、种类、敏感程度，个人信息出境可能对个人信息权益带来的风险；

（三）境外接收方承诺承担的义务，以及履行义务的管理和技术措施、能力等能否保障出境个人信息的安全；

（四）个人信息出境后遭到篡改、破坏、泄露、丢失、非法利用等的风险，个人信息权益维护的渠道是否通畅等；

（五）境外接收方所在国家或者地区的个人信息保护政策和法规对标准合同履行的影响；

（六）其他可能影响个人信息出境安全的事项。

第七条　个人信息处理者应当在标准合同生效之日起 10 个工作日内向所在地省级网信部门备案。备案应当提交以下材料：

（一）标准合同；

（二）个人信息保护影响评估报告。

第十三条　本办法自 2023 年 6 月 1 日起施行。本办法施行前已经开展的个人信息出境活动，不符合本办法规定的，应当自本办法施行之日起 6 个月内完成整改。

延伸阅读

《确认书》参考样本

个人信息处理授权确认书

××××公司（以下称为"公司"）：

因《中华人民共和国个人信息保护法》施行，本人（身份证号码：××）已知悉并了解个人信息保护的相关法律法规规定。为满足管理需要及合规要求，现向公司及其关联公司作出如下确认：

1. 本人确认公司为订立和履行劳动合同、行使劳动关系项下各项权利、履行各项义务目的处理（包括但不限于办理人事相关手续、人脸识别等方式接触、了解、收集、存储、使用、加工、传输、提供、公开、删除等）本人的相关个人信息（包括但不限于普通个人信息、特定个人信息和敏感个人信息），均为本人授权之行为。本人已充分知情并同意公司因上述目的处理和/或授权关联公司相关人员处理各类个人信息，并确认系本人自愿之真实意思表示。本人同意公司采取适当的安全保护措施以保护本人相关信息及公司商业秘密。

2. 本人知悉并确认单独同意公司及其关联公司因考勤、考核及其他人事管理而处理本人的相关个人信息（包括但不限于普通个人信息、特定个人信息和敏感个人信息），因休假、购买商业保险等处理本人亲属的相关个人信息（包括但不限于普通个人信息、特定个人信息和敏感个人信息）。

3. 本人知悉并确认单独同意公司及其关联公司因业务管理而处理本人相关个人信息（包括但不限于普通个人信息、特定个人信息和敏感个人信息）。

4. 本人确认单独同意公司及其关联公司为用工管理之目的通过境内外服务器或相关系统传输、存储等方式处理个人信息（包括但不限于普通个人信息、特定个人信息和敏感个人信息），并同意通过邮件或自行登录相关系统填写、提供个人信息（包括但不限于普通个人信息、特定个人信息和敏感个人信息）。

5. 本人确认，无论任何原因离职，均单独同意授权公司在本人离职后对招聘单位或新用人单位等机构提供相关个人信息（包括但不限于普通个人信息、特定个人信息和敏感个人信息）；公司从事上述活动时，无须另行知会本人。

6. 本人确认单独同意公司及其关联公司因管理需要将本人的个人信息存储在境内外相关机构，并单独同意公司及其关联公司依法履行中华人民共和国相关法律规定履行相关政府部门程序后提供相关个人信息给境内外机构，以实现订立和履行劳动合同、行使劳动关系项下各项权利、履行各项义务等目的。

7. 本确认书系本人真实意思表示且系自愿签署，不存在任何欺诈、胁迫、乘人之危、重大误解或其他影响本确认书效力之情形。

确认人（签名）：

确认日期：　　年　月　日

2023-04-10